本书得到北方工业大学优势学科项目（1

上市公司
真实盈余管理研究

Research on Real Earnings Management of Listed Companies

林 芳◎著

中国财经出版传媒集团

经济科学出版社
Economic Science Press

图书在版编目（CIP）数据

上市公司真实盈余管理研究／林芳著. —北京：
经济科学出版社，2019.1
ISBN 978 - 7 - 5218 - 0217 - 7

Ⅰ.①上…　Ⅱ.①林…　Ⅲ.①上市公司—企业利润—
研究—中国　Ⅵ.①F279.246

中国版本图书馆 CIP 数据核字（2019）第 014883 号

责任编辑：谭志军　李　军
责任校对：曹育伟
责任印制：王世伟

上市公司真实盈余管理研究
林　芳　著
经济科学出版社出版、发行　新华书店经销
社址：北京市海淀区阜成路甲 28 号　邮编：100142
总编部电话：010 - 88191217　发行部电话：010 - 88191522
网址：www. esp. com. cn
电子邮箱：esp@ esp. com. cn
天猫网店：经济科学出版社旗舰店
网址：http://jjkxcbs. tmall. com
固安华明印业有限公司印装
710 × 1000　16 开　14.25 印张　200000 字
2019 年 1 月第 1 版　2019 年 1 月第 1 次印刷
ISBN 978 - 7 - 5218 - 0217 - 7　定价：58.00 元
（图书出现印装问题，本社负责调换。电话：010 - 88191510）
（版权所有　侵权必究　举报电话：010 - 88191661
电子邮箱：dbts@esp. com. cn）

序

　　林芳博士的博士学位论文《上市公司真实盈余管理研究》，2013年答辩很成功，答辩委员会的全体成员一致认为论文研究具有独立见解，揭示了"真实盈余管理"论点中反映出来的本质问题，以及阐明了在"盈余管理"上对于股东权益存在的一些值得加以研究的问题。

　　作者认为，盈余管理研究的问题集中于两方面，一是应计盈余管理研究，二是真实盈余管理研究，前者是公司的管理当局在会计准则允许范围内，通过会计准则所保留的会计政策选择空间，对应计项所进行的协调；而真实性盈余管理则是指，公司管理当局通过构建经营业务交易事项，或调整业务交易发生时间，或调整某一交易事项，或是直接调整公司盈余的一种行为。由于真实盈余管理对于公司发生的交易事项的真实性、正确性难以准确作出判断识别，因而通常一些上市公司的管理层也难以对所作出的判断进行选择。基于此，作者在研究中进一步指出，真实盈余管理之所以受到上市公司的青睐，从宏观环境来看，监管制度的日趋完善和诉讼风险的增大，导致应计盈余管理的空间日益缩小，进而为真实盈余管理的兴起提供了条件。会计准则之间的差异也可能促使盈余管理方式的变化，目标导向的会计准则（如美国会计准则）为管理层和审计师提供一个详细的会计构架并强化了两者的责任，在此条件下，管理层进行应计项目操作的难度增大，但公司依然可能通过真实活动进行盈余操控。原则导向会计准则（如国际财务报告准则IFRS）要求会计人员及审计师在核算时应用职业判断，但却没有对所提供的会计理论上的依据加以规范，因此，为公司提供了更大的会计选择空间，造成公司倾向于采用应计项目而进行盈余操纵。公司管理层作为"理性人"，在权衡不同盈余管理方式的成本与收益后，会相互替代性地使用应计与真实盈余管理方式来操纵利润，一旦公司所面临的应计项目盈余管理成本增加，管理层就会转向所需成本较低的真实活动盈余管理。反之，如果真实活动盈余管理的成本降低，管理层就会采用应计项目的盈余管理。

在深入研究中，作者进一步认为，所有权和经营权分离的现代企业制度使管理层与股东利益不一致，基于资本市场动机、政治成本动机和薪酬契约动机等方面的考虑，管理层存在盈余管理的动机。管理层对企业日常生产经营、投资和融资拥有控制权，具有操控企业报告盈余的能力。当公司通过构建真实交易活动或者控制交易发生的时间以实现盈余时，通过偏离了正常的经营活动，从而放弃最佳的经营或投资决策，从长远看会损害公司的未来业绩和长期价值。从本质上来看，真实盈余管理行为根源于委托代理冲突、信息不对称和契约的不完备性，而公司治理机制的建立是一种公认的可以有效减少委托代理冲突与促进信息双向流通的方式。主观上，随着公司治理的逐步完善，在一个整体上各方面利益相互协调的环境下，公司的管理人员主观上更多的会考虑整个公司的利益而不是自身的私有利益；客观上，公司治理的完善使得公司内外的利益相关者对管理者行为的约束较强，管理者操纵利润水平的空间较小，从而能有效降低真实盈余管理行为。实践中，董事会独立性的提高、股权制衡度的强化、高管激励措施的完善等都有助于抑制和约束真实盈余管理行为。作者从产权原理的诠释上揭示了真实盈余管理研究的深层次原因及其其中涵盖的本质问题。

作者在其论著中全面检验了公司治理结构及其治理机制运作对真实盈余管理的影响，研究发现，机构投资者、股权制衡度在约束真实盈余管理中的积极作用。与以往研究不同，论文采取了配对样本方法，检验了真实盈余管理对上市公司现金流业绩产生的直接影响，并且其影响深远，使现金流业绩"滑坡"期限更长。同时，林芳博士在论文中还深入分析了对真实盈余管理有效约束机制的内容构成，认为实行股权激励、董事会实行股权制衡等都对真实盈余管理具有一定约束力度。由此，作者构建了综合评价模型以对真实盈余管理的约束效率进行评估，并对此建模以检验约束约束的有效性，这一具有创新价值的作法，是论文研究中突出的亮点。另外，作者提出了约束企业真实盈余管理的政策性建议，该建议对管理当局与企业具有一定参考价值。

林芳博士这部书是具有一定创新价值的研究成果。论文研究具有系统性，其理论基础扎实，实证具有切实性与针对性，值得同行进一步展开研究时参考。是为序。

2019 年 1 月于武汉

前　言

随着改革开放以来我国经济的持续快速发展，以及近年来上市公司股权分置改革的完成，我国资本市场迎来了健康发展的重要时期，上市公司也逐渐成为现时中国经济运行中最具发展潜力的群体。在新的全流通资本市场环境下，上市公司盈余管理动机和形式日趋复杂，各利益相关者对上市公司会计信息质量也提出了更高要求，如何维护市场的公平，切实保障中小投资者合法权益，成为中国资本市场发展过程中不可回避的问题。如何通过应计项目调整利润的盈余管理模式是学者们近十年来的主要研究内容，但国内外最近几年的经验证据表明，更多公司在进行盈余管理时，已不再将应计项目操控作为首选方式，而是开始转向采用一种隐蔽性较好、不易被监管部门发现的方式，即通过构造真实交易实现对盈余进行管理。由于真实盈余管理是近几年才兴起的新话题，故其现有研究文献尚不丰富，且没有形成完整的体系。

本书将真实盈余管理作为研究对象，以构建对其有效约束机制为目标，从公司治理角度对其产生的缘由、经济后果以及该如何进行约束等方面展开研究，以期取得相应的成果。对于我们这样一个因经济快速发展而致资本市场发展迅速的国家而言，对真实盈余管理进行研究的理论价值和现实意义主要体现于：第一，从理论角度看，通过演绎推理和实证研究方法，检验我国上市公司中存在的真实盈余管理行为与其前因、后果，以及约束机制的影响，可进一步深化并丰富真实盈余管理的有关理论文献，并可为与其相关的其他研究提供参考。还可为完善我国上市公司真实盈余管理行为监管提供一定的理论指导，进而丰富和发展财务会计理论。第二，从实践角度看，透过由应计盈余管理到真实盈余管理方式改变这一现象，探讨其内在原因，可考量企业进行真实盈余管理行为的市场反应，并掌握约束企业真实盈余管理行为的制约因素。在理论分析和实证检验结果的基础上，为如何约束真实盈余管理提出可行性建议，以在加强公司治理、提高企业财务信息透明度的基础上，为提升公司营运效率以及完善利益相关者尤其是中小投资者的保护机制提供决策参考。

本书在会计学理论的指导下，以信息经济学、制度经济学、财务金融学和管理学等相关学科中的委托代理理论、信息不对称理论、契约理论和有效市场理论等作为分析问题的理论基础，运用规范研究与实证研究相结合的方法对我国上市公司的真实盈余管理行为进行了深入研究，在理论阐述和数据分析的基础上对我国上市公司真实盈余管理行为的约束机制构建问题进行了初步探索并提出了相应的政策建议。全书主要从六个方面展开具体的研究。

第一，对国内外真实盈余管理的相关文献进行梳理和总结。在剖析国内外学者关于应计盈余管理、真实盈余管理以及两者相互关系研究现状的基础上，分析了真实盈余管理产生的制度环境，探讨了真实盈余管理研究缘起的主要原因，充分显示出真实盈余管理行为已是较为普遍的现实，进而归纳出现有文献的不足及缺陷，作为本书的研究方向和内容。

第二，从理论上对真实盈余管理进行了分析。以多学科的相关理论为引导，探索了真实盈余管理相关的基本理论问题，为全文撰写提供了依据和基础。本书认为，所有权与经营权的分离、资本市场的信息不对称以及契约关系是真实盈余管理存在的原因和动机，有效市场假说理论是真实盈余管理具有不利市场反应的理论根源。真实盈余管理现象的存在，在一定程度上背离了财务报告的受托责任观和决策有用观，契约动机、资本市场动机以及政治管理动机是管理层进行真实盈余管理最常见的动机所在，而监管法规体系不完善、外部审计有效性不足，以及公司治理缺陷是我国上市公司真实盈余管理存在的最主要根源。

第三，采用实证研究方法检验了我国上市公司真实盈余管理行为。本书以我国2007～2015年沪深A股上市公司为研究样本，以确定的真实盈余管理计量模型和研究方法对样本数据进行计量。研究发现，真实盈余管理已经存在于中国的资本市场上，并与应计盈余管理存在着此消彼长、同增同减的复杂关系。在采用配对样本的方法检验真实盈余管理对我国上市公司未来业绩的影响后发现，真实盈余管理会造成公司会计业绩和现金流业绩的同时下滑。

第四，采用实证检验方法检验了公司治理对真实盈余管理的影响。书中从股权结构、董事会特征、监事会特征和高管薪酬等公司治理角度出发，实证考察了各因素对真实盈余管理的影响。研究发现，股权制衡度、董事会规模以及高管激励对上市公司真实盈余管理行为具有较好的约束作用。

第五，采用实证研究方法检验了真实盈余管理的约束机理。书中采用因子分析法对真实盈余管理具有显著约束作用的公司治理机制代理变量进行分析，研究发现，上市公司可以从股权激励、董事会独立性和股权制衡三方面着手，对真实盈余管理进行约束。此外，文中还在因子分析结果的基础上，构建了用以评价真实盈余管理约束机制综合约束效率的模型，并在检验评价模型及其评价结果的有效性方面，分别进行了样本分组均值检验以及 Logistic 回归分析，结果证实，本书所得到的研究结论具有有效性。

第六，针对约束真实盈余管理行为提出了政策建议。基于全书的分析和研究结论，利益相关者识别真实盈余管理能力的提高、董事会和监事会监督职能的加强以及证券市场监管规则的完善均可以显著降低上市公司真实盈余管理的程度。

本书的贡献主要体现在以下五个方面：

第一，重点分析了上市公司真实盈余管理行为的深层原因。本书从真实盈余管理的理论分析框架发出，在从信息不对称等理论对真实盈余管理行为的原因、动机和根源进行深入剖析的同时，还从有效市场假说角度对其经济后果进行了解析。这一过程填补了现有文献中关于真实盈余管理行为理论分析的空白。

第二，主要发现了真实盈余管理对企业未来的现金流业绩存在更深远的影响。不同于以往的研究，书中采用配对样本的方法检验真实盈余管理对我国上市公司现金流业绩的影响，研究发现，相对于会计业绩，现金流业绩"滑坡"的期限更长，真实盈余管理对于现金流的影响更为深远。这一研究发现丰富了真实盈余管理对企业未来业绩影响的文献。

第三，全面检验了公司治理机制对真实盈余管理的影响。以往的研究只从公司治理的某一视角分析其对真实盈余管理的影响，本书从整个公司治理机制角度进行研究和分析发现，机构投资者、股权制衡度等在约束真实盈余管理方面起到了积极的作用，这一研究结论不仅具有独特性，还为提高我国上市公司会计信息质量的透明度提供了经验证据。

第四，深入剖析了真实盈余管理有效约束机制的构成内容。在公司治理机制与真实盈余管理行为实证检验结果的基础上，采用因子分析法，探索出股权激励、董事会独立性和股权制衡是有效应对真实盈余管理行为的约束机制。基于真实盈余管理约束机制的研究结果，构建了综合评价模型以对真实盈余管理的约束效率进行评估，并实证检验了所构建模型的有效性，这一做法在现有文献中较为少见。

第五，具体提出了约束企业真实盈余管理的政策建议。基于本书的理论分析和实证检验结果，从利益相关者的识别能力、董事会和监事会的监督职能、管理层激励、机构投资者作用的发挥，以及证券市场的监管规则等方面提出了约束真实盈余管理行为的政策建议，具有一定的操作性和可行性。

林 芳

2019.1

目　录

导　论

一、研究背景和选题意义

自 20 世纪 90 年代初期以来，我国资本市场的强劲发展，为中国经济发展注入巨大活力的同时，也为国民经济结构和国有经济发展的战略性调整创造了条件。但是，在资本市场发展引起世人瞩目的良好势头下，还存在不少亟须解决的现实问题，诸如中小股东利益未能得到有效保护、会计信息透明度偏低引起的会计信息严重失真等。作为造成会计信息严重失真的重要原因之一的上市公司盈余管理行为①不仅逐渐受到各利益相关者的关注，会计学和经济学理论界还将其作为一个热点问题进行了较长时间的追踪研究，并取得了相应的成果。纵观近十年来的成果，可以发现，学者们的研究对象主要是应计项目如何对利润进行调整的盈余管理方式问题。近期国内外一系列经验证据表明，更多公司在进行盈余管理时，已不再将应计项目操控作为首选方式，而是倾向于采用一种隐蔽性较好、不易被监管部门发现的方式，即通过构造真实交易实现对盈余进行管理的目的②。自此之后，学术界也逐渐将真实盈余管理作为研究对象，并主要集中在真实盈余管理产生的背景、真实盈余管理操控的方法以及真实盈余管理的经济后果等方面。目前虽然已经取得了部分相关的成果，但从总体上看，不

---

①　由于盈余管理的隐蔽性（不可观察性），报表重编数可以从侧面反映出上市公司盈余管理的严重程度。因此，安迪索（Andyseoer）指出："现在，没有人清楚究竟有多少家公司在会计账簿上做手脚，只有公司丑闻败露、报表重编或是被分析师和媒体质疑时，投资者才会知道真相。"参见张为国，邱显芳. 后安然时代［M］. 中国财政经济出版社，2002.

②　应计项目操控，即下文所指的应计盈余管理；通过构造真实交易实现盈余管理的目的，是指本章所要研究的真实盈余管理。

论是研究的力度还是研究的深度均显不足。因此，多角度、深层次地研究真实交易盈余管理问题，有着重要的理论价值与现实意义，其成果既可丰富和完善盈余管理的研究内容，也可据研究结论对其进行更好的防范和治理，以不断提升上市公司所披露会计信息的效度。

（一）研究背景

企业契约理论认为，企业是由所有者通过契约联结在一起的利益结合体，这些所有者不仅拥有不同的要素，且他们之间的契约形式可能是明示的，也可能是默认的。也就是说，企业是一系列契约的联结。然而，作为社会经济有效运行重要基础的会计信息，也在契约关系中起着举足轻重的作用，这不仅是因为各种契约在一般情况下都要用到会计信息，更是因为企业的财务状况、经营成果及财务状况变动情况只能通过会计信息进行反映和传递。管理当局是企业会计信息的提供者，但是，基于理性经济人假设，人们在制定经济决策或者实现所追求目标的过程中都是充满理性的，会使自己的利益最大化。那么，管理当局很可能会利用其在会计信息系统中的优势地位，在追求自身利益最大化的同时追求自身效用的最大化，进而使其有动机对企业会计信息（主要是盈余①信息）进行人为的管理和控制。因此，企业盈余管理的程度受盈余等会计信息在契约中的重要性程度所影响。

伯利和米恩斯（Berle & Means）于 1932 年提出的所有权和控制权分离，已成为现代企业制度的特征以来，一些学者从委托代理理论的视角指出所有权与控制权的分离为管理者在发行股票、"保壳"、迎合市场投资者或财务分析师对企业的预期以及自身利益等动机驱使下进行的盈余管理行为提供了契机。21 世纪初，美国安然、世界通讯等公司丑闻的频发，更是对盈余管理问题的严峻挑战。施佩尔（Schipper，1989）指出，公司管理层在进行盈余管理时，可以根据其调整利润是否影响现金流分为利用应计项目的盈余管理（以下简称应计盈余管理）和利用真实交易

---

① 盈余（earnings），也称为盈利，即净利润（net income），通常衡量企业盈余的指标有净利润、每股收益、净资产、收益率、总资产收益率和销售利润率等。

的盈余管理（以下简称真实盈余管理）两种。尤尔特和瓦根霍费尔（Ewert & Wagenhofer，2005）、罗伊乔杜里（Roychowdhury，2006）、坦和贾马尔（Tan & Jamal，2006）认为，应计盈余管理主要利用会计准则的技术判断空间对利润进行操纵，而真实盈余管理则是管理层通过次优的经营决策和活动管理年度内的盈余水平。

巴顿和西姆科（Barton & Simko，2002）研究发现，应计盈余管理行为一般发生在会计期末至年报公告前，并受到公司经营现状及以前年度应计利润的限制。外部监管部门需对公司年报进行审查，并对未真实披露财务信息的公司给予相应的处罚，但管理层却无法确保"管理"过的年报能顺利地通过审计人员的审计。因此，公司管理层在运用应计盈余管理时，存在着一定的风险和成本。此外，公认会计准则的不断完善，监管力度的不断加强，更进一步使得通过利用准则的技术判断进行应计盈余管理的风险和成本越来越大，空间越来越小，从而给真实盈余管理行为创造了条件，臧（Zang，2007）发现，当公司所面临的诉讼风险加大后，公司会更倾向于真实盈余管理。这是因为真实盈余管理手段较为隐秘，可以在任何时间进行，且在不涉及会计处理问题的同时，也不受到审计人员的影响。就真实盈余管理的手段而言，它主要包括销售操控、费用操控和生产操控三种。其中，罗伊乔杜里（Roychowdhury，2006）发现，销售操控是公司有意地降低销售价格或放宽信用条件提高销售业绩，从而增加企业盈余；巴托夫（Bartov，1993）和布希（Bushee，1998）认为费用操控是管理层通过降低（提高）研发费用、日常管理费用等增加（减少）盈余；赫尔曼等（Herrmann et al.，2003）研究发现，生产操控是管理层利用规模效应扩大生产，稀释单位产品所承担的固定成本，从而提高边际收益，增加盈余。除此之外，咖尼（Gunny，2005）还发现，公司有意地变卖固定资产也可以增加当年的盈利，并认为变卖固定资产也是真实盈余管理的一种手段。可以说，这些次优决策和活动的调整都可能会损害公司的长远利益。

罗伊乔杜里（2006）的研究不仅表明管理层为避免公司亏损，会选用偏离正常经营方式（包括销售活动、产品成本和费用操纵）的真实经营活动进行盈余管理，操纵利润，还具体地定义了真实盈余管理，指出管理层进行真实盈余管理的三种主要方式，提出真实盈余管理的计量方法并得到验证后，促进了真实盈余管理研究浪潮的掀起。而科恩等（Cohen et al. ，2008）的研究结论则大力推动了国内外学者对真实盈余管理的关注和研究，这是因为他们发现，美国上市公司在萨班斯（SOX）法案颁布之后进行应计盈余管理的程度大幅下降，而真实盈余管理成为上市公司进行盈余管理的主要手段。国内学者也在借鉴国外学者研究发现的基础上关注真实盈余管理在我国上市公司的情况，如刘启亮等（2011）发现，与国际财务报告准则趋同的现行会计准则实施以后，公司在增加使用应计盈余管理的同时，还运用真实盈余管理调低了利润；李彬和张俊瑞（2009）以我国上市公司的费用操控为真实盈余管理视角，发现上市公司利用费用操控利润是以牺牲公司未来的经营能力为代价的。可见，相较于应计盈余管理，真实盈余管理以公司实际的交易活动为基础，不但成本高，会对公司未来现金流产生负面影响，而且还会损害公司的长期经营业绩，此结论得到了罗伊乔杜里（2006）、科恩等（2008）以及科恩和扎罗文（Cohen & Zarowin，2010）等学者的证实。

（二）选题意义

就笔者所掌握的文献，国内外关于真实盈余管理的研究也仅开始于近几年，且主要集中于公司如何使用两种盈余管理方式调整利润，即公司会在何种情况下更倾向于使用真实盈余管理，却较少研究真实盈余管理行为对业绩的影响以及如何约束。近年来，国内外学术界开始在中国这样一个新兴的资本市场中关注真实盈余管理问题（刘启亮等，2009；李彬等，2009；李增福等，2011）。对此问题的研究起步较晚，相关研究发现和结论较少，且均未对真实盈余管理的缘由、经济后果以及约束机制展开系统、详细的研究。有鉴于此，本书将真实盈余管理作为研究对象，主要从经济后果以及在公司治理机制视角上构建真实盈余管理的约束机制展开研究。对于我国这样一个市场经济大力发展并处于转型期的国家而言，对真实盈余管理进行研究具有重要的理论意义和现实意义。

第一，从理论角度看，本书通过演绎推理和实证研究方法，检验我国上市公司中存在的真实盈余管理行为，真实盈余管理行为对企业业绩的影响并构建了相应的约束机制，可以在理论研究方面进一步深化并丰富真实盈余管理有关文献的同时，为真实盈余管理的其他研究提供参考。此外，本书的研究结论还可为完善我国上市公司真实盈余管理行为监管提供一定的理论指导，进而丰富和发展财务会计理论。

第二，从实践角度看，本书主要探讨现行会计准则实施之后，盈余管理方式的改变，即由应计盈余管理到真实盈余管理转化，进而探讨真实盈余管理的原因所在，企业进行真实盈余管理的经济后果，以及如何约束企业真实盈余管理的因素等。在理论分析和检验结果的基础上，为如何约束真实盈余管理提出可行性建议，为加强公司治理，提高企业财务数据信息的透明度，进而提高公司营运效率以及完善利益相关者（尤其是中小投资者）的保护机制提供参考。

二、研究目的

我国学者在借鉴国外已有研究的基础上，已经展开了关于真实盈余管理的研究，由于研究时间不长，研究角度较为狭窄，不能深入揭示我国真实盈余管理的现状等相关问题。为进一步丰富现有文献资料，本书研究目的可概括为以下三个方面：

第一，在理论上厘清真实盈余管理的原因与动机。真实盈余管理作为盈余管理的一种基本方式，是通过改变企业投资时间或其他财务决策来改变报告盈余，即通过改变企业的经济活动，如异常降价促销、提供宽松的信用政策、削减研发支出或降低单位产品成本等方法调节利润的一种方式。虽然学术界近年来才开始展开关于真实盈余管理的研究，但只是从大环境的变化角度出发，譬如相关会计准则或法律法规的出台，尚未从企业内部进行研究。因此，对真实盈余管理的原因进行研究，不仅有利于找出最容易引起管理层进行真实盈余管理的动机，还有利于正确区分真实盈余管理是否缘于公司治理机制的效应。

第二，实证检验真实盈余管理具有不利的经济后果。对真实盈余管理的经济后果进行研究，不仅旨在表明真实盈余管理是否具有不利于企业长远发展的后果，还将有助于对真实盈余管理原因的理解。正是因为真实盈余管理具有不利的经济后果，因而有利于检验公司治理机制与真实盈余管理的关系，也有助于对真实盈余管理约束机制的构建做进一步的研究。

第三，运用因子分析的方法对真实盈余管理的约束机制进行构建。在公司治理机制与真实盈余管理关系研究结论的基础上对真实盈余管理的制约因素进行探寻，不仅有利于社会各界全面、系统地认识真实盈余管理，还为认识我国上市公司真实盈余管理的本质内涵提供经验证据，为制定监管资本市场真实盈余管理行为的相关管理政策提供依据，进而减少真实盈余管理行为，提高公司价值，稳定公司业绩，最终促进我国资本市场的良性运转。

三、研究思路与内容

本书以委托代理理论和信息不对称理论为指导，以我国上市公司的相关数据为基础，对真实盈余管理的存在性、经济后果及约束机制进行实证检验，其具体的研究思路和研究内容如下。

（一）研究思路

通过利用会计准则的技术判断而进行的应计盈余管理的风险和成本因各国会计准则的不断完善、监管力度的不断加强而变得越来越大，使用空间越来越小，从而给真实盈余管理行为创造了条件。那么，需要了解真实盈余管理在中国资本市场中的情况，验证真实盈余管理的实际经济后果，检验公司治理机制与真实盈余管理的关系，从而探讨对其的约束机制。本书研究思路为：首先，以真实盈余管理产生的背景分析为出发点，探讨真实盈余管理在我国上市公司中是否具有普遍存在性；其次，采用经验研究的方法，验证真实盈余管理会对企业当期业绩及后期业绩产生的经济后果；再其次，从公司治理角度分析股权结果、董事会特征、监事会特征和高管薪酬激励四个方面对真实盈余管理的影响，再采用因子分析的方法探讨约束真实盈余管理的路径；最后，在经验研究结论的基础上，探究中国目前应如何规避真实盈余管理的基本对策。

（二）研究内容

总体上，本书内容可以从逻辑上分为四大部分，即导论、文献回顾与理论分析、研究主体和研究结论。除导论和研究总结外，本书又可以具体地划分为五个层次，即：

第一个层次是第一章，通过回顾文献，从已取得的重要成果中发现尚存在的不足之处，它是本书研究的基础。在剖析国内外学者关于应计盈余管理、真实盈余管理以及二者相关关系研究现状的基础上，分析真实盈余管理产生的制度环境，探讨真实盈余管理研究缘起的主要原因，充分认识真实盈余管理行为已是比较常见的手段。

第二个层次是第二章，介绍研究的相关理论基础和资本市场中盈余管理的内容和动机，主要从两个方面阐述：一是盈余管理的基本理论，即采用规范演绎的方法，运用委托代理理论、信息不对称理论和契约理论分析盈余管理存在的根本原因；二是对盈余管理内涵、动机等基本理论进行论证，指出应计盈余管理和真实盈余管理是盈余管理的两种基本方式。

第三个层次包括第三章至第五章，主要采用经验研究的方法对我国上市公司中真实盈余管理的计量方法、经济后果、与公司治理机制的关系以及相应的约束机制进行研究。第三章，分别确定真实盈余管理和应计盈余管理的计量模型和研究方法，以对计量结果进行描述及二者关系进行检验，明确真实盈余管理存在于中国资本市场上的方式；第四章，在第三章结论的基础上，采用上市公司长期跨年度数据验证真实盈余管理对企业业绩产生的实际效应，即对真实盈余管理的经济后果进行检验分析；第五章，基于文献回顾、盈余管理动机及真实盈余管理的经济后果，验证公司治理是否会对真实盈余管理行为产生影响。

第四个层次是第六章，重点是构造真实盈余管理约束机制。在对第五章研究结论归纳和分析的基础上，结合我国资本市场与监管环境的特点进行分析：首先，探讨了约束机制的作用机理和内在联系；其次，构建了综合评价模型对真实盈余管理的约束效率进行评价；最后，从对上市公司真实盈余管理行为有效约束的视角出发，提出了完善公司治理结构的政策性建议。

　　第五个层次是第七章，是对全书的总结。在对全书研究结论进行总结的基础上，提出相关政策建议，以对上市公司真实盈余管理行为进行有效约束。

　　本书的研究内容和研究框架如图 0 - 1 所示：

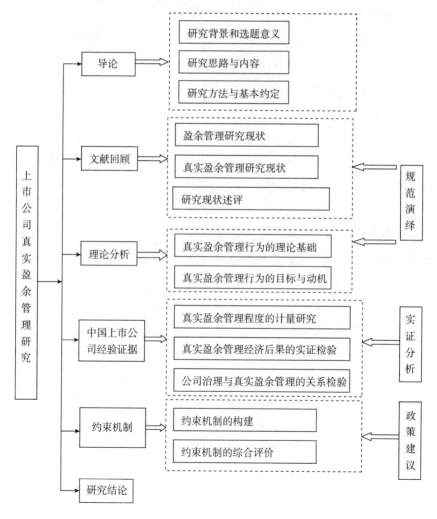

图 0 - 1　研究内容与框架

四、研究方法与基本约定

由于目前研究真实盈余管理的相关文献较少，在研究过程中，为避免研究方法和重要概念的混淆，现将书中所运用的方法和基本概念约定如下。

（一）研究方法

本书以收集文献资料为先导，以信息经济学、制度经济学、财务金融学、计量经济学与实证会计理论为指导，结合定性分析与定量研究以及综合分析和比较研究等方法，灵活运用规范研究和实证研究方法进行研究，具体体现在以下几个方面：第一，归纳、演绎等逻辑分析方法。在写作过程中将大量使用这些方法，例如，在文献回顾中将国内外的文献进行归纳总结，通过演绎的逻辑推理分析其中的贡献与不足。此外，在实证检验后将研究结果和结论进行归纳和总结，并据此提出一些政策性建议。第二，数学建模与推导法。研究过程中对于真实盈余管理的计量模型、真实盈余管理的成因模型及企业价值计量等模型都将通过数学推导，建立研究模型。第三，实证分析方法。这主要体现在真实盈余管理与企业业绩的关系以及如何约束真实盈余管理等方面。

（二）相关概念约定

为使本书的研究过程能够更准确地体现作者的思想，并不因学者的不同认识引致歧义，特对书中涉及的重要概念的内涵与范围做如下约定。

1. 盈余质量、盈余管理、盈余操纵和会计造假。

（1）盈余质量。关于盈余质量[①]（earnings quality）的问题，近年来

[①] 质量，一般是指产品或工作的优劣程序，盈余质量指企业盈余的优劣程度。我国企业报告的盈余，是会计人员根据会计准则和制度的规定，对企业在一定会计期间开展的各种经营业务进行确认、计量的结果。部分企业为了获取信贷资金、商业信用、公司上市、保持配股资格、偷漏税等原因，会粉饰会计报表，调节盈余，因此，如何分析和识别企业盈余质量的优劣程度，是投资者、债权人以及政府部门等广大会计信息使用者所关心的问题。

得到了较为广泛的关注，然而，学术界至今未对什么是盈余质量形成一致的观点。但是，纵观与盈余质量相关的文献后发现，霍金斯（Hawkins，1998）以及迪舟和施兰德（Dechow & Schrand，2004）的观点较具有代表性，此处只对二者的观点进行介绍。

霍金斯（Hawkins，1998）在定义盈余质量时认为，在对一家企业盈余质量的高低进行判断时，可以参考以下6个方面的特征：一是持续、稳健的会计政策，且会计人员在对公司的财务状况和净收益等进行确认时需保持使用该政策的谨慎性；二是会计上反映的销售转化为现金的能力很强；三是收益是由与公司基本业务相关联的交易所产生的，且是经常性发生的；四是企业在进行盈余操纵时的资本结构不变，且财务杠杆也保持在一个适当的比例上；五是净收益的水平和成长不受税法变动的影响；六是在预测未来收益水平的趋势方面，需要具有一定稳定性。如果符合上述6个特征，则可以认为该公司的盈余是高质量的。相比之下，迪舟和施兰德（Dechow & Schrand，2004）的判断标准较为简单，他们认为，如果一家企业的盈余可以在如实反映企业当前运营状况和内在价值的同时，还可以作为良好的预测企业未来的运营状况指标，那么，该企业的盈余就是高质量的。

因此，盈余质量反映的是盈余和评价企业业绩之间的相关性，以及用当期盈余预测未来盈余的能力，即当前盈余的可靠性以及预测未来盈余的相关性。高质量的盈余不仅暂时性地表现为与公司股价或市场价值以及未来现金流的实现具有相关性，还会具有稳定性和持续性。可见，盈余各属性间的关系并不是相互排斥的，而是相互影响的。然而，持续和稳定有意义的前提是公司价值可以通过盈余得到如实的反映，反之，如果只是单纯的考虑持续和稳定，是无法保证盈余的预测效果的。在盈余质量高低水平的判断依据方面，持续性、可预测性和价值相关性是进行研究最广泛的三个方面。可以说，盈余质量是最具相关性的会计信息，受到了债权人和投资者的广泛关注。

（2）盈余管理、盈余操纵和会计造假。盈余管理[①]（earnings man-

---

① 如在美国 SEC 官员的讲话中，虽然很少给盈余管理下明确的定义，但他们所指的盈余管理是广义的，既包括在 GAAP 范围内进行的选择，也包括了明显违反 GAAP 的行为。

agement）是指管理层在遵循会计准则的基础上，以股东或管理层所期望实现的账面盈余水平为目标，通过运用会计手段或者通过构造真实交易等方法对盈余进行管理，如在选择会计政策时使用个人的观点和判断，或者人为地构造真实的交易行为，进而达到主体利益最大化的行为。简单地说，盈余管理是指管理人员通过对会计政策的选择以实现某些特定目标的手段。因此，该种谋求私人利益的做法不仅违背了公司对外披露财务报告的中立性原则，还影响了会计信息使用者的决策判断。大量研究已证实，由于双重代理问题，或为了迎合资本市场监管的要求或意图谋求更多报酬分红，管理当局进行的盈余管理误导了投资者，侵害了小股东的利益，损害了公司的价值，更弱化了市场资源配置功能。但是，部分学者也认为，代理成本和契约成本会因盈余管理而降低。此外，学术界还有大量的实证研究结果表明，从投资者对待信息含量的态度来看，相对于现金流量数据，他们认为盈余数据会具有更多的信息含量。那么，以股东财富最大化为目标的管理当局采取一些盈余管理的措施，可以给企业带来正面效应，可以作为一种向市场传递内部信息，使股价更好地反映公司前景的方法，可以增加企业价值等。

盈余操纵（earnings manipulation）不仅包含了管理层在会计准则要求的范围内进行合法盈余管理的行为，还包括那些超出会计准则的要求，故意通过滥用或曲解会计政策调整利润，改变会计盈余的非法行为。基于此，学术界更多地认为盈余操纵是企业管理者通过有目的的变更会计估计，滥用会计程序和方法对企业会计信息进行加工，以达到预谋的利己效果的一种行为。监管部门对于盈余管理，采取的是规范引导的方式，但是，对于盈余操纵则要依法进行处罚。

会计造假（accounting fraud）是会计界各种法律法规严格禁止的一种行为，是监管部门依法进行判罚的一种行为。因为它所生成的会计信息是管理当局经过变造、编造以及伪造等手法而实现的，是对企业真实财务状况和经营业绩的粉饰和掩盖。这种"变质"的财务信息不仅会侵害投资人、债权人等利益相关者的利益，更为严重的是，还会对整个社会的经济秩序和信用基础产生威胁。因而，盈余管理和会计造假是以不超过会计有关的法律法规为区分点的。

此外，陈旭东（2009）认为，盈余管理可以进一步划分为合理性盈余管理和投机性盈余管理①两种，他指出，盈余管理、盈余操纵和会计造假三者之间存在着一定的交集，并以图形加以说明和解释。如图0－2所示②，A表示盈余管理，B表示盈余操纵，C表示投机性盈余管理，为A与B的交集，那么，盈余管理、会计造假分别由A－C及B－C表示，图0－2描述了三者之间的关系。

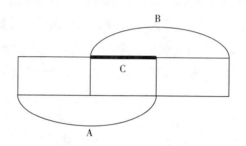

图0－2　盈余管理、盈余操纵与会计造假的关系

从各术语的概念定义来看，盈余质量是企业业绩的一种客观反映，盈余操纵和盈余管理是对财务会计报告数字进行干预的具体行为。从干预行为的程度来看，盈余操纵是超过了会计准则的限定范围，而盈余管理对财务报告数字进行的人为干预则没有超出会计准则的约束范围。因而，整个过程都并未超出财务报告的范畴，在会计准则允许范围内的盈余管理，是本书研究的对象。

---

① 是指在会计政策自由选择和会计准则可操作性较低，以及新兴经济交易事项确认计量不确定时，钻了准则和法律的空子，因而是一种投机行为，也是在盈余管理研究中难以把握的灰色地带（陈旭东，2009）。

② 资料来源：http：//www.chinaacc.com/new.

2. 应计盈余和现金盈余。

公司盈余有两种不同的表现形式，即应计盈余和现金盈余，这是由于核算基础存在差异性而造成的。应计盈余是按照权责发生制核算获得的非现金部分，可以较好地反映公司所处的经济和行业环境。现金盈余则是按照收付实现制核算而获得的盈余，受人为因素和职业判断的影响较大，因而具有较高的管理性。

夏立军（2003）指出，应计盈余分离法、具体项目法和分布检测法是对应计盈余项目划分的三种主要方式。其中，应计盈余分离法是采用范围最广的一种方法，因为该种方法可以区分出正常应计和异常应计。而王周伟和邬展霞（2007）认为，Jones 模型①和 DD 模型②是两种主要的计量方法。

3. 会计收益与盈余。

会计上的收益（income）是一个较为宽泛的概念，是收入与费用配比后的余额，它可以指经营收益，也可以指扣除所得税后的净收益（net income），是根据"收益＝收入－费用"这样一个"交易法"的范式确定的。会计收益的产生应在严格遵循会计准则规定并具有客观性和可验证性的前提下，以实际发生的交易或事项为依据，因为它不仅考虑了会计信息生成的可靠性和可操作性，还考虑了会计信息的相关性。唐国平（2003）指出，会计收益主要是对会计实务的"归纳"。

FASB 在 SFAC No.5 中指出，盈余与净收益非常相似，尽管在实务工作中，人们经常用净利润（net profit）、净损失（net loss）和净收益（net income）来代替盈余，但是，盈余和净收益还是有区别的。因为盈余是一种衡量某个会计期间经营绩效的方法，并不包括在该期确认的对某项交易

---

① 琼斯（Jones）模型是琼斯于 1991 年提出的计量应计盈余管理的方法，以此一直在作为计量应计盈余管理的一种主要方法，具体模型的使用，参见：Jones J.. Earnings Management during Import Relief Investigations ［J］. *Journal of Accounting Research*，29，1991.

② 迪舟和迪切夫（Dechow & Dichev）设立的模型（后被称为 DD 模型），是区分现金流量和应计利润内在联系的基础上对盈余质量进行评价的一种方法，具体模型的使用，参见：Dechow P. M.，and I. D. Dichev. The Quality of Accruals and Earnings：The Role of Accrual Estimation Errors，*The Accounting Review* ［J］. 77，2002.

或事项调整而产生的影响。因此，盈余表示的是本期的经营成果，不包括企业由于对于前期的交易或事项的调整形成的对本期净收益的影响。

4. 会计业绩与现金流业绩。

会计业绩是企业最重要的财务信息之一，是会计核算采用应计制来衡量企业最终经营成果的产物，是投资者、债权人及其他利益相关者做出相应投资、信贷等决策的重要依据，也是评判企业经营业绩好坏的依据。很多人认为，在权责发生制基础上计算的会计业绩是衡量企业经营业绩的最佳选择。这是因为，在持续经营假设的前提下，该方法不仅可以定期为信息使用者揭示企业的经营状况，还可以作为一个有效评价企业管理层经营管理水平的指标。

与此同时，现金流业绩也是近年来一种反映企业经营业绩的指标，且许多财务分析家认为，现金流业绩可以成为更好的衡量标准。这是因为，与净收益相比，现金流量可以更好地反映企业的财务状况，它几乎不受企业管理层主观臆断的影响。而企业经理人员在应计制下却完全可以通过主观上的衡量标准歪曲会计利润，从而影响到衡量经营业绩的客观性，降低会计信息的可靠性。那么，从这一角度来看，或许现金流业绩可以成为衡量经营业绩的补充。

然而，当净现金流量面临现金流量的确认时间与合理配比两大难题时，就无法真实地反映企业的经营业绩。从短期来看，会计业绩比现金流业绩更能反映企业的经营业绩，只有将经营业绩的间隔期延长至有限的未来时，会计业绩与现金流业绩的作用差距才将逐步缩小。因此，本书同时采用会计业绩和现金流业绩一起衡量企业的经营业绩。

5. 管理层。

在西方发达的资本市场中，公司决策一般是以公司首席执行官（Chief Executive Officer，简称 CEO）为核心，他们具有较大的权力，负责企业的日常经营管理，因而会对公司的财务报告产生重大影响，这是因为 CEO 在会计政策的选择方面起着至关重要的作用（魏明海，2006；魏明海等，2006）。因此，西方成熟资本市场关于管理层和盈余管理的研究，更多地是以公司 CEO 作为研究主体。

在绝大多数的中国上市公司中，董事长是公司的法人代表，总经理处理着公司的日常事务，负责日常经营管理。董事长和总经理均属于公司管理层。但是，董事长与总经理的权责关系并不如国外那样简单，一方面，董事长是股东委托的一级代理人，应负责监督公司的管理人员；另一方面，《中华人民共和国会计法》第4条规定了公司负责人应对本单位的会计工作和会计资料的完整性和真实性负责，这两方面使得董事长也直接参与了公司的经营管理，是公司管理层的一名重要成员。2005年12月27日，中国证监会发布了《上市公司高级管理人员培训工作指引》①，第一次明确了高级管理人员这一概念，是指公司董事长、监事、董事、独立董事、总经理、财务总监、董事会秘书。

借鉴国外已有的相关研究成果，并结合我国特殊的资本市场背景，本书将公司高级管理人员中对公司经营决策和重大会计政策选择具有较大影响的董事长和总经理作为本书的管理层。此外，需要说明的是，在进行文献回顾和相关理论分析时，"经理人""经理""管理人员"作为广义的概念，没有对经理人、经理、总经理、管理人员和管理层等加以严格区分。

6. 应计盈余管理与真实盈余管理。

施佩尔（Schipper，1989）认为，管理层可以通过适时性的财务决策改变报告盈余，他还进一步指出，盈余管理从手段上可分为应计盈余管理（accrual earnings management）和真实盈余管理（real earnings management）两种方式。

（1）应计盈余管理。应计盈余管理主要是在会计准则所允许的范围内利用会计估计和会计政策等会计手段对企业盈余进行的调节。由于该种方式通常内生于会计的权责发生制，因而只会影响会计利润，不会对企业现金流量产生影响，所以又可以被称为应计项目管理。此外，应计项目的回转性质也使得应计盈余管理通常不会对企业的盈余总额产生影响，只会影响会计盈余在各会计期间的分布。

---

① 参见：http://baike.baidu.com/view/8284075.

　　学者们主要采用应计利润总额法、应计利润分离法、特定应计项目法、盈余分布法对应计盈余管理进行计量。应计利润总额可以分为操纵性应计利润和非操纵性应计利润，管理人员对应计利润有较大的操纵空间，而操纵性应计利润法则成为衡量应计盈余管理最常用的一类指标。

　　（2）真实盈余管理。罗伊乔杜里（Roychowdhury，2006）将真实盈余管理定义为："真实盈余管理是公司通过真实存在的经营活动，以实现股东或管理层某些特定的财务报告目标为目的。"但是，该真实存在的经营活动很可能会偏离公司的正常经营活动。此外，我国学者宁亚平（2004）将管理层通过无损公司价值的实际交易和经营活动操纵盈余的行为或现象叫作"实际盈余管理"。咖尼（Gunny，2005）和科恩等（Cohen et al.，2010）的研究指出，真实盈余管理与应计盈余管理的最大区别在于，真实盈余管理不但会影响企业当期报告的利润，还会影响企业当期的现金流量，且最终会导致企业的经营活动偏离正常的方向。

　　与手段单一的应计盈余管理相比，真实盈余管理的手段显得更具多样性和复杂性，主要有三种方法：一是销售操控，即提供价格折扣和放宽信用政策。价格折扣可以大量增加客户的订单，如企业在季度末或年度末定期地降低销售价格，或者不定期地进行限时价格折扣。只要边际价格大于边际成本，那么，随着销量的增加，盈余也会相应增加。此外，宽松的信用政策也可以吸引更多的客户，进而增加收入，提高利润，如赊销，但是，宽松信用政策使用得过多，不仅会减少企业的经营现金流量，还必然会增大企业坏账的机会。二是生产操控，即通过扩大生产量降低产品单位成本。受规模效应的影响，商品生产数量的增加会带来平均固定成本的降低，因此，制造类企业管理者为使报告盈余增加，通常采用规模化的生产，通过增加产量使得商品销售成本降低，不但降低了平均成本，在商品价格不变动的情况下，企业利润还会出现大幅好转或上升。三是费用操控，即削减企业的期间费用（酌量性费用）。企业的广告费用支出、研发支出以及日常费用支出是酌量性费用主要构成要素。由于盈利和收入不会因这些费用的大量削减立即得到明显的反应，因而管理者可以通过大规模削减酌量性费用，增加当期报告的盈余。但是，过度削减酌量性费用不仅会损害公司价值，还会影响企业的长远发展，因为适度的酌量性费用是维持企业发展的必要支出。

同应计盈余管理一样，真实盈余管理也分为正向真实盈余管理（调增企业当前利润，即向上的真实盈余管理）和负向真实盈余管理（调减企业当前利润，即向下的真实盈余管理）。但是，与应计盈余管理的特征不同的是，真实盈余管理一方面在运用时的成本较高，另一方面，应计盈余管理只会影响企业的利润，而真实盈余管理不但会影响企业的当期利润，还会影响企业当期乃至后期的现金流量，且利润和现金流可能存在反向变化，如当企业进行正向的真实盈余管理调高利润时，其现金流量却可能会下降。此外，管理层在对应计盈余管理与真实盈余管理进行选择时是存在时间差异的（Zang，2007）。因此，格雷厄姆等（Graham，2005）认为，应计盈余管理一般是在财政年度末至会计年报披露之前发生的，而真实盈余管理则一般贯穿在整个财政年度选择。

臧（Zang，2012）与王福胜等（2014）从对现金流的影响这一角度界定了两种不同的盈余管理。王福胜等（2014）指出，真实盈余管理改变了公司的实际经营活动，因而将对公司的现金流、未来的经营业绩以及长期价值产生影响，而应计盈余管理只是改变公司的实际盈余在不同会计期间的反映和分布。臧（Zang，2012）认为，真实盈余管理是通过改变真实交易活动来达到操控盈余的目的，它会引起真实经济活动的变化，因而会改变企业的现金流。

鉴于两种盈余管理普遍存在于公司实务中对利润进行操控，因此，在对盈余管理进行研究时，不能忽略任何一个方面。

7. 真实盈余管理行为与真实盈余管理。

行为，是指人们一切有目的的活动，它是由一系列简单动作构成的，在日常生活中所表现出来的一切动作的统称。真实盈余管理行为，即管理层为了实现对利润进行调节的目的，通过降价、扩大生产等真实交易所表现出来的一系列活动。基于前文对真实盈余管理概念的剖析，可知真实盈余管理是一种现象，一种结果，而真实盈余管理行为是一个过程。但是，本书不对两者做严格的区分和界定。

第一章　文献回顾

20世纪80年代中后期开始，盈余管理被管理层任意滥用的现象，不仅逐渐受到市场法规制定者和监管者的关注，还成为会计理论研究的一项重要课题。但是，在各界尚未对真实盈余管理和应计盈余管理两种方式做具体区分时，盈余管理是一个通用的名词，且国内外学者从不同角度对盈余管理展开了研究，取得了一定的成果。真实盈余管理作为资本市场上的一个特有现象，是盈余管理的一个组成部分，近期才受到普遍关注。本章在全面回顾盈余管理有关文献的基础上，再对真实盈余管理的研究文献进行梳理，进而了解学界与业界对真实盈余管理的内涵认识与现状，析出研究问题题的切入点。

第一节　盈余管理研究

目前，国内外关于盈余管理的研究文献十分丰富。据笔者对所掌握的文献梳理后发现，盈余管理的经济后果、盈余管理的计量方法，以及盈余管理的制约因素是学者们关注最多的三个问题，故下文主要对这三个方面的文献进行系统回顾①。

---

① 就所检索到的文献而言，国外对盈余管理的研究，除了施佩尔（Schipper，1989）、希利和瓦伦（Healy & Wahlen，1999）、迪舟和斯金纳（Dechow & Skinner，2000）以及贝尼什（Benish，2002）的四篇关于盈余管理研究的综述性文章外，其余都是对盈余管理进行实证研究的论文，因此这里对盈余管理的国外文献回顾就主要以实证研究展开。

一、关于盈余管理的经济后果

盈余管理的存在是否有利于企业的发展，即其经济后果[①]如何，学术界尚未得出一致性的结论，目前主要存在以下两种对立性的观点。

（一）盈余管理的积极效应

该观点认为盈余管理可以产生积极的经济后果。从有效契约观的角度出发，由于契约具有不完全性且刚性的特点，因而需要给予管理人员一定进行盈余管理的能力，以便让管理人员更好地为企业服务。基于此，盈余管理可以向资本市场传递企业的内部信息，使股价更好地反映公司的真实价值和发展前景，提高信息的相关性，这一结论与德姆斯基和萨平顿（Demski & Sappington，1987）的观点一致。

费尔瑟姆和奥尔森（Feltham & Ohlson，1996）的研究表明，管理人员可以通过选择摊销具有可操纵性的应计项目向投资者等利益相关者传递商誉价值在公司价值[②]中所占比重的内部信息。投资者可以凭借他们获得商誉价值的有关信息更好地估计公司价值。此外，斯科特（Scott，2010）研究发现，公司管理人员在进行盈余管理时，不仅可以利用会计政策的弹性及时对未预期状况做出灵活应对，弥补契约的刚性作用，还可以通过盈余管理向资本市场传递企业的内部信息。

会计盈余受到管理层对其的"平滑"作用后，可以更好地反映企业价值。在我国的资本市场上，会计的盈余也分为可操控性和非操控性两部分。由于操控性部分同样可以被市场定价，因而非操控性应计盈余传

---

① 按照泽夫的理解，经济后果是指会计报告将影响企业、政府、工会、投资人和债权人的决策行为，受影响的决策行为反过来又会损害其他相关方的利益，这种思想就是经济后果观。斯科特（Scott）在其《财务会计理论》一书中将经济后果定义为：不论证券市场理论的含义如何，会计政策的选择会影响公司的价值。蔡宁认为，"经济后果"是指计算会计数字的规则发生变化，从而改变公司的现金流量，或者造成有关契约方财富分配发生变化，由于宏观层次的会计选择（会计准则制定）对各方利益造成了不同程度的影响，那么，它也必将影响到社会资源的配置。

② 公司价值由账面价值和未在账面记录的商誉构成。

递的企业内部信息，不仅增强了会计盈余的价值相关性，更有助于提高投资者对未来盈余的预测能力（张国清和夏立军，2006）。张晓东（2008）通过对石化行业研究发现，虽然盈余管理行为在该行业也存在并可以被政府识别，但我国政府实施的理性经济干预政策并没有对盈余管理行为产生影响。此外，王跃堂等（2009）以 2007 年出台并于 2008 年开始实施的现行企业所得税法为研究视角发现，避税动因的盈余管理行为存在"好"的经济后果，利用盈余管理避税成功的公司得到了市场的正面反应，显著提升了公司价值。

（二）盈余管理的消极效应

虽然理论和证据都表明，负责任的盈余管理行为有"好"的一面，但是，更多地证据则表明盈余管理"坏"的一面，即盈余管理会产生负面的经济后果。这是因为机会主义及管理层的主观判断均可以影响盈余管理行为，并向投资者传递错误的企业信息，从而对公司价值定位错误，降低市场资源的有效配置。

迪舟等（Dechow et al.，1996）的研究证实，若某家上市公司因盈余管理行为而受到监管部门处罚的消息一经宣布，该家公司的股价就会出现大幅度下跌的现象。蒂欧等（Teoh et al.，1998）对季节性股票发行和再融资之前公司的盈余管理行为进行研究发现，公司管理层为了成功融资，通过向上的盈余管理调增利润，使投资者对该类公司前景过于乐观，然而，正是因为投资者被管理层使用的盈余管理手段所蒙蔽，利益受到了损害，公司绩效在首次公开发行和再融资之后不升反降，进而降低了市场资源的配置效率。这些证据均可以说明盈余管理行为会带来负面的市场反应。

纵观关于盈余管理经济后果的文献，盈余管理具有负面经济后果的观点在我国占据了主导地位。例如，孙铮和王跃堂（1999）的研究认为，我国上市公司普遍存在因"重亏现象"、"微利现象"与"保配"而进行盈余管理的现象，而这些行为都歪曲了公司真实的经营业绩，如果该退市的公司没有退市，该被特别处理的公司没有被特别处理，不仅会误导投资者的判断，使有限的市场资源不能得到合理的配置，最终还会导致证券市场风险的不断膨胀。造成这种现象的原因，可能是因为我国的投资者只是机械地关注了每股收益的名义价格，缺乏对每股收益中永久盈余成分经济含义的分析和辨别，从而为公司管理人员通过操纵公司账面利润蒙骗市场提供了便利条件（赵宇龙和王志台，1999）。

二、关于盈余管理的计量方法

国内外学者都在盈余管理领域做了大量研究，从不同角度提出了测量应计盈余管理的模型，但如何计量仍然存在着争议。总体来说，目前主要流行四种方法对盈余管理行为进行检验，分别是应计利润总额法、应计利润分离法、特定应计项目法和盈余分布法。

（一）应计利润总额法

企业总应计利润的变动受到操控性应计利润变动的影响，不可操控性应计利润不变，以及应计利润具有随机漫步的特征，是应计利润总额模型的基本假设。因而应计利润总额模型可以被认为是一种随机漫步模型，并以希利（Healy）模型和狄安格罗（De Angelo）模型为代表。

Healy 模型是由希利在 1985 年提出的，在该模型中，操控性应计项目由事件期（即盈余管理的发生期）的应计利润总额进行衡量，非操控性应计项目由个别估计期间的平均利润总额来衡量，并假定企业各年的非操控性应计利润处于平稳状态。De Angelo 模型是由狄安格罗在 1986 年提出的，在该模型中，操控性应计利润由企业盈余管理发生期上年度的总应计利润进行衡量，它实际上由 Healy 模型演变而来，即估计期为盈余管理发生期的上一年度。

然而，应计利润总额法在实证研究中却受到了严格限制。这可能是由以下两个原因导致的：一是应计利润总额法的假定条件存在着缺陷。在以上两个模型中均假设了公司的操控性应计利润就是应计利润总额，而所有的应计项目都是被操纵过的，但经营现金流量却没有被管理。在现实中，应计项目不一定都是被操纵的，现金流量也是可以被管理的，因而应计利润总额法的假定条件存在着一定缺陷。二是没有考虑经济环境因素。上述两种模型都没有考虑经济环境背景的因素，因为经济环境的改变势必会增大标准误差。

（二）应计利润分离法

应计利润主要指那些按照权责发生制和配比原则应计入当期损益的费用与收入，但又不直接形成企业当期的现金流，如折旧与摊销费用，以及应收账款变动额等。应计利润又可以进一步分解为两种，分别是可操控性应计利润和非操控性应计利润。

可操控性应计利润是无法直接进行观测的，需要利用模型进行测量，是管理者通过选择会计政策和会计程序，在公认会计准则下对利润进行操控的部分，应计利润分离法是当前盈余管理实证研究中分离可操控性和不可操控性应计利润最为常用的一种计量方法，其代表模型是基本琼斯（Jones）模型，其他模型都是在此基础上演化而来的。

1. 基本 Jones 模型。基本 Jones 模型由琼斯（Jones，1991）设立，它有效地控制了非操控性应计利润受公司经济环境变化的影响。琼斯认为，不可操控性应计利润会随着公司主营业务收入和固定资产的变化而变化，并不具有随机游走和均值回复的特性，企业的经营现金流是不能被操纵的部分。非操控性应计利润在 Jones 模型中以主营业务收入变动和固定资产原值来反映，而可操控性应计利润是指被企业管理当局操纵的盈余，是主营业务收入变动和固定资产原值不能反映的。

2. 修正 Jones 模型。修正 Jones 模型是迪舟等（Dechow et al.，1995）对基本 Jones 模型进行改进后的结果。修正 Jones 模型假设企业的信用销售可以被全部操纵，即企业应收账款变动额是盈余管理的结果，Jones 模型则认为应收账款变动额是影响非操控性应计利润的因素。因此，修正 Jones 模型在计算事件期非操控性应计利润时，从营业收入变动额中扣除了应收账款变动额。如此一来，可操控性应计利润会被基本 Jones 模型低估，而不可操控性应计利润则会被高估。需要指出的是，修正 Jones 模型只是基本 Jones 模型中的营业收入变量经过了应收账款变量的调整而已，其回归系数是在使用基本 Jones 模型对估计期回归时得到的。

3. 修正 DD 模型。麦克尼科尔斯（McNIchols，2002）将基本 Jones 模型与 DD 模型①结合起来后得到了修正 DD 模型。以经营环境的不确定性、盈余管理动机以及管理层失误对公司盈余质量产生综合影响的衡量方面来看，该模型具有较好的效果。然而，该模型在我国的应用空间较小，主要是样本公司数量会因该模型的处理过程而大大地减少，且数据处理的工作量非常大。

4. 业绩匹配的 Jones 模型。科萨里（Kothari，2005）运用基本 Jones 模型在控制经营业绩与应计利润间非线性关系的影响方面采用经营业绩与样本配对，或在模型中引入总资产报酬率②（ROA）作为衡量经营业绩变量的指标，以计算总应计利润，即业绩匹配的 Jones 模型，这是目前计算总应计利润较为准确的一种方法。

从各应计利润分离法可以看出，基本 Jones 模型是最具代表力的，其他模型都是在此基础上结合研究需要进行了各种各样的修正与改进而来的③。

（三）特定应计利润法

特定应计利润模型是通过一个或者一组特定的应计利润模型对企业是否存在盈余管理行为进行度量。但是，如何将特定的应计利润分为可操控性和非可操控性两部分是使用该模型的一个关键问题，这类似于应

---

① 迪舟和迪切夫（Dechow & Dichev，2002）将短期应计项目和现金流相联系，用短期应计项目与过去一期、当期和未来一期的现金流回归，并用回归残差作为衡量企业应计项目质量的方法。

② 总资产报酬率是指企业一定时期内获得的报酬总额与资产平均总额的比率。它表示企业包括净资产和负债在内的全部资产的总体获利能力，用以评价企业运用全部资产的总体获利能力，是评价企业资产运营效益的重要指标。

③ 我国学者陆建桥（1999）认为基本 Jones 模型与修正 Jones 模型会高估操控性应计利润，低估非操控性应计利润。这是因为无形资产和其他长期资产摊销额都是非操控性应计利润的重要组成部分，因而陆建桥认为基本 Jones 模型和修正的 Jones 模型都忽视了无形资产和其他长期资产这一因素对非操控性应计利润的影响。

计利润分离模型。

由于针对具体行业中某一具体的应计项目是特定应计利润法的特点，那么，相对于包含不同行业的应计利润分离法而言，特定应计利润法在区分操控性部分与非操控性部分所依据的假设更具可靠性，也更切合实际。基于此，在研究某个或某些特定行业的盈余管理行为时，如瓦勒（Wahle，1994）、柯林斯等（Collins et al.，1995）以及比弗和恩格尔伯格（Beaver & Engel，1996）对银行业中的贷款损失准备研究；彼得罗尼（Petroni，1992）以及盖弗和帕特森（Gaver & Paterson，2000）对财产和意外保险公司的索赔准备研究；蒂欧等（Teoh et al.，1998）对首次公开发行公司的研究；等等。研究者通常采用特定应计利润法，因为该方法可以更好地区分和解释非操纵性应计利润和操纵性应计利润的行为特征，反映管理层是否进行了盈余管理。

但是，如果不是具体的行业或大样本，或管理当局所实施的盈余管理不能够被特定应计项目可靠反映时，特定应计利润法的使用则不能很好地对盈余管理行为进行识别。或许这些不足是导致较少文献采用特定应计利润模型检验盈余管理的原因所在。可是研究者通过检验特定应计项目，说明准则在哪些领域的工作富有成效，哪些准则有待完善，这可以在一定程度上说明该模型还是有比较广阔的运用前景的。

（四）盈余分布法

盈余分布法是由布格斯塔勒和迪切夫（Burgstahler & Dichev）在1997 年提出的，该法假设盈余分布函数在不存在盈余管理的情况下，在统计意义上是光滑的，近似服从正态分布。当不寻常的观察数低值在盈余分布函数直方图中阈值[①]左边相邻间隔内出现，以及不寻常的观察数高值阈值在右边相邻间隔内出现时，就可以说明盈余管理是导致阈值处密度分布函数不光滑的主要原因。随后，德乔治等（Degeorge et al.，

[①] 阈值（threshold）为临界值的意思，是指一个效应能够产生的最低值或最高值。在各门科学领域中均有阈值。也就是刺激生体系时，虽然对小刺激不反应，但当超过某限度时就会激烈反应的这种界限值。也就是说，一个领域或一个系统的界限称为阈，其数值称为阈值。

1999）改进了布格斯塔勒和迪切夫（1997）的研究方法，即在判断阈值处是否存在盈余管理时，可以运用阈值处理盈余分布函数是否光滑的方法。

上年度盈余、盈余为零以及分析师预测的本年度盈余是国外实证研究中常用的阈值点，它们可以分别用来检验是否存在避免盈余下降的动机、避免亏损的盈余管理动机以及迎合分析师预测的盈余管理动机。我国研究者常用的阈值点也包括上年度盈余和盈余为零，但是却很少出现分析师预测的本年度盈余阈值点，产生这一现象的原因可能与我国专业分析师预测市场尚处于萌芽状态有关。但是，净资产收益率为6%与10%是具有中国特色的一种阈值点，它主要用来检验我国配股的盈余管理动机。

盈余分布法在无须确定非操控性应计利润的情况下，就可以从整体上对盈余管理的程度进行估计，这是此方法最大的优势，也是目前估计盈余管理程度的一种核心方法。但是，吴联生和王亚平（2007）却认为布格斯塔勒和迪切夫（1997）以及德乔治等（1999）的研究结果可能会因其方法论的缺陷存在产生偏差，当盈余管理存在的多个阈值具有相关性时，盈余管理的分布函数就可能由于研究者忽略了它们间的相关性而受到影响，因而此方法只是片面地回答盈余管理程度问题。因此，放宽模型的假设以及解决不同阈值之间相互关联（在同时存在多个阈值情况下）的影响问题，均是盈余分布法在未来研究需要进一步深入的地方。

三、关于盈余管理的制约因素

公司治理以保护股东等利益相关者的利益为目的，设计出一套在法律法规、惯例的框架下有关公司对权力、责任和行为进行安排、划分和约束的机制，它实质上是解决公司权力如何安排以及利益如何分配的问题（李维安，2009）。公司治理会对公司盈余管理程度起到遏制作用。下文将分别从公司治理的内部和外部两个方面来梳理和归纳其对盈余管理的制约。

（一）公司内部治理对盈余管理的制约

公司内部治理的重要组成部分就是关于股权结构的安排。设计合理的股权结构是解决控股股东"隧道挖掘"、内部人控制上市公司的有效手段。那么，公司各方面利益相关者间就可以通过上市公司设置合理的股权结构实现相互牵制，约束上市公司的盈余管理行为。而股权集中度、股权制衡度、股份流通性和股权性质这四个方面都属于股权结构的内容。

由于我国股权存在着特殊性，一股独大现象严重，而大股东侵害中小股东利益的一种常见方法就是通过盈余管理的手段，如张祥建和郭岚（2006）的研究结果表明，盈余管理程度与上市公司第一大股东持股的比例间存在着倒 U 型关系。雷光勇和刘慧龙（2006）研究发现，当控股股东侵占上市公司的资金情况随着其持股比例的升高而增加时，盈余管理的程度也就越严重。此外，国有上市公司的盈余管理行为会在一定程度上受到其国有属性的约束，即国有股权性质可以降低盈余管理行为。刘凤委等（2005）研究发现，国家控股上市公司盈余管理程度显著低于法人控股上市公司，相对于非国有上市公司而言，国有控股上市公司向上的盈余管理程度显著较低（孙亮和刘春，2008；薄仙慧和吴联生，2009）。

作为股东代表的董事会是连接广大股东和企业管理者关系的桥梁，是公司内部治理的核心，也是股东用来抵御代理人谋取私利行为的第一道防火墙。因此，在抑制公司盈余管理行为的发生方面，董事会是可以起到一定的作用的，因为它可以有效地减轻代理问题。已有结论表明，独立董事一定程度上可以制约公司的盈余管理行为，如谢（Xie，2003）指出，财务专家在外部独立董事中所占的比例越大，公司发生盈余管理的概率就越小；独立董事比例与公司盈余管理程度间存在 U 型非线性关系（张逸杰等，2006），这些均表明了在抑制盈余管理方面，独立董事起到了积极的作用。而科林（Cling，2002）的研究则发现，董事会人数与盈余管理间具有正向且相关的关系。王建新（2007）认为，董事长和总经理两职合一的公司中往往存在着盈余管理行为，其中资产减值转回是较为常见的一种手段。葛文雷和姜萍（2007）、王生年（2009）以及孙亮和刘春（2010）从监事会的角度进行研究发现，监事会没有显著地遏制上市公司的盈余管理行为，说明监事会在我国没有发挥其应有的公司治理作用。

（二）公司外部治理对盈余管理的制约

控制权市场与经理人市场都是公司外部治理机制的一部分，外部的市场竞争也会一定程度抑制管理层利己的盈余管理行为，这是因为如果公司绩效出现下滑、企业价值下降或企业经营失败，管理层可能会被降职或者失业，这对他们来说是一种无形的压力，因此，他们会尽力工作，积极主动地经营公司。如白重恩（2005）认为，上市公司的"隧道行为"会因有效的控制权市场得到抑制。然而，德丰和帕克（Defond & Park，1997）研究发现，管理层还会将会计收益在本期和未来期间进行挪动，以美化财务报告，进而避免其被解雇。朱红军（2002）研究也证明了，更换高管人员在业绩差的上市公司发生频率更高，但是，企业业绩并没有因高管人员的变更而提升，只是盈余管理程度会变得更为严重。这可能是因为经理人和大股东为了保护自己的地位和控制权，往往会通过盈余管理的行为包装公司的会计盈余，以抬高企业在市场上的价值。

谭洪涛和蔡春（2009）以我国2006年现行会计准则实施为研究背景发现，现行会计准则抑制了平滑利润和"洗大澡"的盈余管理行为，增强了我国会计质量的相关性，但是，现行准则的实施没有对特殊目的的盈余管理行为起到作用。王生年（2009）认为，盈余管理会受到政府对上市公司干预程度的影响，国有上市公司管理层会因政府的干预保护而缺乏盈余管理的动机，即盈余管理程度与政府对上市公司的干预程度存在着负相关关系。因此，会计弹性是企业应计盈余管理行为的直接影响因素之一（李彬等，2009；李明和和辉，2011；林永坚等，2013），2014年颁布的创业板退市制度也进一步影响了应计盈余管理（谢柳芳等，2013）。艾哈迈德等（Ahmed et al.，2013）研究发现，当采用国际财务报告准则后，公司存在有更多的盈余平滑和亏损延迟确认以及更容易高估盈余。但是，总体而言，良好的投资者保护可以抑制应计盈余管理行为（田莉等，2016）。而市场化程度的提高伴随着政府干预度的降低和法治水平的提高，也同样会降低企业盈余管理程度（李延喜等，2012）。

同注册会计师一样，机构投资者[①]不仅具有一定的独立性，还具备一定的专业能力，并积极地参与到公司治理中，进而可以在一定程度上限制公司的盈余管理行为。拉杰帕尔和文卡他卡拉姆（RajgoPal & Venkatachalam，1998）的研究结论支持了该种观点，机构投资者持股比例与公司的盈余管理程度之间呈现负向的相关关系。然而，在我国，却存在着两种截然相反的观点，一是机构投资者对公司的盈余管理具有制约作用（程书强，2006；高雷和张杰，2008）；二是我国机构投资者持股比例越高，盈余管理的程度越高，他们认为机构投资者可能为追求自身利益最大化，与管理者合谋进行盈余管理（王生年，2009；孙亮和刘春，2010）。此外，薄仙慧和吴联生（2009）研究发现，机构投资者未对盈余管理产生显著的制约作用，因为我国国有上市公司的性质限制了其积极的公司治理作用。

审计市场也影响着盈余管理行为。在市场经济中，政府为避免对企业经营进行直接的干预，会退出企业的日常经营活动，则审计市场就需代替政府完成其部分的监督和指导功能。蔡春等（2005）将"前十大"和"非前十大"不同规模的会计师事务所对比后发现，事务所的规模与识别公司盈余管理程度间存在负相关性，且较低可操控性应计利润在被"前十大"会计师事务负责审计的公司中表现得更为明显。若以市场份额作为会计师事务所行业专长的评价标准，那么会计师事务所行业专长与审计质量显著正相关，也就是说，会计师事务所行业专业化能够抑制上市公司的应计盈余管理行为（徐倩和金莹，2011），除此之外，审计师选择（范经华等，2013；顾鸣润等，2013；李增福等，2011；刘启亮

---

① 主要是指一些金融机构，包括银行、保险公司、投资信托公司、信用合作社、国家或团体设立的退休基金等组织。机构投资者的性质与个人投资者不同，在投资来源、投资目标、投资方向等方面都与个人投资者有很大差别。

等，2011）同样影响了企业盈余管理行为。

四、关于盈余管理的其他研究

除盈余管理的经济后果、计量方法与制约因素外，学者们还从 CEO 变更、高管薪酬等方面对盈余管理展开了研究，主要可以归纳为以下几个方面。

一是 CEO 变更与盈余管理。墨菲和齐默尔曼（Murphy & Zimmer-man，1993）研究发现，CEO 在发生非常规更换之后有显著的调低操纵性应计项目的现象。从特殊性来看，柳青和朱明敏（2008）以四川长虹为例，发现 2004 年新任管理层为显示上任后的公司业绩显著改善，以便取得好的业绩考核结果提高自己的薪酬水平，通过巨额提取减值的方式进行盈余管理。但是，从普遍性来看，杜兴强和周泽将（2010）以中国资本市场 2001~2006 年的 A 股上市公司为样本，发现高管变更导致了显著的负向盈余管理行为，且该结论也得到了朱星文等（2012）的证实。

二是高管薪酬与盈余管理。由于上市公司高管年薪与会计利润之间呈显著的正相关关系，进而高管就有动机运用增加报告利润的会计方法增加奖金报酬（刘睿智，2009），巴托夫和莫汉拉姆（Bartov & Mohan-ram，2004）也得出同样的研究结论，高管有为提高自身薪酬进行盈余管理的动机，高管薪酬与盈余管理显著正相关（肖淑芳等，2013）。此结论在存在行政干预的商业银行中也同样成立，高管薪酬机制推动了向上的盈余管理（武恒光和张龙平，2012）。

三是 CFO 特征与盈余管理。阿比吉特等（Abhijit et al.，2010）研究了 CFO 的性别特征能对盈余管理产生影响，女性担任 CFO 的上市公司，可操纵性应计项目估计偏差绝对值较小。

五、简要评析

综上所述，到目前为止，在盈余管理的各种研究结论中还存在很多争议，尤其在盈余管理测度方法方面，尚未找到一个完善的被广泛接受的计量方法，无论是盈余分布法还是应计利润分离法，不仅有各自的适用条件，还有各自的优点与缺点。在实际研究中，上市公司盈余管理的经济后果、量度方法、制约因素等应结合当地的背景，如会计准则、证券监管体系及法制监管体系等是否健全和完善，因此，关于盈余管理的研究将会不断地深入下去。研究者应具体问题具体分析，采用不同的计量模型，为避免单一研究方法的不足，最好能将不同研究方法结合起来使用。

第二节　真实盈余管理研究

在过去的十几年中，应计盈余管理一直是企业操纵利润的主要方式，也是各国学者研究的重点。虽然一些学者研究发现，研发支出、变卖固定资产以及股票回购等真实存在的交易也是企业调节利润的方式，但由于没有对这种真实交易盈余管理做具体界定和描述，因而学者们对真实盈余管理的关注较少。直到罗伊乔杜里（Roychowdhury，2006）对真实盈余管理做了具体定义且受到广泛认可，以及提出的真实盈余管理计量方法得到验证之后，有关真实盈余管理研究的文献才开始见诸不同媒体，科恩等（Cohen et al.，2008）的研究发现更是将真实盈余管理研究推向高潮。与外国学者一样，我国学者对盈余管理的研究也从应计盈余管理开始，并长期关注应计盈余管理。近年来，学者们在借鉴国外研究方法的基础上，也开始着手对我国上市公司的真实盈余管理进行研究，以探求真实盈余管理行为在中国上市公司中的具体体现方式与经济后果。纵观国内外关于真实盈余管理的研究，其研究范围及研究视角并不如应计盈余管理那样宽泛，但真实盈余管理与应计盈余管理的相关关系、真实盈余管理的制约因素以及市场反应是关注度较高的三个方面，下文将分别从各个方面对学者的主要观点进行回顾和归纳。

一、关于应计盈余管理与真实盈余管理关系研究

自学术界展开真实盈余管理研究以来，应计盈余管理与真实盈余管理的关系最先受到学者们的关注，他们普遍从某一项法规的出台作为研究的切入点，如科恩等（2008）以 1987～2005 年美国上市公司为样本，以萨班斯（SOX）法案颁布前后期为研究期间，结果发现，在萨班斯法案颁布之后，公司盈余管理方式已明显地由应计项目调整利润方式转为真实盈余管理方式，并认为调整应计项目的空间变小是由内部控制体系和会计准则的不断完善而导致的，科等（Koh et al.，2007）也得到了同样的结论。因此，公司面临的监管环境发生变化会影响公司对盈余管理方式的选择（谢柳芳等，2013；刘继红和章丽珠，2014）。李增福等（2010；2011）以我国 2007 年所得税改革为研究视角发现，预期税率上升使公司更倾向于实施真实盈余管理，并调增利润，反之，公司在倾向于实施应计盈余管理的同时，还会调减利润。当创业板退市制度（2014）出台后，公司的应计盈余管理水平显著降低，而真实盈余管理水平显著升高（谢柳芳等，2013）。

刘启亮等（2011）在借鉴科恩等（Cohen et al.，2008）研究成果的基础上，以我国实施与国际财务报告准则趋同的现行会计准则为研究背景发现，公司在增加使用应计盈余管理的同时，运用真实盈余管理调低了利润。尤尔特和瓦根霍费尔（Ewert & Wagenhofer，2005）的研究同样发现，当企业采用从紧的会计政策，对应计盈余管理的运用存在障碍时，管理层会通过成本较高、但不易被监管部门发现的真实盈余管理调节利润。最新的证据来自田莉等（2016）的研究发现，她们利用来自 28 个强制采用 IFRS 的国家和地区 2001～2008 年的数据，认为与直接强制采用 IFRS 的国家和地区相比，在间接强制采用 IFRS 的国家和地区，公司应计盈余管理更多、真实盈余管理更少。

张攀（2012）从博弈论视角比较了应计盈余管理和真实盈余管理的动机，并认为，不论是哪种方式的盈余管理，管理当局都会根据特定条

件的变化进行选择。臧（Zang 2007）研究了公司在操纵利润时如何在应计盈余管理和真实盈余管理之间进行选择，结果发现，二者存在着替代关系，还发现当公司的诉讼风险加大后，管理层会从应计盈余管理转向真实盈余管理。臧（Zang 2012）的研究进一步发现，在年末时，应计盈余管理与运营活动操纵在金额上存在直接的单向替代关系，因为管理者只有在此时才能确定当年运营活动操纵已实现的金额，剩下的缺口通过操纵应计盈余管理来填补。

但是，当企业为股权再融资、首次公开发行、增发新股等特定目标的前提下，真实盈余管理与应计盈余管理会同时被管理层所运用，如科恩和扎罗文（Cohen & Zarowin，2010），以及何丹和黄之荔（2015）以股权再融资（SEOs）的公司作为研究对象，发现样本公司会同时采用应计盈余管理和真实盈余管理手段，达到既定的财务标准；顾明润和田存志（2012）以我国 IPO 前的上市公司为研究样本发现，样本公司普遍存在应计盈余管理和真实盈余管理行为，当应计盈余管理成本较高时，企业在 IPO 前会使用更多的真实盈余管理，反之就选择更多的应计盈余管理（李明和和辉，2011）。祁怀锦和黄有为（2014）研究发现，公司在 IPO 当年更多地运用了应计盈余管理方式，而在 IPO 后一年则更多地运用了真实盈余管理方式。因此，对于 IPO 企业而言，它们对盈余管理方式的选择是基于发行价最大化原则下权衡的结果，当公司面临的法律保护水平较低、处于管制行业、审计师为非国际"四大"时，选择真实盈余管理更有利于提高股票发行价（蔡春等，2013）。李增福等（2012）采用应计项目操控与真实活动操控两种模型研究了我国上市公司定向增发新股过程中的盈余管理行为以及之后的业绩表现，结果发现，中国上市公司在定向增发过程中会同时使用应计盈余管理与真实盈余管理两种方式操控利润。田静（2012）的研究发现，股权再融资的公司不仅越来越倾向于使用真实盈余管理，还与应计盈余管理之间存在着替代关系，并指出这一现状是由我国法律监管的日益严格使得应计盈余管理越来越容易被监管部门所识破而导致的。

曹国华和林川（2011）分别从应计盈余和真实盈余的视角研究了

CEO 变更、公司业绩与盈余管理间的关系，研究发现，CEO 变更与真实盈余管理的正相关关系更为显著，即 CEO 变更对真实盈余管理的影响程度更大，这表明真实盈余管理逐渐成为近年来上市公司盈余管理的首选方式；李振华和冯琼诗（2012）以股权激励计划的提出和实施的视角研究应计盈余管理和真实盈余管理的关系，他们发现，真实盈余管理行为对公司通过股权激励计划起到了一定的作用，然而，当公司尚未通过股权激励计划时，应计盈余管理和真实盈余管理行为也会显著减少。袁知柱等（2015）发现，为迎合市场预期，股权价值高估的企业在初期会采用应计项目操纵手段来调高会计盈余，但随着高估时间的推移，这种现象会逐渐消失；与此同时，为了避免股价泡沫破裂时受到严厉的惩罚，经理人员也会采用真实经济业务操纵手段调低会计盈余，促使股票价格向其内在价值回归。

当中国上市公司采用现行会计准则后，通过应计盈余管理方式进行盈余操纵的难度和成本增加，容易被监管部门发现，上市公司转而采用真实盈余管理活动作为替代，也就是说，应计盈余管理成本的增加会导致这类盈余管理程度下降，而真实盈余管理的程度将随之上升（龚启辉等，2015）。李彬等（2009）的研究发现，真实盈余管理在会计弹性小的公司中运用较多，在会计弹性大的公司较少利用，从而得出真实盈余管理程度与会计弹性之间存在着此消彼长的关系。而王良成等（2012）的研究则认为，应计盈余管理与真实盈余管理之间的关系是同高同低的联动关系，并非是此消彼长的负向关系。

就两种盈余管理方式关系在上市公司中的具体表现，目前尚未得到定论，目前主要形成了四种观点：第一种观点认为，替代关系和互补关系同时存在，即应计盈余管理与真实盈余管理之间存在"二元"关系（王良成，2014）。周晓苏和陈沉（2016）从生命周期这一动态视角探析了应计盈余管理和真实盈余管理之间的关系，研究发现，较之成熟期企业，成长期企业和衰退期企业应计盈余管理和真实盈余管理的正相关关系更大。第二种观点认为，真实盈余管理与应计盈余管理是相互补充的关系，哈希米和拉比（Hashemi & Rabiee，2011）认为，应计盈余管理对真实盈余管理的补充和纠正功能均呈非线性，且补充式关系要略强于纠正式关系（李翔和张丽，2015），特别是当企业市场份额已基本不变时，两类盈余管理互补效应更加明显（周晓苏和陈沉，2016）。松浦弥（Matsuura，2008）从收益平滑的角度出发研究发现，两种盈余管理互相补充的效应更为明显，且真实盈余管理发生在应计盈余管理之前。第三种观点认为，真实盈余管理与应计盈余管理是相互替代的关系，即二者之间是此消彼长的。格雷厄姆等（Graham et al.，2005）、戚等（Chi et al.，2011）以及臧（Zang，2012）研究发现，当企业在行业内市场份额较高、法律环境较严格、企业内部财务状况较好时，企业管理者倾向于选择真实盈余管理，反之则倾向于选择应计盈余管理（邢立全等，2016）。第四种观点是既不相互替代，也不支持互补。范经华等（2013）的研究发现，运营活动操纵综合水平作为解释变量与异常应计盈余管理绝对值显著正相关，但是，异常应计盈余管理作为解释变量与运营活动操纵综合水平显著负相关。这一证据既无法支持互补性假说，也无法支持替代性假说。

二、关于真实盈余管理市场反应研究

公司的真实盈余管理行为，即通过构造真实的经济交易业务进行盈余管理时，不仅背离了公司正常业务活动，不能给企业带来更多现金流量，同时还耗费着企业的资源，企业价值和公司的未来业绩均会受到牵连和负面影响，损害资本市场的资源配置功能（王福胜等，2014）。相较应计盈余管理对公司业绩产生的短期影响，真实盈余管理将会对公司的长期业绩产生较大影响（蔡春等，2013）。

扎罗文和奥斯瓦尔德（Zarowin & Oswald，2005）发现，操作成本较高的真实盈余管理，不但对企业未来的现金流有负面效应，甚至还会损害企业长期的经营绩效，莱格特（Leggett，2009）检验了公司削减酌量性费用的经济后果，结果表明削减酌量性费用与未来资产收益率和经营活动现金流显著负相关，验证了真实盈余管理会损害企业长期绩效的观点，格雷厄姆等（2005）以及咖尼（2005）也得到了同样的结论。科恩等（2010）以股权再融资的公司为研究对象发现，在股权再融资后，样本公司的经营业绩会"滑坡"，并认为这是由真实盈余管理和应计盈余管理共同造成的。法泽利和拉索利（Fazeli & Rasouli，2011）的研究表明，真实盈余管理公司的价值相关性低于未进行真实盈余管理的公司。米齐克（Mizik，2010）发现，削减营销与研发支出的真实盈余管理对未来收益有负作用，股票回报率更低，真实盈余管理与未来3年的股票收益显著负相关。李（Li，2010）以及奥斯马和杨（Osma & Young，2009）也发现，投资者对未预期的削减研发支出相关的盈余增加给予了折扣估价。此外，金等（Kim et al.，2009）研究发现，公司进行的真实盈余管理与应计盈余管理均加剧了外部投资者的信息不确定性，而市场对真实盈余管理比对应计盈余管理会要求更高的风险溢价，即真实盈余管理带来的不确定比应计盈余管理更严重。然而，徐和泰勒（Xu & Taylor，2007）的研究却得出了相反的结论，他们发现，进行真实盈余管理以达到分析师预测的公司，并不会因其进行的真实盈余管理行为而对未来的经营业绩产生负面影响。但是，还有一些证据显示，真实盈余管理与企业业绩之间存在着正向的关系，如咖尼（Gunny，2005）的研究结果表明，企业经营者在当期进行的真实盈余管理行为，会使企业在未来几年的业绩上升，并认为这主要是因为企业经营者进行真实盈余管理调整后的利润，展现了企业好的一面，从而加强了投资者、债权人等利益相关者对企业的信心，且该种正面影响与真实盈余管理产生的负面影响可以相互抵消。

我国学者也研究了真实盈余管理的市场反应，他们普遍得出了真实盈余管理对企业业绩具有负面影响的研究结论。李彬和张俊瑞（2009）以生产控制、成本控制、销售控制为切入点，对比两种类型企业，即选择受此三种因素控制的企业和不受此三因素控制的企业样本，通过配对研究发现，在受此三种因素控制的影响下，企业后期的经营业绩水平明显低于不受此三因素控制的配对企业，并由此指出，对生产、成本和销售操控的企业实质上是以其未来利益为代价换取短期盈余，即销售操控与费用操控能降低未来经营业绩的结论（李彬和张俊瑞，2010）。顾明润和田存志（2012）以我国 IPO 前的上市公司为研究样本发现，真实盈余管理活动对公司上市后的经营业绩产生的负面影响更大，尤其表现在异常费用方面的真实盈余管理。李增福等（2012）研究了两种盈余管理方式对上市公司定向增发后业绩的影响，结果发现，业绩的短期滑坡主要是由应计盈余管理造成的，公司业绩的长期滑坡则更多的是由真实盈余管理导致的，因而认为真实盈余管理是上市公司定向增发之后业绩滑坡的主要原因。许慧和林芳（2013）实证检验了我国上市公司真实盈余管理对企业会计业绩和现金流业绩的影响，发现我国上市公司进行真实盈余管理活动会同时导致其后期会计业绩与现金流业绩"滑坡"，且现金流业绩"滑坡"的期限要长于会计业绩的期限，表明真实盈余管理对现金流的影响更为深远。何丹和黄之荔（2015）以上市公司存在股权再融资动机为研究背景，发现真实盈余管理会导致上市公司再融资后业绩变差，且国有企业比非国有企业的业绩下滑更显著。

蔡春等（2012）以 A 股中被特别处理的上市公司为样本，发现"濒死"企业盈余管理行为隐性化程度越高，越有利于改善当年状况。同时提出"真实盈余管理成本越高，对未来价值损害越大，进而导致企业二、三次'戴帽戴星'"的猜想，而此猜想得到了杜颖洁和史天瑜（2016）的验证，他们以 2014 年新退市制度的实施为背景发现，真实盈余管理会获得更多"濒死"企业的青睐，而真实盈余管理行为会导致企业在未来 3 年内再次"戴帽戴星"，更是损害了企业的长期业绩。

此外，真实盈余管理作为盈余管理方式的其中一种，同样会对市场投资者的信息产生影响，进而会对上市公司的外部审计产生影响。金和孙（Kim & Sohn，2009）发现，企业的权益成本会受到真实盈余管理的影响，而真实盈余管理的行为进一步加剧了外部投资者的信息不确定性。金和孙（2013）的研究进一步表明，真实盈余管理会降低会计盈余质量，造成公司权益资本的上升。李彬等（2009；2011）的研究表明，会计弹性与真实盈余管理之间存在此消彼长的关系。罗琦和王悦歌（2015）以中国上市公司为分析样本进行的实证检验表明，真实盈余管理会使得高成长性公司权益资本成本下降，因而会使低成长性公司权益资本成本上升。李留闯和李彬（2015）同样发现，真实盈余管理程度越大，则审计师出具非标准审计意见的概率越大、审计收费越高。

上述研究结论表明，企业的真实盈余管理行为是一种短视行为，不仅会产生不利于企业业绩的经济后果，还会导致未来业绩的下降。

三、关于真实盈余管理的约束因素研究

就笔者目前所掌握的文献资料，只有少数的国外学者对真实盈余管理的影响和约束因素进行了研究，如布希（Bushee，1998）的结论表明，机构投资者可以在一定程度上降低管理层通过减少研发支出避免盈余下降的动机；班奇和德邦特（Bange & DeBondt，1998）认为，CEO 持股及大型的机构投资者会减轻管理层通过削减研发费用进行盈余管理的机会主义动机，成（Cheng，2004）和罗伊乔杜里（Roychowdhury，2006）也得到了相同的结论。库马（Kumar，2008）分别从董事会特征和审计委员会特征对 6759 个样本公司进行实证检验后发现，只有独立董事比例对真实盈余管理具有约束作用，董事会规模、审计委员会规模以及董事长与总经理两职分离情况等其他的因素则没有约束作用。

国内学者对此问题的研究起步较晚，就收集的相关资料来看，大量关于约束真实盈余管理的文献出现在 2013 年之后，下文将主要从公司治理、内部控制、审计监管，以及行业管制等方面分别进行归纳和探讨。

（一）公司治理方面

良好的公司治理体系同样能够对真实盈余管理产生相应的抑制作用。机构投资者是学者们展开较多研究的一个视角，并且普遍得出了较为一致的结论，即公司中机构投资者对真实盈余管理行为具有明显的抑制作用（袁知柱等，2014；蒋艳辉等，2015；余怒涛等，2017；田昆儒和韩飞，2017），机构投资者能在一定程度上发挥积极的公司治理功能，表现为监督效应，且该种抑制作用在国有控股上市公司中发挥得更为显著

（袁知柱等，2014）。此外，机构投资者的特征也会对其约束程度产生影响，如孙刚（2012）发现，监督动机较强的机构投资者持股比例越高，对真实盈余管理的约束性越强；蒋艳辉等（2015）从机构投资者持股规模、稳定性和独立性三个维度研究了机构投资者的异质性对真实盈余管理的约束作用，发现大机构投资者持股对真实盈余管理行为的制约更为显著；缪毅和管悦（2014）认为，压力抵制性的机构投资者更能够抑制上市公司的真实盈余管理行为；姚靠华等（2015）指出，大机构投资者、稳定型机构投资者、独立型机构投资者更能更好地对真实盈余管理发挥治理作用；同时，唐建荣等（2017）的研究结果也发现了稳定型机构投资者对真实盈余管理行为的抑制效果在国有控股公司中受到了限制。但是，当机构投资者具有较强的交易动机时，机构投资者不仅不能约束企业的真实盈余管理行为，反而还对真实盈余管理有正向的促进作用，这是因为较强交易动机的机构投资者持股越多，其所面临的企业信息风险也越高，需要持有更多的现金资产来满足其流动性需求，因而更倾向于真实盈余管理（孙刚，2012）。

　　除了机构投资者治理外，管理层激励、董事会独立性、股权制衡等也是公司治理中的主要内容。袁知柱等（2014）研究发现了管理层持股比例及货币薪酬总额与真实盈余管理显著负相关，即对管理层实施有效的激励实现管理层激励的利益趋同效应，将有效地抑制真实盈余管理行为。李琴和李文耀（2007）认为，应该通过完善独立董事制度、建立审计委员会及改善公司绩效评价体系等措施对其进行约束，这个结论在更大范围的样本中也得到了证实。张志花和金莲花（2010）以 2003～2007 年沪深 A 股上市企业为样本，以股权集中度、董事会独立性、监事会规模以及高管薪酬等作为公司治理机制的代理值，从监督和激励的角度对公司治理机制对真实盈余管理的影响进行了检验。结果发现，真实盈余管理可以通过完善的公司治理机制受到约束。林芳和许慧（2012）就股权制衡这一治理结构安排与公司管理层进行的真实盈余管理程度进行实证检验，发现股权制衡能在一定程度上有效地降低管理层在产品成本方面的真实盈余管理和整体调节利润的操纵程度。季敏和金贞姬（2013）、徐爱勤和陈旭东（2015）的经验证据表明，董事会治理机制能够抑制真实盈余管理。童娜琼等（2015）研究发现，聘用当地有财务背景的独立董事有助于抑制上市公司的真实盈余管理行为。进一步地，侯晓红和姜蕴芝（2015）从整个公司治理的视角对实施股权激励计划的非金融类上市公司的真实盈余管理行为进行了研究，并发现高公司治理强度能明显抑制股权激励诱发的真实盈余管理行为，市场化进程也会抑制股权激励诱发的真实盈余管理，对股权激励的实施具有保护作用。

（二）内部控制方面

阿尔塔穆罗等（Altamuro et al.，2010）指出，公司的内部控制是确保公司提供高质会计信息的一种重要的内部治理机制，即内部控制的有效监管可以提高盈利的持续性，增加未来现金流的可预测性，进而有助于提高财务报告的质量。因此，内部控制质量越高，其对盈余管理的抑制作用就越明显（张嘉兴和傅绍正，2014；曹国华和骆连虎，2015；曹曦文，2016；张正勇和谢金，2016；朱湘萍等，2016），且内部控制在央企中对真实盈余管理的抑制作用最为显著（田昆儒和韩飞，2017）。但是，张正勇和谢金（2016）发现，公司权力配置结构，如高管集权会削弱内部控制对盈余管理的抑制作用，曹国华和骆连虎（2015）却认为，高质量的审计师可以替代内部控制对真实盈余管理的抑制作用。与以往单纯从内部控制这一规则治理机制出发研究真实盈余管理的文献不同，徐虹等（2015）引入关系型交易这一关系治理机制进行检验，结果表明，高质量内部控制仅有助于抑制供应商关系型交易诱发的真实盈余管理行为。

（三）审计监督方面

戚等（Chi et al.，2011）指出，相较于公司的内部控制，审计监督是确保公司提供高质会计信息的外部治理机制。总体来看，高质量的审计师能有效地抑制真实盈余管理行为（曹国华和骆连虎，2015）。西穆内克（Simunic，1987）研究发现，审计质量的主要决定因素之一在于审计师的行业专长，具有行业专长的事务所更能在人员培训和技术上进行专业投资从而提高审计质量，因此外部审计对真实盈余管理的监督效果更多地来自会计事务所的行业专长。赵忠伟和刘杰（2018）指出，事务所的行业专长能同时抑制公司的应计盈余管理和真实盈余管理行为，公司的内部控制越好，越有助于发挥审计师行业专长对应计盈余管理和真实盈余管理的治理作用。范经华等（2013）和刘霞（2014）却得到了相反的研究结论，审计师行业专长与真实盈余管理正相关，是因为具有行业专长的审计师由于执业能力强、审计质量高，限制了微盈企业应计盈余操纵的空间，企业转而运用真实盈余管理。除审计师行业专长外，会计师事务所的规模、声誉，以及审计收费等会计师事务所特征也能够显著地抑制通过构造交易的真实盈余管理行为（王静等，2013；曹国华等，2014）。

（四）行业管制方面

行业的管制特征是有效制约真实盈余管理的因素之一（李明和和辉，2011）。李彬等（2009）认为，行业特征影响会计弹性，真实活动控制程度与会计弹性呈负相关关系，通过对比分析 A 股上市公司中二者的差异，验证了这一论断，即利用真实活动控制盈余的企业通常会计弹性比较小，相反，对于与之配对的企业而言，不利用真实活动来控制盈余的企业的会计弹性一般比较大。田莉等（2016）以强制采用 IFRS 为研究背景，发现与直接强制采用 IFRS 的国家和地区相比，在间接强制采用 IF-RS 的国家和地区，公司真实盈余管理的行为更少。科恩等（Cohen et al.，2008）和袁知柱等（2014）以投资者保护为研究切入点，结果表明，在我国投资者保护程度较高的地区，经理人员通过真实盈余管理调低利润的行为将受到显著抑制。

虽然近年来我国学者对如何制约真实盈余管理行为展开了较为广泛的研究，但是从上述归纳中可以发现，学者们只是片面地从单个因素进行了研究和分析，并没有形成一个系统的约束框架。

四、关于真实盈余管理方式研究

管理层可以分别通过构造经营活动、投资活动和融资活动以及改变交易时间等真实盈余管理方式操控利润，并主要集中在以下两个方面。

（一）通过操控经营活动和投资活动实施真实盈余管理

管理层一般会通过调整研究支出、管理费用或销售费用等可操控性费用进行盈余管理，以实现调增利润或达到分析师的预测等目的。这是因为上述可操控性费用在现行会计准则中是费用化，而不是资本化，从而给管理层粉饰公司业绩提供了一定空间。巴伯等（Baber et al., 1991）以438家研发费用占销售收入1%以上的公司为样本进行检验后发现，处于财务危机而报告盈利的公司都有一个共同的特点，即他们都明显地降低了研发支出。迪舟和斯隆（Dechow & Sloan, 1991）通过研究高研发投入制造业公司后发现，即将退休的CEO会在他们退休的前一年明显降低研发投入来提升短期利润。佩里和格林纳克（Perry & Grinaker, 1994）以及班奇和德邦特（Bange & DeBondt, 1998）的研究发现，管理者会明显地在公司收益稍低于分析师预测数据时减少研发投入。咖尼（Gunny, 2005）也发现，管理者会在公司应计盈余管理空间有限时，显著地降低销售、管理以及行政费用。此外，佩里和格林纳克（Perry & Grinaker, 1994）以及罗伊乔杜里（Roychowdhury, 2006）等学者也都得出了管理层在通过研发支出调整公司盈余的结论。

扩大生产规模和降价销售产品也是管理层对盈余进行管理的方式。虽然扩大生产增多了产品数量，但各产品的单位成本却降低了，降价销售产品可以增加账面的现金流，从而调整利润，如杰克逊和威尔考克斯（Jackson & Wilcox, 2000）发现，管理层会在第四季度降价销售产品或给予客户一定的销售折扣，以避免亏损，罗伊乔杜里（Roychowdhury, 2006）也得到了同样的结论。此外，通过出售企业长期使用的资产，也可以实现盈余调整。巴托夫（Bartov, 1995）、布莱克等（Black et al.,

1998）以及赫尔曼（Herrmann，2003）均证明了管理层为调增利润，通过销售固定资产、有价证券等长期资产实现，且该种行为在第四季度发生的最多。最后，希利和瓦伦（Healy & Wahlen，1999）指出，管理层还可以改变各种交易的时间进行盈余的管理，如戴伊（Dye，2002）的研究结论就支持了该观点。也就是说，企业可以通过改变收购、租赁、可转换债券的保险以及股权投资等经济交易的时间操控盈余，如埃尔斯等（Ayers et al.，2002）以换股收购的公司为研究样本发现，管理层为避免企业资产的账面过高，通过改变利息的提取和支付时间管理盈余。

（二）通过操控融资活动实施真实盈余管理

希尔巴等（Hribar et al.，2006）认为，股票回购是一个非常好的调整每股收益的方法，这是因为公司有权选择股票在市场上回购的时间和数量，不需要在报告中对回购交易进行详细披露，因而股票回购在减少普通股的基础上增加了每股收益，本森（Bens，2003）发现，公司通过回购它们发行的股票以减缓职工股票期权对每股收益的稀释效应。另外，企业可以通过调整股票期权的数量维持盈余呈现上升的趋势，并达到分析师的预测。这是因为股票期权是企业职工补偿方案的组成部分，因而，在某一时期给予职工的股票期权是可以提前决定的。如松永（Matsuna-ga，1995）研究发现，如果企业当期的业绩低于预期目标，或者当企业采取了其他可以提高收入的会计政策时，企业一般会对职工发行更多的股票期权。金布罗和路易斯（Kimbrough & Louis，2004）以及卡特等（Carter et al.，2006）也得到了同样的结论，即股票期权是企业进行盈余管理的一种方式。利率、外汇率以及商品价格的波动也均会增加企业经营活动现金流和盈余的波动幅度，而金融衍生工具则可以避免与这些因素有关的不确定性，如巴顿和西姆科（Barton & Simko，2002）的研究结论证实了公司会通过使用金融衍生工具对各季度的盈余进行平滑，平卡斯和拉杰帕尔（Pincus and Rajgopal，2002）以石油和天然气公司为研究样本发现，样本公司通过使用金融衍生工具减少盈余的波动性，等等。最后，融资业务结构的改变也同样可以影响盈余，如玛卡德和维德曼

（Marquardt & Wiedman，2005）的研究表明，公司会通过发行可转化债券代替传统的可换股，以避免后期对每股收益的稀释。

我国学者在真实盈余管理方式的研究方面稍显逊色，研究结论较少，且没有采用实证的分析方法，如李琴和李文耀（2007）用规范研究的方式分析了公司进行真实盈余管理的主要手段，即负债转为股东权益、股票回购、减少可操纵性费用及增加产量等。

五、关于真实盈余管理的其他问题研究

伊琳娜（Irina，2009）研究发现，管理层会通过真实交易对企业的经营活动现金流进行操控，并进一步发现，财务杠杆逐渐增高的企业更倾向于通过真实盈余管理操纵现金流。而科恩和扎罗文（Cohen & Zarowin，2010）则通过研究真实盈余管理与投资之间的关系发现，进行真实盈余管理的公司倾向于过度投资，进而影响长期业绩。此外，金等（Kim et al.，2010）认为，只要真实盈余管理能在财务报告中披露，就不会引起审计人员的注意，对其出具的审计意见以及监管部门采取的惩罚措施产生影响。

参照刘启亮等（2011）的观点，即真实盈余管理是因为会计准则的日趋完善而受到管理者的青睐。邵剑兵和陈永恒（2018）发现，公司的真实盈余管理行为取决于公司的避税战略，相较于防御型战略，采取探索型避税战略的公司，其真实盈余管理显著被抑制。赵勇德和张志花（2010）以 2003～2007 年沪深 A 股上市企业为样本，从委托代理理论角度分析投资者和管理当局之间的利益冲突，以及信息不对称对真实活动盈余管理的影响后发现，投资者与经理人之间的利益冲突和信息不对称越大，即代理问题严重的公司，其管理当局生产操控以及费用操控行为更为严重。宋承军和王永健（2015）也探讨了代理成本与真实活动盈余管理的关系，并得到了同样的结论，即代理成本与真实盈余管理正相关，且二者关系在国有控股样本中更显著。

姜等（Jiang et al.，2013）研究 CEO 的财务经历与真实盈余管理的

关系时发现，当企业的 CEO 具有财务经历和背景时，该企业的真实盈余管理行为较少，说明具有 CEO 的财务经验对企业的真实盈余管理行为有抑制作用。李晓玲等（2015）认为，CFO 自身特征也会对上市公司真实盈余管理产生影响，研究发现，CFO 的年龄与真实盈余管理水平负相关，说明随着年龄的增长，CFO 更为倾向采取稳健、谨慎的财务政策；女性 CFO 的上市公司真实盈余管理水平低于男性 CFO 的上市公司；CFO 的学历和专业化程度越高，发生真实盈余管理行为越少。

股权分置改革后，上市公司具有更加明显的正向盈余管理行为（李宁和刘玉红，2009；蔡宁和魏明海，2009；林川和曹国华，2012），尤其表现在大非的减持过程中，在大股东减持股份比例越高的上市公司，公司对真实盈余管理的程度也越高（曹国华和林川，2014）。刘新民等（2014）以创业板上市公司为研究样本，发现创始高管团队的股权薪酬与真实盈余管理水平正相关，并进一步指出，提高股权薪酬会加大对真实盈余管理的诱发行为。鹿坪和冷军（2017）探讨了投资者情绪对公司真实盈余管理行为的影响，随着投资者情绪高涨期的不断延长，管理者会利用真实盈余管理调增盈余的行为增强；随着投资者情绪低迷期的不断延长，管理者也会采用真实盈余管理调增盈余。

六、简要评析

施佩尔（Schipper）在 1989 年就已指出，可以根据公司管理层对盈余进行管理时是否影响现金流而将盈余管理分为不影响现金流的应计盈余管理和影响现金流的真实盈余管理，希利和瓦伦（Healy & Wahlen，1999）也同样认为盈余是应计盈余管理与经营活动现金流的加总。虽然国内外均是近几年才全面展开关于真实盈余管理的研究，但可以看出，不论是在真实盈余管理与应计盈余管理二者关系的研究方面，或是在真实盈余管理的市场反应方面，还是真实盈余管理的制约因素方面，均取得了较为丰硕的研究成果。但是，我国的研究成果并不如国外那样丰富，尤其表现在真实盈余管理的方式以及计量方法两个方面，这可能是我国资本市场起步较晚，很多研究方法与研究技术尚不成熟，需借鉴和参考国外已成型的研究方法，而国外的理论和方法不具备普遍适用性。

第三节　研究动态评析

不难看出，国内外关于真实盈余管理的研究成果尚处于上升与发展期，虽然取得了一定的成果，但也存在比较明显的缺陷。

一、已经取得的重要成果

（一）国外的重要成果

在以委托代理理论、信息不对称理论以及契约理论等一系列理论为基础理论的前提下，国外学者自 20 世纪 80 年代初对真实盈余管理展开了较为广泛的研究，已取得的研究成果主要体现在以下四个方面。

1. 真实盈余管理活动具有的多种方式。真实盈余管理是通过真实存在的交易对公司盈余进行的调整。上述文献已总结出企业一些较常见的行为，如降价销售、扩大生产规模、调整可操纵性费用以及股票回购等都可以是企业进行的真实盈余管理，此外，研究结果普遍表明，公司通过构造真实的经济交易对利润进行调整，以实现增加报告的盈余，达到分析师的预测或增加每股收益等目标。

2. 真实盈余管理的范围与方式正处于逐渐扩大的态势。虽然应计盈余管理和真实盈余管理都是管理层进行盈余管理的基本方式，但大量证据表明，真实盈余管理日益受到管理层的青睐，并逐渐成为管理层在调节利润时首选的一种手段。

3. 真实盈余管理具有不利于企业发展的经济后果。当公司通过构造真实的经济交易业务进行盈余管理时，由于它在背离公司正常业务活动的同时还耗费着企业的资源，因而真实盈余管理会降低公司的未来业绩，减少企业价值。

4. 真实盈余管理的约束因素是多方面的。研究者在对真实盈余管理进行研究时，虽不是专门研究该如何约束真实盈余管理行为，但部分研究结论表明，机构投资者、高管持股比例以及独立董事比例的提高均可在一定程度上对其约束。

（二）国内的重要成果

尽管我国学界关于真实盈余管理的研究起步较晚，但目前也已经取得了以下三个方面的成果。

1. 真实盈余管理日益受到我国上市公司的青睐。已有文献不仅对应计盈余管理和真实盈余管理两种方式趋势进行了研究，还对管理层如何在两种方式中选择进行了较为深入的剖析，研究均表明，我国资本市场也同样存在着真实盈余管理行为，且日益受到管理者的青睐。

2. 真实盈余管理具有不利于企业发展的经济后果。我国学者在国外研究结果的基础上，采用实证方法研究各种真实盈余管理方式对企业业绩的影响，结果均表明，真实盈余管理具有不利于企业发展的经济后果。

3. 约束真实盈余管理的文献较丰富。目前已有大量的国内文献探讨了该如何约束企业的真实盈余管理行为，如以机构投资者、管理层激励、董事会独立等为代表的公司治理层面，内部控制层面以及审计监督层面等，形成较为丰富的研究成果。

二、已有研究成果的主要特点

对国内外盈余管理研究的动态回顾和分析表明，虽然国内外研究的出发点不同，但是最终的结论趋同：第一，企业在交叉使用着应计盈余管理和真实盈余管理两种方式调节利润；第二，相较于应计盈余管理，即使真实盈余管理的成本较高，也已成为管理层首选的一种方式，以有助于其实现各种目的；第三，真实盈余管理对企业具有不利的经济后果，会导致企业未来业绩下滑，减少企业价值；第四，需要探讨可以对上市公司的真实盈余管理行为最有效的约束机理。因此，对真实盈余管理进行全面、深入的研究，有助于减少盈余管理行为、提高公司价值并稳定公司业绩，为制定有关监管资本市场的真实盈余管理和相关管理政策提供依据，最终促进我国资本市场的良性运转。

三、已有研究成果缺陷剖析

虽然我国与西方的主要发达国家目前都对真实盈余管理进行了一定的研究，但就我国而言，研究水平远低于西方发达国家，研究不够深入，也没有进行系统的研究，尚存在很多需要完善的地方，有待于进一步全面、系统地研究，以我国资本市场为对象的研究主要存在着以下三个方面的不足。

（一）缺乏对真实盈余管理经济后果的深入研究

我国学者已经着手真实盈余管理经济后果方面的研究，也取得了一定的成果。但是，从上文中可以看出，学者们研究结论的一致性程度较低，尤其是国外的文献。国内学者研究时只选取了近几年的样本数，那么，选择更加长期的样本进行检验，会得出怎样的结论？臧（Zang，2012）与王福胜等（2014）从对现金流的影响这一角度界对真实盈余管理进行了界定，现金流业绩也是衡量企业业绩的一个指标，因此，我们可以用会计业绩和现金流业绩共同衡量企业业绩。

（二）缺乏对公司治理机制如何影响真实盈余管理行为的全面研究

现有研究只是从外部环境角度阐释了真实盈余管理备受青睐的原因，即萨班斯法案等相关法规的出台，使得应计盈余管理的空间受限，从而导致管理层转向进行真实盈余管理。那么，企业的内部因素，如公司治理结构，它们是否会在一定程度上影响着真实盈余管理的存在，或者真实盈余管理的幅度？

（三）缺乏对真实盈余管理约束机制的系统研究

虽然关于如何约束真实盈余管理行为的研究文献较多，但是相关文献仅仅是从某一个单一维度对其约束力进行了探讨，而且研究角度较为狭窄，缺乏对真实盈余管理约束机制进行全面、系统的研究，不能深入揭示我国真实盈余管理问题及解决举措的约束机制。

本章小结

本章在对真实盈余管理相关文献进行回顾和梳理后发现，虽然真实盈余管理是近几年才在学术界展开探讨的一个话题，但是也取得了较为丰富的研究成果。鉴于真实盈余管理是盈余管理的一部分，且研究不如盈余管理广泛和深入，笔者在进行归纳和阐述所掌握研究成果时，便以盈余管理作为出发点。

在对真实盈余管理相关文献进行回顾时，本章分别从国内外真实盈余管理与应计盈余管理的关系、真实盈余管理的市场反应、计量方法及约束机制等方面进行了全面、系统地梳理后发现，相对于应计盈余管理，真实盈余管理方式的隐蔽性、风险性小、方式多样等特点日益受到管理层的关注和青睐，真实盈余管理也具有不利于企业业绩的市场反应。现有文献尚存在很多需要完善的地方，如缺乏对真实盈余管理经济后果的深入研究，如何对真实盈余管理行为进行有效约束等，而这些不足均是下文将要探讨的。

第二章 理论基础与基本理论

　　盈余信息是会计信息的使用者对企业绩效、企业未来发展以及管理者的能力和努力程度等做出公允评价的基础。真实盈余管理的普遍存在，不仅降低了会计信息的可靠性，甚至会导致投资者做出错误的投资决策，损害其利益。为什么会存在这现象？它产生的深层次原因是什么？它的动机是什么？分析这一现象的理论基础又是什么？本章试图在构建分析真实盈余管理行为理论框架的基础上，分别阐述委托代理理论、信息不对称理论、有效市场理论等对真实盈余管理的作用机理，再对真实盈余管理行为的目标、动机等方面做进一步分析。

第一节　真实盈余管理行为分析的理论基础

　　真实盈余管理方式、方法的隐蔽性使其不易被外界所察觉，并不是导致该现象普遍存在的深层原因，所有权与经营权的分离、信息在利益相关者之间的不对称则是公认的动机所在，证券市场的非有效性也被认为是造成真实盈余管理不利经济后果的原因所在。因此，委托代理理论、信息不对称理论、契约理论、行为金融学理论和企业生命周期理论是真实盈余管理产生的原因和动机，有效市场理论是导致真实盈余管理不利经济后果的理论基础，各基本理论对真实盈余管理的影响可用图 2 - 1 进行描述。

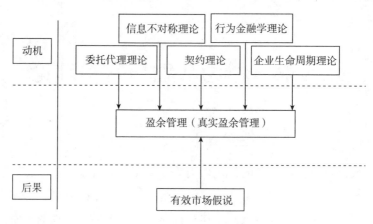

图 2 -1　真实盈余管理理论框架

为具体分析各基本理论对真实盈余管理产生影响的作用，下文将逐一进行阐述和分析。

一、委托代理理论

随着公司制企业的发展，公司呈现出股权结构分散、所有权与经营权分离等重要特征，代理关系和问题也应运而生。

（一）委托代理理论的理论内涵

从委托代理关系的实质来看，它是伴随生产力的发展和生产规模化的扩大而产生的。生产力的发展带来了专业分工的细化，受精力、知识和能力的影响，公司所有者往往不能有效行使权利，而与此同时，社会造就了一批极具代理能力的知识精英，虽然二者都存在对利益的追求，但效用函数却不尽相同，作为委托人，他们往往更关注企业的利润与发展，而作为代理人的精英群体却只是追求个人职称、收入与补贴的提高，在二者利益出现冲突时，委托人将会导致代理人利益受损。简单地说，委托代理关系描述的是这样一种情形：委托人（所有者）与代理人（管理者）签订一个合约，由代理人代表委托人行事，在行事的过程中，代理人可以选择自己的办事方法，而这一行为导致的后果不仅会对委托人的利益产生影响，还会对代理人的利益产生影响。

在现代公司结构下，公司股东的广泛分散不仅导致了所有者的缺位，使其不能有效干预公司运营，还无形中打破了委托代理问题中所有者与管理者的理论基础。从某种意义上，现代公司所有权结构是集中的，我们就应将目光聚焦于因控股股东的普遍存在而形成的控股股东与中小股东间的关系问题上。其实，所有股东之间存在着一个契约，就控股股东和中小股东间这种委托代理关系来看，中小股东实质上是控股股东的委托人，控股股东应对中小股东承担或履行诚实守信的义务或责任，不能凭借自己的优势地位损害其他股东的利益，这是因为它们所拥有的控制权和经营权是基于中小股东的信任。由此可见，控股股东与中小股东之间不仅存在着委托代理关系，还存在着由此产生的委托代理冲突。

中小股东和控股股东间在获取收益方面的目标函数并不完全一致，中小股东的收益一般由股利和资本利得构成，而控股股东的收益不仅包括股利分配和资本利得，还包括控制权私人收益。当保护中小股东利益的法律缺乏或不健全的时候，控股股东往往会最大化地谋求控制权私人利益，以牺牲中小股东的利益为代价，将上市公司利益转移到他们自己手里。但是，在内部资本市场中，控股股东凭借其控制权优势，与管理者形成合谋，共同对内部资本市场中的盈余进行调节。他们或是通过构造或改变内部资本市场交易的方式，或是用会计政策等方法对会计盈余进行管理，侵占本应与其他投资者共享的收益，进而损害了中小股东的利益。也就是说，原本基于效率动因而存在的内部资本市场交易也会由于控股股东与中小股东的代理问题部分地异化为控股股东谋取控制权私利的渠道。

（二）委托代理理论下真实盈余管理的动因分析

在中国资本市场中，由于存在很多与欧美成熟资本市场的不同之处，还存在一些较为特殊的委托代理关系，如国有控股股东与非国有控股股东间的委托代理关系、国有控股股东与国有非控股股东间的委托代理关系、国有控股股东与中小股东间的委托代理关系、国有控股股东与地方政府官员间的委托代理关系（蔡宁和魏明海，2011）。代理理论被广泛应用于公司治理与公司财务的研究中，如罗瑟夫（Rozeff，1982）和伊斯特布鲁克（Easterbrook，1984）对现金股利进行了研究，曹国华等（2013）和王霞等（2013）对大股东减持进行了研究，郎和斯图斯（Lang & Stulz，1994）对多元化经营进行了研究，法玛和詹森（Fama & Jensen，1983）以及约翰逊等（Johnson et al.，1996）对独立董事展开了研究。由于盈余管理是管理层为了获得更多的利益而进行的一种非正常性行为，且这种行为短期内虽然会带来公司利益的上升，但长期却是与股东利益相悖的，因此代理理论被广泛应用于盈余管理的研究中。沃菲尔德等（Warfield et al.，1995）的研究就表明，管理层的持股行为与盈余管理之间表现为负相关关系，从而管理层的持股行为能够降低盈余管理程度以实现股东与管理层的协同效应，从而降低代理成本。布格斯塔勒和迪切夫（Burgstahler & Dichev，1997）的研究也发现，为了迎合分析师的盈余预期，企业管理层存在通过盈余管理降低与股东代理成本的动机。而蒂欧等（Teoh et al.，1998）的检验则发现，上市公司在股权再融资（SEO）之前会进行相应的盈余管理，在SEO之后由于前期的盈余管理行为使得公司业绩与股票收益下降，从而控股股东对中小股东的权益侵占就增加了上市公司的代理成本。同时，李延喜和董文辰（2009）基于委托代理理论的视角，研究了公司治理机制与盈余管理之间的关系，发现高委托代理冲突的公司中，公司治理机制对盈余管理具有明显的制约作用，但低委托代理冲突的公司中，却并不存在这种制约作用。宋承军和王永健（2015）的研究也表明，代理成本越高的上市公司的盈余管理程度越高，也就表明通过降低盈余管理的方式能够降低公司的代理成本。程小可等（2015）则以真实盈余管理为例，研究了CEO持股是否有助于缓解上市公司代理冲突。发现CEO持股能够抑制真实盈余管理，即随着CEO持股比例的增加，真实盈余管理程度会下降，这表明投资者与管理层之间的冲突因CEO持股而缓解了。

二、信息不对称理论

信息不对称理论认为，管理层在掌握企业各种信息方面，不仅比其他信息需求者更为充分和及时，甚至还可以了解公司真正的运营情况，如与现金流、发展前景等有关的内部信息等，而其他利益相关者之所以不能掌控较多或全面的企业信息，是因为他们不能为存储、获取和处理这些信息支付更高的成本。管理层不是向其他利益相关者传递加工过的信息，就是向信息需求者传递较少或片面的内部信息，这种信息不对称就造成了"沟通阻滞"，阻碍了信息的交流和沟通。基于此，信息不对称理论也可以作为盈余管理存在原因的理论解释，并认为"沟通阻滞"（bloeked communication）是人们无法消除盈余管理的根本原因。

（一）信息不对称理论的理论内涵

企业实质上是由一系列契约组成的联合体，由于现代企业外部的缔约方一般是分散的，且基于成本效率原则及技术、经验能力等因素的考虑，企业委托人并不直接参与经营管理，而是通过代理人提供的会计数据获得信息。因此，代理人掌握的信息较多，具有相对的信息优势，而委托人处于信息劣势的地位。也就是说，因委托人不能亲自获取企业实际生产经营活动的信息，在是否继续执行契约、是否订立契约等问题上进行经济决策时需了解企业的财务状况、经营成果及现金流量等经营状况信息时，只能通过某种经济可行的方式来了解。与此同时，为解除自己的受托责任，作为代理人的企业管理当局需要将其履行契约情况方面的信息传递给外部各缔约方，这也就需要采取一定的方式方法，盈余管理是他们最常使用的方法之一，这是因为，会计准则、法律制度、披露成本以及契约约束，再加上代理人对企业信息的优势，都会阻碍沟通渠道的畅通。

（二）信息不对称理论下真实盈余管理的动因分析

委托人和代理人之间存在着沟通障碍，企业管理层作为代理人拥有很多专业知识，他们不能将其所掌握的全部会计信息传递给委托人，考虑到传递这些信息的成本极其高昂，盈余管理则成为一种较好且成本较低的传递信息的方法之一。例如，当管理层在估计企业未来的盈利能力时，为获得董事会的信任以及对未来盈利状况的信心，会通过盈余管理对报表进行适当调节，以提高传递信息的可信度，他们这是因为会计报表是正式文件且具有一定的法律责任。已有研究表明，公司治理结构与盈余信息披露质量二者之间存在着此消彼长的相关关系，当企业内部人控制严重时，内部人不会选择将所有的私人信息都传递出去，而是会选择保护自己的私人控制利益，否则，契约的制定和安排会朝着有利于促进真实地披露信息的方向发展。但是，如果他们向外部信息使用者传递经过管理的盈余信息，不仅不会增加使用和披露的成本，还可以隐藏企业真实的盈利情况。

基于上述分析，在理解盈余管理存在的原因方面，"沟通阻滞"可能更有现实意义。从理论上来看，"沟通阻滞"可以通过两种方法进行消除或弱化：一是通过强化沟通和有效监督，但是，基于监督成本的高昂以及技术与操作上的难度，不仅很难完全做到，还会造成经济上的得不偿失；二是通过重新安排或调整契约，然而成本又是实施时需考虑的重要因素之一。如此一来，出于成本效益原则，我们便可以认为现实中存在的盈余管理是成本效益最优的均衡结果，是委托人与代理人达成的妥协与默契，是一种客观现象。例如，可以通过降低报酬标准契约减少盈余管理，也可以通过契约弱化管理层的控制权，但是，这些行为的后果不仅会造成激励不足，还会造成信息的不可用性和不完备性。此外，由于企业管理层不愿或无法将他们拥有的全部私人信息传递给股东，以及"沟通阻滞"为此提供的便利性，管理层才可以在盈余管理中大有作为，这也是产生盈余管理的重要因素。管理层一方面会不顾企业价值的下降，通过牺牲其他相关者的利益为自己谋取私利，以尽力掩盖那些对自己不利的信息；另一方面也会为实现其与其他利益相关者的合谋，主动传递和披露有价值的内部信息或私人信息，为自己获取更多的利益。

可见，虽然会计信息的传递有助于降低委托代理双方信息不对称的程度，但却不可完全消除，这主要是因为，在信息不对称的客观前提下，委托人与代理人的目标函数不一致。如此一来，委托人评价代理人履行契约好坏程度的标准由代理人生成和提供的会计信息进行衡量时，代理人进行盈余管理动机就会产生，会利用其自身的信息优势人为地对这一标准进行"修正"，从而侵害了委托人的利益。

三、契约理论

企业是由一系列契约联结组成的，各契约方只有降低契约成本，才可以最大化其个人效用不受目标函数的约束，企业只有得到长期稳定的发展，各利益相关者的自身利益才会得到体现。如今，企业管理层与外部利益关系人都通过会计这种"商业语言"进行交流。由于企业的投入和分配受各种契约维系着，为保护各契约当事人的利益，各契约方在企业的投入是会计根据契约计量确定他们所应得到回报的标准，会计盈余就成为许多契约的重要参数，成为评估契约履行情况的依据，成为反映企业经营业绩的重要指标之一。但是，各契约方之间是存在利益冲突的，他们很可能会最大化自身利益，侵占其他利益相关者的利益，以至于做出损害企业价值和成长机会的行为。

（一）契约理论的理论内涵

有效契约观认为，为提高企业的运营效率，降低因契约成本、各利益相关者之间的利益冲突而给企业带来的风险和损失，企业管理层往往会进行盈余管理。那么，为及时应对其他未能预见的契约事件和会计环境的变化，会计准则和企业契约在制定的过程中就应该在会计政策的选择上和会计数据的处理上给予管理者一定的灵活性。因为会计在企业中扮演着重要的角色，如各利益相关者订立许多契约的条款以及监督这些条款的实施效果方面都直接或间接的依据会计信息，以某些会计数据为前提条件。因此，解释盈余管理产生与存在的原因，仅仅通过委托代理理论和信息不对称理论是不够的。

（二）契约理论下真实盈余管理的动因分析

人们往往会事先基于委托代理关系的理论模型设定一套具有刚性的、固定的、僵化的管理契约和报告的规则，如与政府所订的契约（税收制度等）、与管理层订立的薪酬契约以及与银行等债权人订立的债务契约等。然而，随着经济和企业情况的发展和变化，管理契约和报告规则也会相应地发生改变，在固定与变化之间必然存在着矛盾或摩擦。那么，当管理契约和报告规则与现实情况发生摩擦时，盈余管理常被用来解决此类问题。盈余管理由于契约刚性而产生的情况称为"契约摩擦"，这是因为管理契约和报告规则可以被看作是盈余管理问题存在的内生变量。契约可以是显性的，如政府与企业之间的税收协定、股东与管理层之间的奖金计划以及银行与企业之间的借款合同等；契约也可以是隐性，如劳资合同、对外参股、审计合约、公司治理制度、管理层竞争和主管的变动等。相较而言，隐性契约不仅与会计信息有着隐含的联系，还与盈余管理存在着较为明显却更为复杂的关系。如一些首次公开发行股票（IPO）的企业，发行价格明显地受到会计盈余的影响，即使这些企业并没有与公众签订任何协议。再如戴伊（Dye，1988）通过建立一个股权更迭模型对盈余管理的"契约摩擦"问题产生的原因进行分析，认为会计盈余对股票的出售价格具有决定性作用。他假定老股东会以最有利的条件将股票出售给新投资者以变现其投资，那么，老股东就会通过盈余管理改变潜在投资者对公司价值判断和预期，以提高对潜在投资者的吸引力。

由于企业内部人和外部人之间存在着利益冲突，作为内部人的企业管理层和控股股东为增加自己的福利可以通过牺牲外部利益相关者的利益为代价，这被认为是"契约摩擦"导致盈余管理产生的本质原因。内部人为了隐藏企业真实的业绩表现及其对公司的私人控制利益，隐藏这种利益，以及防止外部人采取行动进行抵制，他们便具有进行盈余管理的动机。此外，企业管理人员在会计选择方面往往会成为利益相关者关注的焦点，这不仅是因为各种各样的矛盾和利害冲突在契约各方当事人之间存在着，还因为股东、管理层和债权人等利益相关者之间的财富会依据会计政策选择的结果进行再分配，管理层作为会计选择的执行者和真实会计信息的知情者，往往有选用最大化自身效用的会计政策和方法以谋求自身利益。然而，契约关系中可以影响和改变会计信息的人也会因管理知识等资产的难衡量性以及契约本身的不完备性等现实情况，通过对会计盈余数字进行管理的方法来影响利益分配，并使契约的签订或履行朝对自己有利的方向发展，盈余管理就是一种最快捷且风险水平较低的方法。由此可以看出，契约的不完全性以及契约关系人利益最大化是基于契约观点的盈余管理假设前提条件。

虽然企业的契约和管理人员的任期都是有限的，但是企业却是被假定长期持续经营的，因此，管理层不会过多地考虑企业的长远价值，只会关注自身的当前利益，进而就有可能忽略未来契约的影响，在进行会计处理时只会考虑会计选择对现有契约的影响。当管理层的行为无法被观测到时，进行盈余管理就是一种最优均衡的将其他利益相关者的财富转移到自己手中的有效行为。此外，违反债务契约的企业企图逃避或减轻负债契约的限制，会倾向于在以前年份和违约当年进行显著的盈余管理，在违约后年份再对企业的净资产和流动状况加以粉饰，通过会计变更或构造真实交易增加收益。如特里曼和蒂特曼（Trueman & Titman，1988）以企业管理层操纵报告盈余的动机为研究对象后发现，低盈余质量的企业为提高潜在投资者对其盈余质量评价并减少债务融资成本，通常会采用平滑收益的方法来模仿高盈余质量的企业。可见，盈余管理现象广泛地存在于各种以会计盈余为基础的契约中。

四、行为金融学理论

委托代理理论属于传统金融理论，或者说是标准金融理论，是以理性人假设以及有效市场假说为前提发展起来的，是关于市场投资者在最优投资决策以及资本市场均衡条件下各种证券定价的相关理论体系。然而，传统金融理论并不能解释所有的金融现状，随着金融市场中不断涌现出的"异象"，例如股票溢价之谜、股利之谜等问题，传统金融学理论已经无法对此进行解释。尤其是在现实金融环境中，人民并非是完全理性的，而且投资者之间也并非是相互独立的，从而传统金融学中的相关理论就被质疑。于是在这种情况下，心理学、行为科学、认知科学等相关理论开始逐渐被引入金融学的研究中。此后，行为金融学也逐渐被广泛地应用到公司财务与公司治理的各个方面，例如，法玛和弗伦希（Fama & French，2001）以及贝克和沃格勒（Baker & Wurgler，2004a；2004b）对现金股利迎合理论的探析；伯纳多和韦尔奇（Bernardo & Welch，2001）以及朗迪耶和泰斯马尔（Landier & Thesmar，2009）对管理层过度自信问题的研究；杨汉明等（2012）对信息披露的研究；布鲁克斯和卡萨利斯（Brooks & Katsaris，2005）对股价崩盘等问题的研究。

（一）行为金融学理论的理论内涵

卡尼曼和特弗斯基（Kahneman & Tversky，1979）提出的"前景理论"是行为金融学最先被认可的理论。在前景理论中，卡尼曼和特弗斯基指出，相较于财富的绝对值，人们更加看重财务的变化程度，而当面临盈利的情况下，人们倾向于规避风险，但面临相似的损失时，却更加喜好风险。于是，卡尼曼和特弗斯基将前景理论描述为一个决策模型，在这一过程中具有三个基本特征，即大多数人在面临收益时会规避风险，在面临损失时是风险偏好的，而且相较于收益对损失更为敏感。简单地说，前景理论可以归纳为"人们对损失和获得的敏感程度是不同的，损失时的痛苦感要大大超过获得时的快乐感"。

（二）行为金融学理论下真实盈余管理的动因分析

基于行为视角对上市公司财务会计进行研究是有意义的，这是因为一方面行为视角的认知与心理学能提供与传统经济理论不同的结果；另一方面，库恩斯和默瑟（Koonce & Mercer，2005）认为，行为视角关注的是引发人们做出行为的特定机制与过程。从布格斯塔勒和迪切夫（Burgstahler & Dichev，1997）运用期望理论解释上市公司盈余管理行为，将盈余管理的动机归咎于管理层为了达到某个盈余预期值，行为金融学理论主要是在有限理性假说下通过前景理论对盈余管理展开的相应研究。

将前景理论运用于盈余管理的研究过程中，主要是基于参照依赖、处置效应以及损失规避视角进行的。在参照依赖层面，虽然存在严格的外部监管，但是上市公司会衡量外部监管与业绩过差而退市之间的成本与收益，所以在面临退市压力时，上市公司会认为风险比较高，所以此时即使盈余管理的处罚风险比较大，但较于退市而言依然是较低的风险。在处置效应层面，上市公司进行盈余管理的价值为纯收益时会表现为风险的厌恶，而在价值净损失时则表现为风险偏好，所以在一些亏损程度较高的上市公司中通常会存在较大程度的盈余管理状况，上市公司会希望利用盈余管理"洗大澡"（曲晓辉和邱月华，2007），从而在风险与收益之间获得收益。其次是损失规避，即前期理论中所阐述的，等量的损失要比等量的收益让人感受到更大的影响，这解释了为什么一些稍微亏损的企业存在明显的进行正向盈余管理的动机，是为了让市场投资者获得更多的正向反应。

申和智（Shen & Chih，2005）利用全球 48 个国家和地区商业银行的数据检验了前景理论的适用性，发现前景理论能够解释商业银行操控盈余的行为。林川和曹国华（2012）则利用中国商业银行的数据进行了检验，发现前景理论同样能够解释中国商业银行的盈余管理行为，在低于阈值时的盈余管理行为表现为对风险的喜好，而在高于阈值时则表现为对风险的规避。曾爱民等（2009）基于前景理论解释了中国一般行业上市公司追求和超越市场阈值与政策阈值而进行盈余管理的行为，发现前景理论能够解释中国资本市场的现实状况，能够解释不同阈值两侧管理层的风险态度以及盈余风险与盈余收益之间的权衡关系。曾妍琪和张婕（2015）同样基于前景理论，对阈值处的盈余管理行为进行了研究，发现中国上市公司在阈值处存在明显的盈余管理现象，具体来说，在阈值左侧表现为风险偏好，而在阈值右侧则表现为风险规避的行为。

五、企业生命周期理论

企业的发展变化与其他生物机体的演化过程类似，经历出生、成长、成熟和衰亡的过程。虽然各个企业的生命周期不尽相同，但是不同企业在生命周期同一阶段有着一定的共性。在企业生命周期各阶段视角下探析真实盈余管理行为，既有利于分析相关原因，又有利于监管部门更好地制定监管措施和投融资策略。

（一）企业生命周期理论的理论内涵

"企业生命周期"的概念最早由艾尔（Haire）提出，艾尔（Haire 1959）认为，可以从生物学"生命周期"的角度对企业的行为展开研究。他将生物学中的生命周期理论运用到企业研究中，指出企业的某种组织行为和组织发展轨迹应当符合生物学中的成长曲线，具有显而易见的周期现象，企业的发展变化与其他生物机体的演化过程类似，经历出生、成长、成熟和衰亡的过程。对于企业而言，随着生命周期阶段性的发展，企业会表现出不同的经营特点和运营规律，企业的治理水平、组织结构、管理方式以及管理层的需求等均会存在差异，也就是说，处于不同生命周期的企业其投资、融资、日常生产经营、内部治理水平和外部竞争环境存在较大的差异，这势必会影响管理层盈余管理的动机和能力。

（二）企业生命周期理论下的真实盈余管理

真实盈余管理是企业利用真实经营活动来调节会计报表盈余的一种方式，科恩和扎罗文（Cohen & Zarowin，2010）以及咖尼（Gunny，2010）指出，真实盈余管理与应计盈余管理相比更具隐蔽性，不易被审计发现，管理者逐渐从偏好应计盈余管理向偏好真实盈余管理转变，即两种盈余管理的程度此消彼长，表现为二者存在互相替代的关系。但是真实盈余管理会改变企业现金流，对企业未来经营业绩产生负面影响，破坏企业正常的生产经营活动和未来发展潜力。如果企业过度进行真实盈余管理行为，势必会损害公司的长期发展，提高企业破产的风险（李增福等，2011）。

　　成长期是企业重要的一个发展阶段，成长期企业的规模和市场份额较小，企业的信息不对称程度较高，公司迅速扩张使管理层有盈余管理的动机。处于成长期的企业安然度过初创期，管理层更看重的是企业长远的发展，而非短期私利。虽然成长期企业管理层存在盈余管理动机，出于公司存续方面的考虑，会选择对企业未来发展损害程度较低的应计盈余管理。在其不能达到相应的盈余目标的情况下，才会采取部分真实盈余管理来补充。因此，与成熟期企业相比，成长期企业的真实盈余管理程度更低。但是，从资本市场动机考虑，成长期企业资金需求量大且融资约束高，有强烈动机进行盈余管理来获取更多融资机会。成长期企业的销售规模和资金流动量都比较低，限制了应计盈余管理的实施，仅仅依赖应计盈余管理不能满足企业需求，因此企业会冒着未来现金流受损的风险进行真实盈余管理。

　　对于成熟期的企业而言，企业现金流入稳定，在资本市场的融资比成长期企业更容易，并且建立了其适合且较为稳定的生产、经营和管理模式以及企业文化，拥有固定的客户和供应商等，企业规模达到其发展的整个生命周期的顶峰。管理层基于资本市场、外部竞争和薪酬契约等考虑，可能更偏好成本较低的应计盈余管理，也可能在没有达到盈余目标时，采取部分真实盈余管理行为。这是因为进行真实盈余管理会对其产生负面冲击，严重影响公司业绩，综合来看，企业进行真实盈余管理的弊大于利，因此程度偏低。但是，成熟期企业的管理层基于职业声誉等考虑，也可能更偏好真实盈余管理，实施较低水平的应计盈余管理，从而使成熟期企业中应计盈余管理和真实盈余管理的内在关联性（即二者的正相关关系）低于成长期企业。

　　最后，为避免退市和破产给自身带来职业声誉及失业等的私有成本，管理层存在更强烈的盈余管理动机。相比之下，衰退期企业真实盈余管理情况的分析更为复杂，一方面，衰退期企业规模有所下降，资产负债率更高，退市威胁和破产风险增加，面临更严峻的外部市场竞争压力，企业的市场份额下滑，该阶段企业的销售业绩下降趋势较为明显。债权人和股权人对公司的监管逐渐增加，债权人（如银行）可能直接干预企业的日常生产经营活动及投融资策略的制定和执行，以此来保护自身的利益不受侵害。管理层基于自身薪酬契约、职业安全、避免退市、人力资本价值等的考虑，对良好经营业绩的需求程度更高，因此其盈余管理的动机和程度也更大。虽然衰退期企业应计盈余管理的程度高于成长期企业和成熟期企业，但是经营风险较大，衰退期企业应计盈余管理的空间较成熟期企业也有所下降。因此，衰退期企业只进行应计盈余管理的行为可能并不能满足其盈余目标。虽然真实盈余管理给企业未来生产经营活动及未来经营活动现金流将带来严重的负面经济后果，但其被外部相关利益者发现的概率较低，为维持企业生存及自身利益，管理层有动机进行真实盈余管理（周晓苏和陈沉，2016）。也就是说，迫于无奈，衰退期企业只能以饮鸩止渴的方式进行真实盈余管理，提高企业的报告盈余，降低企业债权人和股权投资者对公司的干涉程度，降低公司面临的融资约束程度，降低退市风险。另一方面，进行真实盈余管理的成本偏高，由于衰退期资金紧张的缘故，企业会优先考虑应计盈余管理，因此对衰退期企业的真实盈余管理程度难以做出比较。

六、有效市场假说

1965 年，法玛（Fama）首次提出有效市场（efficient markets）这一具有深远影响的概念，他认为，在有效市场中，存在着大量积极参与竞争，同时追求利益最大化的理性投资者，他们不但每一个人都能轻易获得当前的重要信息，且任何人都试图预测单个股票未来的市场价格。

（一）有效市场假说的基本内涵

在对有效市场深化的基础上，法玛于 1970 年提出了有效市场假说（efficient markets hypothesis，简称 EMH）。那么何为有效市场？如果在一个证券市场中，所有可以获得的信息完全被价格所反映，该市场就被认为是有效的资本市场。也就是说，在有效市场中，单个股票已经发生的和尚未发生的信息在任何时候都可以通过市场价格予以反映。基于证券的有关信息能否均匀地分布和充分地披露，以及有关信息的变动是否能自由地反映在价格上，使等质等量的信息在同一时间内被每个投资者所获得，是衡量证券市场是否具有外在效率的两个主要标志，强势有效市场、半强势有效市场以及弱势有效市场也因此而产生。需要指出的是，有关世界经济、国内、行业及公司等所有公开可用的信息均属于这些"信息"的范畴，除此之外，内部非公开的信息也包含在内，如个人、群体所能得到的所有的私人信息，因此，它实质上探讨的是所有与价格有关的信息能否迅速地被证券的价格反映出。

（二）有效市场假说下真实盈余管理的经济后果

我国目前资本市场的现状，可以概括为以下三个方面：第一，信息源的信息生产质量差、数量小。长期以来，政策市是我国股票市场的特有称号。其他信息对股票市场的影响远不及管理层决策信息的作用。这使得大量与股市相关的政策缺乏规范性，它不仅包括与资本市场运行密切的不规范的管理决策信息、宏观经济信息，还包括上市公司隐瞒内部消息、做假账。一旦这些信息被释放，就会对股票价格产生剧烈的影响。第二，信息利用率低，分布不均匀。主要表现为当可能的收益小于为搜集和整理信息所需支付的费用时，收集和整理信息成为非理性行为。这是因为散户是我国证券市场的主要投资者，而众多的个人投资者在收集和整理信息的边际费用方面由于缺乏知识技术优势而远远高于机构投资者。第三，信息传播的质量差、检验失灵。与证券中介机构类似，我国缺乏提高信息传播效率和质量的竞争，对信息进行虚假检验或不检验，这不仅是因为我国的信息传播媒体是国家所有的媒体，媒体市场是管制的市场；还因为它们共谋造假的损失风险远远小于所获信息的收益。因此，市场的力量只有在约束机制得到根本改变的前提下才能战胜现在常用的处罚手段。

不可预期因素会在资本市场的这种信息机制下对价格产生很大影响，此外，股票市场的大起大落、交易量变动剧烈、股票市场的高换手率还受政策信息的不确定以及广泛的从众行为增加的影响。由此可见，我国上市公司内部的有效信息不能通过股票价格予以反映，我国资本市场尚不具有强势有效性的特征，如此一来，企业通过构造真实盈余管理而对利润的操纵，即使会对企业产生不利的经济后果，影响企业的长期发展，更会损害投资者的利益，但市场的有效性不足，也会使得公司经管理过的盈余信息不能被利益相关者所识别，也不能被市场所识别。

第二节　真实盈余管理行为的目标与动机

一、真实盈余管理与财务报告目标

现行企业会计准则体系由中华人民共和国财政部于 2006 年 2 月 15 日发布，该现行准则包括 1 项基本准则和 38 项具体准则。现行企业会计准则体系的出台，不仅标志着中国与国际财务报告准则趋同的会计准则体系正式建立，还是我国会计史上继 1993 年会计改革后又一次具有重大意义的会计改革。现行《企业会计准则——基本准则》第一章第四条中明确规定，"企业应当编制财务会计报告（又称财务报告，下同）。财务会计报告的目标是向财务会计报告使用者提供与企业财务状况、经营成果和现金流量等有关的会计信息，反映企业管理层受托责任的履行情况，有助于企业财务会计报告使用者做出经济决策。"从准则中可以发现，现行会计准则存在一些缺陷，比如企业财务报告应立足于决策有用和明确受托责任，而在盈余行为的准许下，会计信息可能无法满足有用性的目标，与此同时，代理人的受托责任也无法按照事实真实地反映出来。

（一）真实盈余管理与受托责任观

早期的财务报告目标以受托责任观为主，中世纪欧洲贵族在庄园经营管理中聘请管家管理庄园财务这一古老的观念是受托责任观的起源，近代、现代股份公司这一经济组织的主要特征是经营权和所有权的分离，受托责任观也随着经济组织的演进而得以深化和发展。受托责任观认为，受托人作为企业行为人，接受股东委托，代替其控制和管理投资资本，核算企业财务资源。受托人通过制定财务报表为委托人反映企业的经营信息，是其必须履行的义务，委托人也因此而评定代理人的责任执行情况。依据美国学者井岛（Ijiri）的观点，企业会计作为一项系统工程，作为会计管理者的代理人应该顺利执行其受托责任，经济业绩是对此责任进行衡量依据，且这种计量方式应该在各项指标透明化的前提下进行准确且明晰的计量，而不应该为某些利益集团或者个人所操纵。除此之外，他还认为受托责任是对会计实务所进行的一种最好的解释。

委托代理问题以及信息不对称问题，是所有权和经营权分离对现代企业中股东与职业经理人之间矛盾的间接影响，而股东等外部出资方受监督、观察成本的制约，很难认识到企业内部的管理动机与行为选择，因此，在企业管理者履行受托责任时难以被合理监督，道德风险由此而产生。在企业管理过程中，代理人往往根据企业经营业绩作为制定员工工资和福利的标准，故而企业经营业绩的好坏决定管理者是否能获取期望收益。但是，作为企业经营代理人的职业经理人又直接影响着企业经营业绩的呈报方式，这使得管理人员为尽可能多地获取奖金，最大化其个人利益，有极强烈的动机对公司的主要业绩指标进行粉饰。此外，当企业因管理者经营不善而出现亏损的情况时，管理者为避免被解雇，也会通过实施真实盈余管理对企业的业绩报告进行操纵，以掩盖其不称职或者失职行为。因此，财务报告的使用者很难根据企业管理者提供的财务报告对其受托责任的履行情况做出客观评价，这是因为管理者可以通过实施盈余管理选择对自己呈报其受托责任履行情况的有利方式。

（二）真实盈余管理与决策有用观

20世纪50年代后，受电子信息产业发展的影响，计算机技术广泛应用于会计领域，就决策制定而言，会计目标在信息系统的影响下逐渐形成了结构化的认识，目标决策有用性观念随之而形成。美国注册会计师协会（American Institute of Certified Public Accountants，简称 AICPA）于 1973 年发布的报告——《财务报表的目标》[①] 指出，从决策有用性出发，受托人应当注重企业投资者、债权人等多方利益，那么，帮助企业利益相关者制定并提供经济决策的有用信息便是财务报表的目标，从这点上来看，财务人员应该从多个角度出发，提供不同类型的信息，以满足不同信息使用者的决策需要。这是对会计信息在传统受托责任观下的需求范围的拓宽和延展。美国财务会计准则委员会（US Financial Accounting Standard Board，简称 USFASB）[②] 指出，财务报告的首要目标是提供有用信息给债权人、股东以及其他利益相关者，以帮助其做出理性的决策。

随着资本市场的日益繁荣，企业资金的重要来源也逐渐体现为股权融资。依托二级市场，企业与许多中小企业之间的直接关系逐渐模糊，这种不清晰源于股权的日益分散。在此情况下，人们也逐渐将目光转移到公司股票价格与其会计信息披露之间的联系。与此同时，证券市场监管部门从以往的金融危机中深刻体会到，建立有效证券市场的基石之一应该以规范的会计信息披露为前提。因此，无论从管理当局信息监管的角度来看，还是从信息需求者决策实践的角度来看，都使得会计信息的决策有用性越来越受到青睐和重视。

然而，企业会计信息的决策有用性客观上逐渐降低，源于企业中尚未处理好的盈余管理行为。一般而言，会计信息使用者对会计信息质量要求甚高，信息管理者应当按照实际发生的事项或者交易来进行会计确认、计量、记录和报告，使得会计信息内容真实、完整、可靠。通过对报告的分析，利益相关者可以根据企业的目前状况和现实情况评价来预测企业未来的发展。这就要求企业的会计信息必须具备可靠性和相关性的质量原则。实质上讲，企业会计若只是一个信息系统，那么，作为信

---

① 财务报告的目标（objectives of financial statements），AICPA 于 1973 年发布，亦称特鲁布拉德报告，即 Trueblood Reporting，具体参见：http：//www.aicpa.org/Pages/Default.aspx.

② 参见：http：//www.fasb.org/home.

息传递的工具，盈余管理此时便发挥了作用。当企业的业绩出现滑坡又面临较大的债务压力时，管理者为稳定债权人对企业偿债能力的预期能力，可以通过实施盈余管理向债权人传递其经营绩效良好的信息；当企业面临较大竞争压力和高额税收负担时，管理层为争取更多的政府补贴和政策支持并规避政治成本，可以通过实施盈余管理向政府或行业监管者传递经营绩效持续恶化的信息；当企业未来经营情况存在高度不确定性时，管理者为降低既有和潜在投资者对企业经营风险的判断，可以通过企业盈余以平滑的方式向投资者传递稳健经营业绩的信息。可见，不论从以上哪个对盈余管理的动机进行分析，都可以看出，真实盈余管理行为会使会计信息使用者难以客观判断和评价企业真实的偿债能力、经营风险、现金流量以及未来的经营状况，因为它实质上是对会计信息相关性和可靠性质量水平的降低，对会计信息的决策有用性的降低，甚至会误导会计信息使用者做出有损于其利益的经济决策。

二、上市公司真实盈余管理行为的动机

对于上市公司而言，无论是通过哪种形式进行的盈余管理行为，其中一个最重要的动机就是为了获得盈余的收益，即企业盈利，不论这种盈利是表现在企业账面上的盈利，还是企业的真正盈利；是短期内的盈利，还是中长期的盈利。臧（Zang，2007）认为，企业的管理者在进行盈余管理的时候，会在单纯地操纵会计数字和安排真实的经济活动之间进行权衡，真实盈余管理和应计盈余管理是一种相互替代的关系。企业之所以会进行真实盈余管理，主要是由于以下两个原因：一是应计盈余管理容易引起政府监管部门和审计师的注意，其风险比较大，相比之下，真实盈余管理则更难以被察觉；二是应计盈余管理会有一定的限度（企业不可能无限操纵应计利润）。咖尼（2010）及科恩等（2010）的研究已发现，当应计盈余管理不能满足经营者目的的时候，真实盈余管理就会被经营者利用。埃德斯坦等（Edelstein et al.，2007）指出，当应计盈余管理不能发挥作用的时候（如编制所得税会计报表，资产减值等项目

不能税前扣除），企业经营者就会采用真实盈余管理。

真实盈余管理作为盈余管理的一种形式，与应计盈余管理的动机相比，二者还具有许多共同之处，如迪舟等（Dechow et al.，1991）、比阿特丽斯（Beatriz，2008）、罗伊乔杜里（2006）及咖尼（2010）等认为公司进行真实盈余管理是为了避免企业财务报告利润低于零，或者低于前期利润；本斯等（Bens et al.，2002）及格雷厄姆（2005）等认为企业经营者是为了他们的声誉以及为了获取与利润挂钩的奖金、补贴等才进行真实盈余管理活动；埃德斯坦（Edelstein et al.，2007）和科恩等（2010）认为企业是为了达到政府监管部门的要求；特里曼和蒂特曼（Trueman & Titman，1988）认为企业是为了平滑利润，降低债务成本；巴托夫等（Bartov et al.，2002）则认为企业是为了达到投资者预期，避免被诉讼；等等。上述动机大致可以归为三类，一是契约动机；二是资本市场动机；三是政治监管动机。但是，由于目前关于真实盈余管理动机研究的文献较少，下文将结合盈余管理从上述三个方面对真实盈余管理的动机进行阐述。

（一）契约动机

契约①是指私法上的法律行为，可分为物权契约（如所有权移转登记）、身份契约（如结婚）、薪酬契约（如劳务报酬）以及债权、债务契约（如买卖、借贷）等。从契约角度上来看，盈余管理的契约动机主要包括薪酬契约动机和债务契约动机两部分。

1. 薪酬契约动机。西方实证会计理论三大经典之一的奖金计划假设无形中为经理人实施的机会主义盈余管理行为提供了前提，因为企业以契约的形式规定了经营绩效是经理人取得个人报酬的衡量标准。薪酬契约②的观点认为，经理人有可能选择将未来期间的盈余转移到本期进行报告的会计程序的机会主义行为，以实现个人效用最大化。很多学者的研究结论证实了该种观点，如瓦茨和齐默尔曼（Watts & Zimmerman，

---

① 资料来源：http://wiki.mbalib.com/wiki/.
② 本章的薪酬包括薪酬、奖金和期权。

1986）指出，薪酬契约容易使高管为了获得个人利益的最大化而进行盈余管理，进而对公司会计政策选择会产生影响。希利（1985）研究发现，经理人在有薪酬和奖金计划的企业中，会更倾向于操纵会计盈余以最大化其薪酬和奖金；他们还会在企业的盈余水平远远低于目标盈余水平或远远高于目标盈余水平时，对利润"洗大澡"或对会计盈余进行平滑为将来扭亏"积蓄力量"。迪舟和斯隆（1995）指出，当信息使用者以会计盈余信息作为业绩评价方法的时候，容易造成经理人员的一些短期化行为，如总经理通常会在离任前一年里人为地削减研发支出等费用；当高管非正常变更的前一年，原总经理地位受到威胁时，他们会采取调高盈余的盈余管理行为，以表示其在企业中的能力和贡献，而在高管非正常变更的当年，新任总经理却会通过盈余管理行为调低盈余，并将盈余的下滑归咎于前任总经理。在此前提下，绝大部分的管理层为保证自身地位在一段时间内不被替换的稳固性，都会选择平滑收入的盈余管理行为，德丰和帕克（Defond & Park，1997）的研究也得出了同样的结论。古德里（Guidry，1998）以大型跨国公司为研究样本发现，样本中的各分部经理会通过递延收益的方式来掩盖其无法达到奖励计划中规定的盈余目标。

在我国以往的计划经济体制下，国家统一规定了国有企业职工的工资，对企业经营者来说，虽然普通职工与他们之间也存在着工资差别，但精神层面、政治升迁以及特权待遇却是他们的主要激励来源。然而，随着经济制度的转型，尤其是伴随着资本市场的建立及快速发展，企业的工资不再固定不变，工资报酬也开始成为一种激励措施，以鼓励企业管理者更尽职地工作。我国从 20 世纪 90 年代初开始引入股权激励政策，通过中国上市公司于 1998 年以后有关管理层薪酬情况的信息披露可以发现，上市公司经营业绩以及国有资产保值增值程度在公司管理层薪酬、奖励方面具有决定性作用。但是，由于薪酬只以现金的形式发放，薪酬激励也只能形成对经营者追求短期经济利益的激励，而不能对经营者形成长期有效的激励。因而经营者只能分享其任期内实现的剩余收益，无法获得因公司价值长期增加带来的收益。

2006 年 1 月我国颁布《上市公司股权激励管理办法（试行）》①后进入试点期，2007 年和 2008 年进行整顿规范期，直至 2009 年进入推广期，虽然股权激励在我国资本市场上是一个新兴的产物，更多的上市公司对管理层使用固定薪酬激励的政策，只有极少部分的公司选用股票期权激励，但管理层为实现自己的约定报酬，就具备了通过盈余管理调整会计盈余的动机，这是因为会计盈余数字往往被认为是固定薪酬实现的前提。根据代理理论和激励理论，詹森和麦克林（Jensen & Meckling，1976）指出，在两权分立的现代企业制度下，企业股东和管理者之间存在利益冲突，企业股东在无法直接观察管理者是否努力工作的情况下，可以基于企业盈余信息与管理者签订薪酬契约，以降低代理成本，增加企业价值。以盈余信息为基础的薪酬契约，使企业管理者是否领取薪酬以及领取多少薪酬取决于企业年末的利润水平，不可避免地导致了企业管理者产生为了获取更高报酬而进行盈余管理活动的动机。瓦茨和齐默尔曼（Watts & Zimmerman，1986）也指出，由于公司高管报酬是以会计信息为基础设定的，在其他条件相同的情况下，公司经理为了提高个人效用，倾向于采用盈余管理手段操纵企业当期报告利润水平。李延喜等（2007）经过研究也同样发现，管理层的盈余管理行为会显著地受到其薪酬水平的影响，他们往往会调高可操控性应计利润，以获得更多的利益。也就是说，高管薪酬与盈余管理之间存在正相关关系，但是，当总经理拥有较大的控制权时，他们不会选择成本和风险都较高的盈余管理行为，而是直接通过寻租行为获得利益，即总经理的寻租空间会因高管控制权监督和制衡的缺乏而增大，薪酬契约动机对盈余管理的正向影响程度也因此受到抑制和制约（王克敏和王志超，2007）。因此，经营者在其任期内具有通过盈余管理为自己谋取更多利益的强烈动机，主要来源于经营者在我国资本市场快速发展下缺乏有效的长期激励。但是，我国越来越多的上市公司会对管理层实施股权激励以辅助固定薪酬，这不仅意味着我国资本市场在走向成熟，还意味着盈余管理的契约动机研究

---

① 资料来源：http：//news. xinhuanet. com/stock.

文献会逐步丰富起来。

2. 债务契约动机。不同于薪酬契约动机，债务契约动机的观点认为，管理层实施的盈余管理会受到债务契约的正面影响。这也就意味着与不存在违背债务契约的企业相比，当企业违背债务契约时，会更多地选用可以增加当期盈余的会计政策，面临违约风险的企业不仅更愿意采用可以增加当期盈余的新会计政策，而且会尽早采用。但是，需要说明的是，斯威尼（Sweeney，1994）指出，管理层对债务契约的反应是理性的，他们会基于成本效益角度考虑，在承担违约成本或者变更会计政策中进行选择，而不是盲目地运用会计政策进行盈余管理。德丰和詹巴尔沃（DeFond & Jiambalvo，1994）单独对违背债务契约的企业进行研究后发现，这些企业存在一个共同的特征，即在违约年度以前利用可操纵性应计项目增加盈余，而在违约实际发生的当年却较少或不进行盈余管理。然而，迪切夫和斯金纳（Dichev & Skinner，2002）却发现，尽管管理层为了避免违反债务契约进行了盈余管理，但是企业契约也会弱化这种动机。

企业债权人将资金借给企业，只能够取得固定的回报率，其看重的乃是企业经营状况和财务状况的稳定性和按期收取利息，到期收回成本的无风险性。而企业股东以企业价值最大化为目标，通常会强迫管理者投资高收益的项目，却往往忽视了这些项目的高风险。所以债权人在将资金借给企业的同时，通常会与企业订立一些限制性契约，当企业违反这些契约的时候，债权人对企业进行加息或者提前收回本金等惩罚。实证会计理论认为，那些处于债务违约边缘或者违约可能性很大的公司，通常会进行调增利润的盈余管理活动。但是，我国上市公司管理层缺乏因债务契约动机进行的盈余管理行为。这是因为我国上市公司的债务主要来源于银行，而二者具有同质性，即银行作为债权人一般都是国有商业银行，上市公司为中央政府或地方政府控股，因而银行往往缺乏对债务契约执行情况认真进行监管的动力，缺乏监督约束作用，再加上地方政府的干预，造成了债务"软"约束。随着我国商业银行的改制上市，其公司治理机制也在逐步完善，商业银行债务"软"约束的局面也将逐步被扭转。

（二）资本市场动机

盈余管理的资本市场动机认为，从实现公司股价的最大化角度出发，公司管理层会为了迎合自己或分析师的预测，对市场投资者判断或公司股价产生影响而对盈余进行管理。这是因为，当公司的实际盈余与分析师预测的水平差异性较大时，不但会直接地造成公司股价下跌，还会产生让投资者怀疑公司发展前景经营不善等不利影响。因此，麦克尼霍尔斯和威尔逊（McNichols & Wilson，1988）以及布格斯塔勒和迪切夫（Burgstahler & Diehev，1997）认为，当上市公司在利润较高或较低时都会计提较高的坏账准备，以平滑盈余或者为了对盈余"洗大澡"，或者为迎合分析师顶测，进而进行盈余管理的动机。斯金纳和斯隆（Skinner & Sloan，2001）指出，由于信息的不对称性，股票市场对负的未预期盈余的反应更为强烈，所以公司为了避免付出更大的代价，会想方设法达到分析师预测值。为了使上市公司的盈余与分析师预测相一致，莫尔（Moehrls，2002）认为有两种方法可以实现，分别是通过引导使分析师调低他们的预测和公司进行向上的盈余管理，后一种方法具有普遍的适用性。

林等（Lin et al.，2006）以及泰勒和徐（Taylo & Xu，2010）也认为，企业进行真实盈余管理的活动是为了满足市场分析师对于企业盈利水平的预测目标。然而，我国资本市场还不成熟，尚缺乏专业分析师对公司进行预测的市场，因此我国上市公司不存在为迎合分析师预测而进行盈余管理的市场动机。科恩和扎罗文（Cohen & Zarowin，2010）指出，上市公司进行真实盈余管理的动机在于股权再融资。刘启亮等（2011）也发现，在中国资本市场与国际会计准则趋同后，企业会为了股票的增发动机而采取程度更大的真实盈余管理。但是，与股权再融资相比，我国上市公司更多地存在着为了首次公开发行（initial public offerings，简称 IPO）进行盈余管理的市场动机，尤其是我国工业类企业的盈余会先在 IPO 前一年处于最高水平，再在 IPO 当年及后几年出现回落，这是由于管理层为公司股票赢得较高发行价格的动机所驱使，进而普遍在 IPO

前通过盈余管理向上调高了利润（林舒和魏明海，2000）。顾明润和田存志（2012）以我国IPO前的上市公司为研究样本发现，样本公司普遍存在应计盈余管理和真实盈余管理行为，当应计盈余管理成本较高时，企业在IPO前会使用更多的真实盈余管理，反之就选择更多的应计盈余管理（李明和和辉，2011）。祁怀锦和黄有为（2014）研究发现，公司在IPO当年更多地运用了应计盈余管理方式，而在IPO后一年则更多地运用了真实盈余管理方式。

罗伊乔杜里（Roychowdhury，2006）认为，企业为了避免财务年度报告的亏损，会选择真实盈余管理行为。张俊瑞等（2009）的经验证据也证明了中国上市公司选择真实盈余管理的重要动机也同样是为了"保盈"。微利上市公司以及其他上市公司为了扭转亏损或避免亏损，或者为了配合庄家或公司自己，影响公司股价，通常会对非经常性损益项目进行盈余操纵（干胜道等，2006；吴联生等，2007）。然而，我国还有一些上市公司为了在当年扭亏为盈或者"洗大澡"，通常会选择在第四季度对盈余进行管理，以便为未来年度扭亏做好准备（张昕，2008）。

我国股权结构的特殊性应被看作是与国外资本市场最具差异性的一个方面，即非流通股占据了相当一部分的比例，为此，我国进行了股改与国有股权转让。这是为了实现同股同权，发挥公司治理的作用，让非流通股具有与流通股同样的流动性，最终提高企业的经营效率。薛云奎和程敏（2007）以及郑金国等（2009）对进行股改的公司研究后发现，管理层通过关联方交易在国有股权转让前压低国有资产的转让价格，进行向下的盈余管理，对会计盈余"洗大澡"；白云霞和吴联生（2008）不但发现国有企业在国有股权私有化前存在向下调减盈余的盈余管理行为，还进一步指出，私有化前的盈余管理行为可显著地受到信息及时披露的约束。曹国华和林川（2014）研究表明，大非在减持过程中存在明显的真实盈余管理行为，大非能够通过真实盈余管理的操控在减持的过程中获得收益。因此，在进行股改的上市公司中，管理层为了影响股票的市场价值，使自身和少部分既定利益相关者获取私人收益，常常会在股改与国有股权转让的过程中对上市公司盈余进行操纵，掩饰公司真实的经营业绩，这不仅对股价产生不利影响，误导投资者的判断，还会损害中小股东的利益，最终导致国有资产流失。

可以说，由于股权分置，只有 1/3 的股权流通制度性缺陷的存在，由于净资产是对上市公司估值、融资、考核、贷款等使用最广泛的评价基础，股东及其他利益相关者也只关注净资产的保值增值，对市值概念淡薄。他们认为市值几乎没有任何实际意义，因而不在乎公司股票在证券市场上的表现，此外，市值作为评判上市公司投资价值的科学参数还受到中国资本市场的发展程度不具备发现真正价值能力的影响。但是，在我国资本市场的结构性缺陷随着股权分置改革的完成而被逐渐弱化的前提下，市值不仅成为衡量上市公司综合能力的关键指标之一，还成为一个评价上市公司管理者工作业绩的参考指标，市值的意义和作用得到提升和认可，"市值管理"行为便应运而生。市值管理的主要内容是最大限度地创造价值、经营价值并最终实现价值，其实质上是上市公司管理者为达到公司价值创造最大化、价值经营最优化和价值实现最大化的目标，有意识、主动地基于公司市值的信号，运用方法和手段进行的战略管理行为。然而，经营者工作业绩的评价转变为市值的涨跌，也在一定程度上激励了上市公司管理者运用盈余管理操纵股价。

此外，我国居民的财富随着经济的快速发展在逐渐增长，企业在快速成长的同时对资本的需求量加大，然而，成长中的企业却因国内投、融资渠道的狭窄而不能有效地使用居民手中的财富，只能凭借中国资本市场作为重要的融资渠道。参照中国上市公司证券发行审核制度的相关规定，谋求上市的企业以往的经营业绩不仅对其成功上市起着决定性作用，还直接或间接地影响着公司股票的发行价格。尤其在企业的经营业绩不佳或出现下滑时，内部人更具有强烈上市融资的欲望以摆脱经营困境，然而，对企业财务状况进行包装是可以通过盈余管理实现的。

（三）政治监管动机

盈余管理的政治监管动机认为，公司在运营的过程中还会存在政治成本，且公司的政治成本会随着政府和社会公众对其关注度的上升而增大，为了减少因会计盈余大幅度波动而受到政府和社会公众的关注，管理层便会选择将当期的报告盈余在以后各期进行报告的会计程序，以实现平滑盈余的目的。马卡尔等（Makar et al.，1998）研究表明，处于经济扩张周期中的公司会通过向下的盈余管理以最大限度地规避政治风险和降低政治成本，但是，处于经济衰退期中的公司却不具有进行向上盈余管理的动机。琼斯（Jones，1991）对盈余管理的经典研究结论也证实了政治监管动机的作用。他以美国的进出口公司为研究样本发现，样本企业的经理人会在政府进行调查期间调减盈余，进行负向的盈余管理，以达到获得政府提供进口补贴的目的。霍尔（Hall，1993；1997）在对石油冶炼行业进行研究后发现，该行业的管理层会在油价上升时调减盈余，进行向下的盈余管理以降低政治成本，在油价较低时提升盈余，进行向上的盈余管理，而石油开采企业并不会在石油处于高价位时进行盈余管理，汉和王（Han & Wang，1995）的研究也得出了较为一致的结论。基（Key，1997）以有线电视行业的公司为研究对象发现，该行业的管理层会在政府对其进行调查期间降低政治成本，向下调减盈余。卡恩等（Cahan et al.，1992；1997）的研究结论指出，上市公司的盈余管理行为会随着公司政治成本的变化而进行相应的调整。例如，美国国会可能出于降低政治成本的不良影响而提出实施一项全新的环境法规，但是，该法规可能会对某些相关行业公司产生影响，那么，利益受到威胁的公司会通过负向盈余管理以阻止新法规的通过。此外，公司管理人员还会选择股票期权折价较低的方法以规避其因报酬奖金计划过高而引发的社会关注和政治成本。埃德尔斯坦等（Edelstein et al.，2008）认为，上市公司进行真实盈余管理的原因在于减少税收性收入，从而满足自身的股利支付需要。莫纳姆（Monem，2003）以澳大利亚政府拟订所得税政策为研究背景发现，金矿采掘公司为了避免税赋的增加，会进行向下的盈余管理。

　　我国证券监管部门对上市公司的业绩水平有很多硬性规定，进而使得我国上市公司还具有规避市场监管的动机，这主要来源于监管政策，是政策诱致型的，因而其盈余管理行为也会随着监管部门政策的变化而变化，如配股政策（陆宇建，2003）。沪深两市证券交易所已从 1998 年开始对连续 2 年存在亏损的上市公司股票交易行为进行特别处理（special treatment，简称 ST），以对投资者进行风险提示。随后，沪深两市证券交易所又于 2003 年开始在已经出现连续 2 年亏损的上市公司股票简称前冠以"*ST"字样的标志，这意味着退市风险警示制度的正式启动。此外，对于连续 3 年亏损的上市公司，《亏损上市公司暂停上市和终止上市实施办法》，《证券法》、《公司法》等相关法律文件也明文规定了将终止其上市交易的资格。被戴上 ST 或*ST 帽子的上市公司，其融资、经营等方面会被严重波及。更为严重的是，若公司被暂停上市或者终止上市，不仅会意味着上市公司融资能力的丧失，还意味着内部人会因上市公司壳资源的丧失而付出巨大的代价，因此，当上市公司可能因经营业绩而在上市资格方面被给予风险警示、暂停或取消的迹象时，为逃避市场管制，内部人就会有强烈的动机进行盈余管理。

基于上述分析，我国上市公司基于规避市场管制动机的盈余管理主要有两个：一是避免连续亏损造成 ST、*ST 及退市的动机。为避免连续亏损而遭到证券监管部门的管制、处罚乃至摘牌的上市公司会在首次出现亏损的前一年度通过操控应计项目调增盈余，再在首次出现亏损之后的年度向下调减盈余（陆建桥，1999）。二是配股再融资动机。蒋义宏（2003）首次通过研究发现了我国上市公司普遍存在"6% 现象"和"10% 现象"，这是公司为了迎合配股及增发的监管政策而对盈余进行管理，即为了获得配股权的公司都会将净资产收益率（ROE）维持在略高于 6% 与 10% 的水平上①。孙铮和王跃堂（1999）、陈小悦等（2000）检验了上市公司净资产收益率的频率分布特征发现，该频率存在着跳跃现象，并出现在配股阈值点的右侧，说明上市公司为了迎合监管部门的配股政策，对会计盈余进行了粉饰，如调高或调减利润。上市公司会始终具有以配股政策的变化为前提，通过管理盈余的方式来迎合配股政策的动机，也就是说，监管部门的配股政策对盈余管理具有一定的导向作用

---

① 1999 年 3 月 27 日，配股的财务指标为"近三年 ROE 平均 10% 以上，且任何一年不低于 6%"。

（杨旭东和莫小鹏，2006），但是，无后续融资行为公司的业绩可能会因应计利润在配股后的反转而变脸，这是盈余管理的机会主义观的直接证据（陆正飞和魏涛，2006）。

纵观国内现有文献，基于避税、反垄断管制以及规避行业管制来降低政治成本动机的盈余管理行为在我国上市公司的实证研究很少，这是因为政府是我国大部分上市公司的终极控制人，国有上市公司与政府之间特殊的产权关系，使得盈余管理动机在我国保护性行业和非保护性行业之间显著不同（陈小悦和徐晓东，2001）。张晓东（2008）的研究认为，为降低政治成本，我国石化行业公司会在市场油价飙升时进行向下的调整盈余。

由于传统的应计盈余管理等其他盈余管理方式被监管得越来越严格，无论这种监管源于内部还是外部，从而使很多上市公司被迫或是自愿的转向操控真实盈余管理，所以上市公司操控真实盈余管理的另外一个重要动机就是规避监管。科恩等（2008）基于对比在萨班斯法案颁布前后的监管状况以及臧（Zang，2012）基于管理层视角的研究均认为，当企业的会计弹性不足而且会受到严格的外部监管时，企业就会倾向于更多的使用真实盈余管理。布伦斯和默钱特（Bruns & Merchant，1990）与格雷厄姆等（2005）也均认为，相较于应计盈余管理，企业管理层会更青睐于真实盈余管理，这是因为应计盈余管理更容易引起各方监管的注意，而且在当前的环境下，应计盈余管理存在操控的风险。戚等（Chi et al.，2011）和阿尔哈达卜等（Alhadab et al.，2013）的研究同样表明，高质量的外部审计会限制应计盈余管理，从而上市公司就不得不转向操控真实盈余。而范经华等（2013）则利用中国 A 股市场的经验证据表明，中国上市公司进行真实盈余管理的动机是为了规避高质量的内部控制与外部审计，而且内部控制与外部审计在抑制盈余管理方面存在互补关系，会同时抑制应计盈余管理与真实盈余管理。刘霞（2014）从审计师视角出发，认为高质量的审计会限制客户进行应计盈余管理，从而企业会转而进行代价更高的真实盈余管理。

除此之外，还有一些上市公司操控真实盈余管理的其他动机。例如，谢柳芳等（2013）基于创业板市场的经验证据与退市制度的视角研究同样发现，创业板上市公司进行真实盈余管理是为了规避退市动机，在退市制度出台后，创业板上市公司的真实盈余管理显著增加。喻凯和伍辉念（2013）认为，在不同生命周期时的企业，会有不同程度的真实盈余管理操控，成长期与衰退期企业主要利用真实盈余管理方式向上调节盈余，而成熟期企业主要向下调节盈余。

可见，国外公司进行盈余管理动机主要来自契约动机、资本市场动机以及政治成本动机三个方面，而我国企业的盈余管理动机则主要为了IPO、配股以及防亏、扭亏和保牌。

三、中国上市公司真实盈余管理行为产生的根源

我国上市公司真实盈余管理行为产生的根源可以从理论研究上归结为以下两个方面：第一，现代企业中委托人和代理人之间因所有权和经营权的分离而对公司真实性盈余信息存在着不匹配、不对称。代理人拥有信息优势，且委托人需要付出高昂的成本才可以消除代理人信息优势，委托人和代理人之间会因初始契约的不完备性存在不可避免的利益冲突，而委托代理冲突的激化不仅为代理人实现自身效用最大化实施盈余管理提供了激励，更为代理人进行机会主义的盈余管理行为提供了便利条件。第二，会计准则的完善，内部控制制度的强化，外部监管制度的健全，以及学界、业界的日益关注，使得应计盈余管理的应用空间逐渐变小，而真实盈余管理手段的隐蔽性、不易察觉性和低风险性为其存在和普遍存在提供了条件。

（一）监管法规制度的不健全

目前，行政监管和行业自律相结合是我国对上市公司信息披露方面进行监管的体制模式，但是，由于很多企业尚不能清晰地界定行政监管和行业自律两个概念的内涵，致使在监管中存在如政出多门、职能重叠、监管时效性差、监管效率低等诸多问题。这归根结底是由于我国资本市

场在由计划经济向市场经济转轨的过程中发展迅速，相关法规制度的建设和完善却存在着一定的滞后性，不但不能与资本市场的发展相匹配，还明显地落后于一系列不断涌现的新问题和新情况，从而使得我国监管部门对盈余管理行为缺乏必要的外部法律界定和管制。

此外，现实中，我国现有法规在制定与会计问题有关的法律规范时的一种特征便是轻视民事法律关系的调节，而重视行政及刑事的法律处罚。尤其是当出现民事法律责任不明确的情况最终使投资者遭受损失时，如上市公司会计报告信息的失真是由其舞弊行为以及审计师在执行审计业务程序时因不能有效揭示重大错报而出现过失或重大过失，由于缺乏民事赔偿程序，所以只能按照《股票发行与交易管理条例》或者《民法通则》的有关程序进行处理。这也意味着对性质更为恶劣和严重的会计舞弊行为缺乏有效、完善的法律进行界定和制裁，也在一定程度上助长了上市公司的盈余管理行为，因为这使得上市公司管理层对待盈余管理的态度更加大胆和从容。

（二）外部审计有效性的不足

外部审计有效性不足是助长上市公司真实盈余管理行为的另一种现实原因，其主要体现在缺乏独立、公正的第三方对上市公司会计信息进行客观、公允的鉴证和评价。具体来看，它主要体现在以下三个方面：一是我国会计师事务所在资本市场发展之初几乎都是挂靠在政府的财政部门、税务部门以及工商行政管理部门之下，即使在 20 世纪末期出台了原挂靠单位应与会计师事务所彻底脱钩的规定，但是，许多会计师事务所并非具有实质的独立性，因为它们还被原挂靠主管部门控制着；二是同业竞争者也随着资本市场的快速发展如雨后春笋般大量涌现，使得很多会计师事务所迫于市场竞争压力受利益驱使，主动迎合客户要求，以降低审计质量获取审计业务；三是外部审计作用的发挥还在一定程度上受到注册会计师执业素质和专业水平参差不齐的限制和制约。

（三）公司治理的缺陷

我国资本市场上真实盈余管理行为的发生还受到公司治理机制结构

性缺陷的影响，这可以从以下三个方面进行阐述：第一，公司股权结构存在缺陷性。我国绝大多数的上市公司主要由国有企业改制而来，它们共同的特点之一就是一股独大的股权结构，存在着大股东通过盈余管理行为掏空或转移上市公司价值的行为，而机构投资者群体等外部股权的不发达或欠缺，尚不能形成对大股东行为的有效制衡和约束；与此同时，国有上市公司间还存在着第二个共同特点，所有者主体缺位现象普遍存在，国家作为一个虚设的控制权主体无法对会计信息提出更多的关注和需求，中小股东普遍具有不愿意为履行监控职能而支付成本的"搭便车"心态以及他们的无能为力，进一步说明了上市公司内部缺乏上市公司信息监控的有效机制。第二，对公司经理人的选择存在缺陷性。在资本市场中，不仅上市公司的数量在可供投资者选择的范围内是有限的，上市公司还缺乏来自外部市场的有效竞争，如职业经理人市场、兼并市场等。职业经理人市场和相关控制权市场发展的滞后性特点，更使上市公司在提供真实的财务信息方面没有动力。第三，对上市公司经营者激励机制的设计具有缺陷性。上市公司经营者因无法从公司长期的价值成长中分享利益而选择在其任期之内对上市公司剩余价值的索取权予以保留。这不但加剧了上市公司经营者的短期化行为，更是促使了他们为最大化个人效用而进行的盈余管理行为。

上述分析从理论和现实两个视角对中国上市公司存在的真实盈余管理行为进行了解释。由于中国资本市场正处于新兴及转轨的阶段，使得现实根源是中国上市公司盈余管理行为的主要成因，尤其是公司治理的不完善。

本章小结

本章从上市公司真实盈余管理行为的理论基础出发，分别从各理论的理论内涵以及其对真实盈余管理行为的影响进行分析后发现，委托代理理论、信息不对称理论和契约理论等是真实盈余管理现象的原因所在，而有效市场假说是真实盈余管理产生不利市场反应的原因所在。本章探讨真实盈余管理与财务报告目标的关系发现，真实盈余管理的存在一定程度上了背离了财务报告的受托责任观和决策有用观，在进一步分析上市公司真实盈余管理行为的动机后发现，契约动机、资本市场动机以及政治管理动机是管理层最常见的动机所在，而监管法规制度的不完善、外部审计的有效性不足以及公司治理的缺陷是我国上市公司真实盈余管理现在存在的最主要根源。本章的分析结论为下文真实盈余管理市场反应及约束机制的检验提供理论依据。

第三章 上市公司真实盈余管理的计量

资本市场的有效运转需要高质量的财务信息。真实盈余管理则是企业管理当局以牺牲其他参与方的利益为代价，为了自身利益或为了使股东财富最大化，构造业务交易和编制财务会计报告时做出职业判断和会计选择，这一行为不仅会损害中小股东等利益相关者的利益，还会降低会计信息的可靠性。本章以我国上市公司的真实盈余管理程度作为研究对象，并且在确定计量方法并测算结果的基础上进行相关分析。

第一节 问题的提出

自 21 世纪末全球爆发的一系列与盈余管理有关的会计丑闻以来，各国政府在制定从紧的会计准则和严谨的内部控制制度的同时，还加强了监管审查，加大了法律诉讼风险，以期最大限度地加大管理层利用应计盈余管理操纵利润的压力，减少盈余管理行为。而科恩等（2008）的研究发现，上市公司仍然在进行着盈余管理，且盈余管理方式在 SOX 法案发布前后发生了明显的变化，已由应计盈余管理转向真实盈余管理。

相对于应计盈余管理，真实盈余管理可在全年度任何时间进行，风险较小，且不易被外部监管部门、审计部门发现，隐蔽性较好。但是，真实盈余管理是通过实际经营活动操控利润，需其他公司和部门的配合，成本较高，这无形中会削弱公司的竞争力，减少公司的长远利益。罗伊乔杜里（2006）指出，管理者会通过刻意构建偏离于企业正常生产经营活动以实现误导信息使用者的目的，他还进一步指出，虽然这些偏离的经济活动（departurere activity）往往是为了要实现企业的业绩目标才发生的，但是它们并不能为企业制造价值，更不能增加企业的价值。然而，当企业在面对某些经济环境的压力时，如加大销售折扣或削减管理费用等真实盈余操纵手段的确可以被认为是解决困境的最佳方法，但是管理层若过多地使用这些手段，其结果也只是尽可能实现提前制定的短期业绩目标，使企业偏离其正常的经营活动轨道，不利于企业的长远发展。

科恩等（2008）关于真实盈余管理的研究视角和研究结论可谓是另一篇具有深远意义的经典文献，他们发现，自1987年开始，直至萨班斯—奥克斯利法案（Sarbanes - Oxley Act，2002年，以下简称萨奥法案）颁布，应计盈余管理呈现稳步增长的趋势，却在萨奥法案颁布之后呈显著下降趋势。相反地，真实盈余管理在法案颁布之前呈下降趋势，在法案颁布之后呈显著上升趋势。这表明企业盈余管理行为已在萨奥法案颁布之后发生了转变，即由应计盈余管理转为真实盈余管理。此外，他们还发现，企业进行应计盈余管理活动在接近法案颁布之前的期间相当高。这是由于公司会在面临更严格监管的外部环境下，增加真实盈余管理行为而减少应计盈余管理行为。科等（2007）的研究结果也得到了同样的结论，公司的应计盈余管理和真实盈余管理的水平在萨奥法颁布之后显著呈现此消彼长的趋势，即企业为了达到既定的盈余基准，会较少使用应计盈余管理，而更多地使用真实盈余管理。

自此之后，越来越多的国外学者认为，公司利用应计项目对盈余进行管理的动力会在更高的监管风险和法律诉讼风险及更为严格的准则监管之下而下降，会更有动力进行真实盈余管理行为，即使需要花费更多的执行成本，但是，总体的盈余管理幅度并不会因为更严格的会计准则而降低。在以第一章关于盈余管理两种方法的研究述评以及第二章关于盈余管理理论分析的基础上，结合我国的资本市场以及与国际会计准则趋同的会计准则前提下，宏观环境的变化必然会影响公司的盈余管理行为，尤其是真实盈余管理行为。这是因为以原则为导向的我国现行会计准则在对会计人员的执业能力提出了更高要求的同时，也给会计人员提供了更多的职业判断空间。刘启亮等（2011）也从法律背景出发，却得到了与科恩等（2008）研究发现不一致的结论，即我国实施的现行公司法并没有像萨奥法案那样对公司的会计行为产生明显的治理效果。但是，我国公司的应计盈余管理却随着与国际财务报告准则趋同的现行会计准则实施后而增加，并且在调低利润时，公司会选择真实盈余管理。

现行会计准则在我国实施之后，国内学者纷纷就盈余管理行为是否会受到现行准则影响而展开了研究，但是绝大多数的研究文献都是只关注公司的应计盈余管理这一个方面，而忽略对真实盈余管理的计量和考虑，使得所得到的结论难免有些片面性。虽然会计准则不是盈余管理产生的根源，但却是盈余管理实施主体普遍乐于借用的主要载体，而现行会计准则科学性更高、严密性更强，实施后缩小了会计弹性空间，这无疑对盈余管理行为的广度、深度和频度产生影响。因此，由于现行会计准则的日益完善和监管力度的不断加强，利用应计利润管理这种会计处理方式来管理盈余的空间将越来越小，风险也将越来越大。如李彬等（2010）以我国 A 股市场的上市公司为研究样本，通过在考虑公司行业特征是否会对会计弹性产生影响的基础上，对比分析了真实活动操控程度在不同会计弹性下的差异，最后得出会计弹性与真实活动操控程度之间存在着此消彼长的关系，即会计弹性小的公司会更多地利用真实活动对盈余进行操控，而会计弹性大的公司则会更少地利用真实活动对盈余进行操控。

关于应计盈余管理与真实盈余管理程度在相关法规实施前后的对比研究，国内学者刘启亮等（2011）及李彬等（2010）与国外学者科恩等（2008）和科等（2007）的研究发现存在着不一致性。基于此，本章试图证明我国资本市场上是否也存在着真实盈余管理行为；如果存在，真实盈余管理与应计盈余管理的关系如何，二者是此消彼长，相互替代，还是同增同减，共同对盈余进行调节？

第二节　真实盈余管理的计量方法研究

为更好地对真实盈余管理问题进行定量研究，理论界一直努力准确且客观地计量真实盈余管理程度。目前，学者们对真实盈余管理的计量已经形成了较为统一的思路，即在利用以前年度数据对当期正常经营活动状况进行估计后再与实际值比较。也就是说，在估计出各项经营活动正常损益水平值（即不存在真实盈余管理的状态），再将估计得出的正常值与实际数据值进行比较，若存在差异，该差异值就是真实盈余管理的数额。目前，异常可操控性费用、异常生产成本、异常长期资产处置收益数额以及异常经营性现金流量是对真实盈余管理程度估算的多个计量方法。

一、估计异常可操控性费用的方法

在估计企业异常的可操控性费用时，预期异常研发费用、预期异常销售、行政管理等费用以及预期异常总可操控性费用是最具代表性的三种计量方法，但是考虑到异常值是实际值与正常值的差额，下文只对正常值的计量方法予以归纳。

（一）对预期正常研发费用的估计

研发费用是指企业在产品、技术、材料及工艺等的研究、开发过程中发生的各项费用总和。由于企业的研发费用不具固定性，在一定程度上可以人为地进行操纵，因此在研究真实盈余管理时，可将研发费用作为衡量的一项指标，如佩里和格林纳克（Perry & Grinaker，2004）及咖尼（2005）建立的计量模型。

$$\frac{R\&D_j}{S_j} = \alpha_0 + \alpha_1 \frac{R\&D_{j-1}}{S_{j-1}} + \alpha_2 \frac{Fund_j}{S_{j-1}} + \alpha_3 \frac{Cap_{j-1}}{S_t} + \alpha_4 R\&D_j^* + \alpha_5 Cap_j^*$$
$$+ \alpha_6 \frac{GNP_j}{S_j} + \varepsilon_j \tag{3.1}$$

式（3.1）中是佩里和格林纳克（2004）利用样本企业 12 年的研发费用状况对当年正常研发费用进行的估计。其中，$R\&D_j$ 表示 j 期的研发费用；S_j 表示企业 j 期的销售额；$Fund_j$ 表示 j 期企业在扣除非正常项目前收入后与研发费用及折旧的加总；Cap_j 表示企业在 $j-1$ 期时的资本支出；

$R\&D_j^*$ 表示 j 期研发费用与销售额的比值；Cap_j^* 表示 j 期企业资本支出与销售额的比值；GNP_j 表示企业在 j 期的国民总生产毛额。

与佩里和格林纳克（2004）的计量模型不同，咖尼（2005）采用了滞后两年期的年份数据对当年正常研发费用进行估计，如式（3.2）所示。

$$\frac{R\&D_j}{A_{j-1}} = \alpha_0 + \alpha_1 \frac{R\&D_{j-1}}{A_{j-1}} + \alpha_2 \frac{lndFund_j}{A_{j-1}} + \alpha_3 Tobins'Q_j + \alpha_4 \frac{CapExp_{j-1}}{A_{j-1}}$$
$$+ \alpha_5 LogMV_j + \varepsilon_j \tag{3.2}$$

在式（3.2）中，$R\&D_j$ 表示 j 期的研发费用支出；A_{j-1} 表示第 $j-1$ 期的资产总额；$IndFund_j$ 表示 j 期在扣除非正常项目前收入后与研发费用及折旧的加总；$Tobins'Q_j$ 表示 j 期的托宾 Q 值，即公司市值与资产重置成本的比值；$CapExp_{j-1}$ 表示 $j-1$ 期的资本支出；MV_j 表示企业 j 期的所有者权益，即股东权益。

（二）对预期正常销售、行政管理等费用的估计

咖尼（2005）的研究结论发现，除了 $R\&D$ 之外，公司管理层还会通过对销售费用、管理费用等费用进行操纵以提高短期经营业绩。他同样采用了滞后两年期的年份数据对当年正常销售费用、广告费用及行政管理费用等费用进行估计，如式（3.3）所示。

$$log\left(\frac{SGA_j}{SGA_{j-1}}\right) = \alpha_0 + \alpha_1 log\left(\frac{S_j}{S_{j-1}}\right) + \alpha_2 log\left(\frac{S_j}{S_{j-1}}\right) * S\_Down$$
$$+ \alpha_3 log\left(\frac{S_{j-1}}{S_{j-2}}\right) + \alpha_4 log\left(\frac{S_{j-1}}{S_{j-2}}\right) * S\_Down + \varepsilon_j \tag{3.3}$$

式（3.3）中，SGA_j 表示企业在 j 期的销售费用、广告费用及行政管理费用之和；S 表示销售收入，S_{j-1} 表示滞后一期的销售收入，S_{j-2} 表示滞后两期的销售收入；S_Down 为表示当期收益与前期的比较结果，以虚拟值列示，下降为 1，否则为 0。

（三）对预期正常总可操控性费用的估计

科恩等（2008）在对前人研究结果总结的基础上进行了扩展，并建

立了可以衡量出企业正常可操控性费用总额的估计模型，如式（3.4）所示。

$$\frac{DiscExp_j}{A_j} = \alpha_0 + \alpha_1 \frac{1}{A_{j-1}} + \alpha_2 \frac{S_j}{A_{j-1}} + \varepsilon_j \qquad (3.4)$$

在式（3.4）中，$DiscExp_j$ 表示企业在 j 期的可操控性费用总额，其结果由研发费用、销售费用、管理费用以及广告费用加总得出；A_j 表示企业在 j 期的总资产；S_j 表示 j 期的销售收入。

二、估计异常生产费用的模型

企业的生产费用是指在产品的生产过程中消耗的生产资料的价值及支付的劳动报酬之和，也就是企业在一定时期内（产品的某个生产过程中）发生的能用货币计量的生产耗费。在正常情况下，企业生产费用会随着其销售量的增加而增加，由于产品的生产成本由固定成本和变动成本两部分构成，那么在固定成本长期保持不变的情况下，单位产品的变动成本会因整体产量的增加而降低，因此，企业可以通过对产品产量的操控而达到盈余管理的目的。也就是说，总销售成本会随着单位产品成本的下降而降低，在当销量及单价保持不变的情况下，最终会实现企业的利润。反之，当企业大幅度减少产品生产量的时候，则会调低公司的利润。基于上述分析，公司生产成本的异常增加或异常减少都可以作为真实盈余管理的衡量标准。罗伊乔杜里（2006）在估计企业正常的生产费用水平时将生产费用看作销售的函数，如式（3.5）所示。

$$\frac{P\_Cost_j}{A_{j-1}} = \alpha_0 + \alpha_1 \frac{1}{A_{j-1}} + \alpha_2 \frac{S_j}{A_{j-1}} + \alpha_3 \frac{\Delta S_{j-1}}{A_{j-1}} + \varepsilon_j \qquad (3.5)$$

在式（3.5）中，P_Cost_j 是指企业在 j 期的总生产成本，以售出货物成本与存货变化之和表示；A_{j-1} 是指 $j-1$ 期期末的资产总额，即滞后一期的总资产；S_j 表示 j 期的销售收入，ΔS_{j-1} 是指 $j-1$ 期与 $j-2$ 期的销售变化额。

三、估计异常可操控性费用的方法

已有研究发现，若公司存在异常高额的处置资产溢价收入，则其更有可能通过对销售时间的安排进行真实盈余管理行为，从而对利润进行操控。据此，咖尼（2005）建立了用以计量正常处置资产溢价收入的估计模型，如式（3.6）所示。

$$\frac{Gain_j}{MV_j} = \alpha_0 + \alpha_1 \frac{LA\_Sale_j}{MV_j} + \alpha_2 \frac{Inv\_Sale_j}{MV_{j-1}} + \alpha_3 log\ (S_j)\ + \alpha_4 S\_Growth_j + \varepsilon_j$$

$$(3.6)$$

在式（3.6）中，$Gain_j$ 表示企业在 j 期因处置资产而获得的收益；MV_j 表示 j 期股东权益；LA_Sale_j 表示 j 期因销售长期资产而获得的收益；Inv_Sale_j 表示 j 期房产交易收益；S_Growth_j 表示企业的销售收入增长率，即表示销售收入在 j 期与 $j-1$ 期之间的差额。

四、估计异常经营现金流的方法

虽然提高公司销售额并增加当期收入可以通过销售折让、赊销等手段很快得以实现，但是这种做法的后果却使得公司因为赊销而无法收到现金，产生大量应收账款，从而间接地影响公司的经营性现金流，而公司的销售折扣则会直接地影响经营性现金流，即会在一定时间内给公司带来负面影响，这最终会降低公司的经营性现金流量。也就是说，公司通过销售折让、折扣等促销活动实现的盈利增长会引起其经营性活动的现金流量出现异常降低的情况，因此，企业的真实盈余管理还可以用异常经营现金流这一指标来度量。罗伊乔杜里（2006）计量正常经营现金流的方法如式（3.7）所示。

$$\frac{CFO_j}{A_{j-1}} = \alpha_0 + \alpha_1 \frac{1}{A_{j-1}} + \alpha_2 \frac{S_j}{A_{j-1}} + \alpha_3 \frac{\Delta S_j}{A_{j-1}} + \varepsilon_j \qquad (3.7)$$

在式（3.7）中，CFO_j 表示公司 j 期的经营现金净流量；A_{j-1} 表示企

业在 $j-1$ 期期末的总资产；S_j 表示 j 期的销售收入，$\triangle S_j$ 是指 j 期与 $j-1$ 期的销售变化额。

第三节　中国上市公司真实盈余管理程度的计量与分析

为较全面地了解我国上市公司真实盈余管理行为，在对其程度进行计量和分析的同时，还需对应计盈余管理的程度予以计量和分析。下文将在确定计量模型的基础上对计量结果进行综合性的分析。

一、计量模型的确定

与国内其他学者一样，本章也参考国外的计量方法分别对我国上市公司的真实盈余管理程度和应计盈余管理程度进行衡量。

（一）真实盈余管理计量模型的确定

借鉴罗伊乔杜里（2006）和科恩等（2008）的做法，以异常经营活动现金流量、可操控性费用和异常产品成本作为真实盈余管理的代理变量。异常经营活动现金流量（以下简称异常现金流）、可操控性费用和异常产品成本可通过正常的经营活动现金流量、不可操控性费用和正常的产品成本分别算出。

首先，在衡量正常的经营活动现金流量方面，借鉴迪舟等（1995）的方法，如式（3.8）所示。

$$\frac{CFO_{it}}{Asset_{it-1}} = \alpha_0 \left(\frac{1}{Asset_{it-1}} \right) + \beta_1 \left(\frac{S_{it}}{Asset_{it-1}} \right) + \beta_2 \left(\frac{\Delta S_{it}}{Asset_{it-1}} \right) + \varepsilon_{it} \quad (3.8)$$

在对式（3.8）进行回归得出正常现金流的基础上，用实际的经营活动现金流减去正常的经营活动现金流，二者之差即为异常经营活动现金流量。由于价格折扣、赊销以及放宽信用条件等方法一方面可以扩大销售、增加公司利润，但另一方面也可能会降低公司的经营现金流。也就是说，经营活动现金流的异常降低可能是通过销售折让、折扣等促销活动形成的。因此，现金流量的异常下降会增加公司的利润。

其次，用式（3.9）估计不可操控性费用，而公司可操控性费用为实际发生的费用减去不可操控性费用。公司在减少研发支出、管理费用或销售费用这些可操控性费用的同时也会降低整体的费用，因此，其他情况保持不变的情况下，可操控性费用的降低会使公司的利润提高，反之，则减少公司的利润。

$$\frac{DISEXP_{it}}{Asset_{it-1}} = \alpha_0 + \alpha_1\left(\frac{1}{Asset_{it-1}}\right) + \alpha_2\left(\frac{S_{it-1}}{Asset_{it-1}}\right) + \varepsilon_{it} \qquad (3.9)$$

再其次，企业还会在生产环节进行操控提高利润，例如利用生产规模效应，即采用通过大批量生产产品的方式来降低产品的单位成本的方法。当销售量无法提高时，可以通过该手段降低产品单位生产成本，最终达到增加利润的目的。但是，大量增加的产量可能会因为在一段时间内找不到买家而转化成存货，这实际上占用了公司的资金，增加了资金的机会成本，降低了公司资金的使用效率。此外，企业还可能因存货过多而面临由于产品过时、发生损毁而减值的风险。因此，通过对生产环节的操控而进行的盈余管理对公司来说只能是有害无益的。产品成本以销售产品成本与当年存货变动额之和表示。销售产品成本和当年销售额的线性关系如式（3.10）所示。

$$\frac{COGS_{it}}{Asset_{it-1}} = \alpha_0\left(\frac{1}{Asset_{it-1}}\right) + \beta\left(\frac{S_{it}}{Asset_{it-1}}\right) + \varepsilon_{it} \qquad (3.10)$$

存货变化额与当年及上年销售变动额的线性关系如式（3.11）所示。

$$\frac{\Delta INV_{it}}{Asset_{it-1}} = \alpha_0\left(\frac{1}{Asset_{it-1}}\right) + \beta_1\left(\frac{S_{it}}{Asset_{it-1}}\right) + \beta_2\left(\frac{\Delta S_{it-1}}{Asset_{it-1}}\right) + \varepsilon_i \qquad (3.11)$$

因此，根据式（3.10）和式（3.11），用式（3.12）估计正常的产品成本。异常的产品成本为公司实际的产品成本与正常的产品成本之差。

$$\frac{PROD_{it}}{Asset_{it-1}} = \alpha_0\left(\frac{1}{Asset_{it-1}}\right) + \beta_1\left(\frac{S_{it}}{Asset_{it-1}}\right) + \beta_2\left(\frac{\Delta S_{it-1}}{Asset_{it-1}}\right) + \beta_3\left(\frac{\Delta S_{it-1}}{Asset_{it-1}}\right) + \varepsilon_i$$

$$(3.12)$$

　　由于产品成本的增加主要来自产品产量的增加，而产品产量的增加会降低单位产品的固定费用，因此，异常产品成本的增加极有可能提高单位产品的获利能力，进而增加公司的利润，反之，公司的利润则减少。

　　在上述公式中，CFO_{it} 表示 i 样本在 t 期经营活动的现金流量净额；$Asset_{it-1}$ 表示样本 i 在 $t-1$ 期期末的资产总额；S_{it} 为样本 i 在 t 期的销售收入，ΔS_{it} 是 i 样本在 t 期和 $t-1$ 期销售收入的变化额，ΔS_{it-1} 表示样本 i 前两期销售收入的变化额；$DISEXP_{it}$ 表示样本 i 在 t 期的可操控性费用，包括当期的销售费用和管理费用；$COGS_{it}$ 是指 i 样本在 t 期时的产品销售成本；ΔINV_{it} 是指 i 样本存货在 t 期和 $t-1$ 期的变化额；$PROD_{it}$ 表示 i 样本在 t 期正常的产品成本，由 t 期的销售产品成本和存货变化额共同构成。异常现金流量（R_CFO）、可操控性费用[①]（R_DISEXP）和异常产品成本（R_PROD）均为实际数与正常数之间的差额，它们也是本章衡量真实盈余管理的 3 个指标。这是因为现金流的异常性减少、可操控性费用的异常降低和产品成本的异常性提高，都可表明公司调高了利润，反之，则表示公司调低了利润。换句话说，如果公司当期要做大利润，该公司将表现出更低的异常现金流量、更低的可操纵性费用和更高的异常产品成本。

　　公司不仅可能会对真实盈余管理进行总体规划，还可能同时从几个方面进行真实盈余管理。但是，正如科恩等（2008）所说，代表真实盈余管理的 3 个个体指标在信息含量方面具有独特性，在增、减变化方面的含义不一致，甚至会存在相互抵消的关系，直接将它们进行相加，可能缺乏全面性，会遗漏一些信息。因此，为增强结果的稳健性，根据 3 个个体指标在增、减变化方面的不同含义，如公司会减少现金流、增加产品成本或减少管理费用或销售费用以提高利润，本章参考刘启亮等（2011）和李增福等（2011）的研究方法，用式（3.13）衡量总体真实盈余管理程度（RM）。

---

　　① 在我国，公司没有专门披露公司当年转入费用的研发费用和广告费用，而是将它们包含于销售费用、管理费用等项目中。因此，该指标只包含了销售费用和管理费用两个项目。

$$RM^{①} = R\_PROD - R\_CFO - R\_DISEXP \qquad (3.13)$$

因此，RM 越高，则意味着公司更倾向于通过真实交易操纵利润。本章会同时使用 3 个个体指标和 1 个总体指标共同作为真实盈余管理程度的代理变量，以加强结果的可靠性。此外，为了避免异常值的影响，均对真实盈余管理的各项指标因素变量两端按 1% 进行了 Winsorize 处理。

（二）应计盈余管理计量模型的确定

通过查阅国外大量的研究文献，可以发现，琼斯（Jones）设立的 Jones 模型（1991）、迪舟等（1995）设立的修正 Jones 模型以及迪舟和迪切夫（2002）设立的 DD 模型是最常见计量应计盈余管理的三种方式，就估计上市公司盈余管理程度可操控性应计利润指标来看，修正 Jones 模型的计量结果更为有效。就国内现有的研究成果来看，在对中国上市公司 IPO 过程中的盈余管理行为（林舒和魏明海，2000）、中国上市公司盈余管理与审计意见相关性问题（章永奎和刘峰，2002），以及盈余管理与审计任期及审计质量间关系（陈信元和夏立军，2006）时，均采用了修正 Jones 模型计量应计盈余管理。

此外，陈小悦等（2000）和夏立军（2003）分别从中国证券市场的不同角度对应计盈余管理的计量方法进行研究，他们的研究结果不仅证明了分行业的修正 Jones 模型在中国资本市场中具有与国外资产市场同样的适用性，还进一步说明了该模型可以较为理想地解释上市公司的应计盈余管理行为。基于此，在选择计量应计盈余管理的模型时，本章也采用这一得到国内外最广泛学者认可的修正 Jones 模型，其计算方法如下文所示：

$$TA_{it} = NetIncome_{it} - CFO_{it} \qquad (3.14)$$

---

① 由于 RM 表明通过真实盈余管理调节利润的整体效果，前文已述，R_CFO 和 R_DISEXP 的增加会减少利润，而过度生产导致 R_PROD 的提高反而会减少销售商品的成本，那么，R_PROD 的提高会增加利润，该指标数额越高，表明公司越有可能通过操作销售调增利润。因此，R_CFO 和 R_DISEXP 应乘以 -1，如 $-R\_DISEXP$ 为 R_DISEXP 与 -1 的乘积，该指标数额越高，表明公司越有可能通过削减可操控性费用调增利润，$-R\_CFO$ 指标的解释与此相同。这样 RM 的解释力度更强。

式（3.14）用于计算总应计利润，按照不同行业、不同年份对数据进行 OLS 回归。其中，样本 i 在 t 期包括线下项目的总应计利润以变量 TA_{it} 表示，样本 i 在 t 期的净利润以变量 $NetIncome_{it}$ 表示；样本 i 在 t 期由于经营活动产生的现金流量净额以变量 CFO_{it} 表示。

$$\frac{TA_{it}^*}{Asset_{it-1}} = \alpha_0 \frac{1}{Asset_{it-1}} + \alpha_1 \left(\frac{\Delta REV_{it}}{Asset_{it-1}} - \frac{\Delta REC_{it}}{Asset_{it-1}} \right) + \alpha_2 \frac{PPE_{it}}{Asset_{it-1}} + \varepsilon_{it} \quad (3.15)$$

式（3.15）用于估计应计利润的行业特征参数。其中，样本 i 在 t 期线下项目前的总应计利润以变量 TA_{it}^* 表示，与 TA_{it} 的计算方法不同，TA_{it}^* 是由营业利润与经营活动产生的现金流量净额（CFO_{it}）计算得出的；样本 i 在 $t-1$ 期时的资产总额以变量 $Asset_{it-1}$ 表示；ΔREV_{it} 以样本 i 在 t 期的主营业务收入与 $t-1$ 期主营业务收入的差额表示；ΔREC_{it} 以样本 i 在 t 期的应收账款与 $t-1$ 期应收账款的差额表示；PPE_{it} 表示样本 i 在 t 期期末设备、厂房等固定资产原值。此外，待估计的行业参数值以 α_0、α_1 和 α_2 表示。

$$NDA_{it} = \beta_0 \frac{1}{Asset_{it-1}} + \beta_1 \left(\frac{\Delta REV_{it}}{Asset_{it-1}} - \frac{\Delta REV_{it}}{Asset_{it-1}} \right) + \beta_2 \frac{PPE_{it}}{Asset_{it-1}} \quad (3.16)$$

式（3.16）用于计算不可操控性应计利润。其中，NDA_{it} 表示样本 i 在 t 期的不可操控性应计利润；β_0、β_1 和 β_2 是将式（3.15）中取得的 α_0、α_1 及 α_2 代入式（3.16）得到的行业特征参数估计值。

$$DA_{it} = \frac{TA_{it}}{Asset_{it-1}} - NDA_{it} \quad (3.17)$$

式（3.17）用于计算样本 i 在 t 期的可操控性应计利润，即可操控性应计利润，以变量 DA_{it} 表示，它实际上是总应计利润与不可操控性利润的差额。通过对研究样本采用分行业的方法计算得出的即为应计盈余管理程度的代理变量，即可操控性应计利润，以变量 DA_{it} 表示。但是，由式（3.17）估计得出的可操纵性应计数 DA_{it} 数值可能是正值，也可能是负值，在后文检验时会分别用 $+DA_{it}$ 和 $-DA_{it}$ 表示。

二、研究样本的选取及上市公司行业分类的确定

在确定了计量真实盈余管理与应计盈余管理的模型之后发现，应计

盈余管理的计量需要考虑样本的行业因素，因此，下文将对研究样本的选取及公司的行业分类的确定做以说明。

（一）研究样本的选取

我国从 2007 年 1 月 1 日起实施了与国际财务报告准则趋同的以原则为导向的现行会计准则，环境的变化或许会对应计与真实盈余管理的程度产生影响（刘启亮等，2009；林芳和许慧，2011），如图 3 - 1 所示。因此，本章在进行数据筛选时，将从现行准则颁布实施之后的数据着手分析。

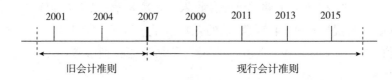

图 3 - 1　样本期间

本章以 2007～2015 年为研究窗口，考虑到解释及控制变量的赋值涉及滞后一年的财务数据，选取 2006 年 1 月 1 日以前在我国沪、深 A 股上市的所有公司为研究的初选样本，并在此基础上做如下处理：（1）剔除金融、保险行业的上市公司，因为它们具有明显不同于其他行业的特征；（2）剔除当年新上市的公司，因为公司规模和股本结构会随着上市融资的变化而发生改变；（3）剔除当年或上年财务数据和公司治理结构资料不全的观测值；（4）剔除掉全部 ST 及 *ST 的上市公司观测值；（5）罗伊乔杜里（2006）估计真实盈余管理评价模型要求每个行业每年度的样本数至少 15 家公司，剔除不符合模型估计的样本。经过上述筛选，得到 2007 年 1098 个，2008 年 1173 个，2009 年 1276 个，2010 年 1360 个，2011 年 1451 个，2012 年 1499 个，2013 年 1523 个，2014 年 1607 个以及 2015 年 1689 个，最终得到 12676 个公司年度（Firm - Year）样本观察值。需要说明的是，数据来源于国泰安 CSMAR 数据库和 CCER 数据库。数据处理软件为 Stata 13.0。

（二）上市公司行业分类的确定

修正 Jones 模型在对盈余管理计量时需要对研究样本所属的行业进行区分，因此，本章根据中国证监会颁布于 2001 年颁布的《上市公司行业分类指引》①（以下简称《指引》），对已筛选出来的 12676 个研究样本进行行业的划分。《指引》（2001）以上市公司主营业务作为行业分类的标准，明确规定证券交易所是对上市公司所属行业进行划分的唯一机构，并同时规定了上市公司不得擅自改变公司的行业类别，只有在证券交易所允许的情况下才可以变更，此外，当上市公司原有经营范围因兼并、重组、资产置换等原因而发生重大变动需变更行业分类时，需及时向所在交易所提出书面申请及证明材料，由交易所对其进行审查和变更。中国证监会之所以对行业的划分做出如此细致的明文规定，主要是因为作为股票市场一种重要信息的上市公司行业分类，会对投资者的投资决策产生直接影响。且在中国资本市场建立之初，由于尚不存在对各个上市公司归属行业进行明确划分的统一口径或标准，各类股评机构也利用行业划分模糊这个缺口，故意混淆上市公司的主业构成，还促使了消息股、题材股在中国资本市场的投机炒作盛行，误导了广大的投资者并给其造成了损失。

为进一步规范上市公司行业分类工作，参照《中华人民共和国统计法》②《证券期货市场统计管理办法》③《国民经济行业分类》④ 等法律法规和相关规定，在对《指引》（2001）进行修改的基础上，中国证监会于 2012 年 11 月 26 日出台了《上市公司行业分类指引》（2012）⑤，并规定自公布之日起施行，并同时废止《指引》（2001）。在将新旧两个版本的《指引》进行比较后发现，有三个方面的显著变化：一是行业类别代码的更改，如金融业已由原先的代码 I 变为代码 J；二是行业大类和小类

---

① 参见：http://wenku.baidu.com/view.
② 参见：http://www.stats.gov.cn/tjfg/tjfl.
③ 参见：http://www.baidu.com.
④ 参见：http://baike.baidu.com/view.
⑤ 参见：http://wenku.baidu.com/view.

都更加细化，如制造业（行业代码：C）；三是新增加了一些行业类别，如教育业（行业代码：P），租赁和商务服务业（行业代码：L），水利、环境和公共设施管理业（行业代码：N），居民服务、修理和其他服务业（行业代码：O）及卫生和社会工作（行业代码：Q）等，这可以看出，新《指引》是对旧《指引》的完善和补充，这也更全面地反映了中国上市公司的行业类别。

由于本章数据的筛选工作在新《指引》公布前就已完成，因此，文中的行业代码是以《指引》（2001）为依据的。《指引》（2001）将上市公司所属行业共划分为13个大类，并在每个大类中又设有不同的小类。由于制造业（行业代码：C）所涉及的小类较多，本章在对其进行筛选时以行业划分编码中前两位为标准，最终确定了21个行业作为研究样本的行业划分标准。行业类别及行业内包含研究样本数的统计结果见表3-1所示。

表3-1　　　　　　　　行业类别及行业内包含研究样本的统计结果

行业代码	行业名称	行业样本容量	占总样本的比重（%）
A	农、林、牧、渔业	311	2.45
B	采矿业	326	2.57
C0	食品、饮料业	600	4.73
C1	纺织、服装、皮毛加工业	536	4.23
C2	木材、家具业	60	0.47
C3	造纸、印刷业	252	1.99
C4	石油、化学、塑胶、塑料业	1475	11.64
C5	电子业	593	4.68
C6	金属、非金属业	1133	8.94
C7	机械、设备、仪表业	2055	16.21
C8	医药、生物制品业	763	6.02
C9	其他制造业	87	0.69
D	电力、燃气及水的生产和供应业	508	4.01

续表

行业代码	行业名称	行业样本容量	占总样本的比重（%）
E	建筑业	267	2.11
F	交通运输、仓储业	501	3.95
G	信息传输、计算机服务和软件业	768	6.06
H	批发和零售业	885	6.98
J	房地产业	525	4.14
K	社会服务业	395	3.12
L	传播与文化产业	53	0.42
M	综合类	582	4.59
样本总数		12676	100.00

三、计量结果及分析

在确定了计量方法、计量模型及研究样本的基础上，下文分别对真实盈余管理和应计盈余管理的计量结果进行描述性统计，并对二者的关系做初步的分析。

（一）真实盈余管理的计量结果

由于上文确定了真实盈余管理有四种计量方法，因此我们依据模型分别进行了计量，具体结果见表3-2至表3-5所示。

表3-2中，真实盈余管理（R_CFO）观测样本的最大值为2.3589，出现在2012年，观测样本的最小值为-2.3543，出现在2014年，观测样本的均值在2008年最大。还可以看出，在整个样本期间，R_CFO的最值均在2007年之后有明显增加，且最大值和最小值也均出现在后一时间段。

表3-2 　　　　真实盈余管理（R_CFO）的描述性统计

年份	样本量	最小值	最大值	均值	标准差
2007	1098	-1.0802	1.5436	0.0000	0.1359

年份	样本量	最小值	最大值	均值	标准差
2008	1173	-2.1942	1.5757	0.0029	0.1979
2009	1276	-1.8058	1.2101	-0.0001	0.1377
2010	1360	-2.1359	2.1175	0.0000	0.1512
2011	1451	-0.5055	1.8763	-0.0001	0.1158
2012	1499	-1.3102	2.3589	0.0014	0.1532
2013	1523	-1.2043	1.3756	0.0001	0.1325
2014	1607	-2.3543	2.1269	0.0000	0.1234
2015	1689	-2.1645	1.7342	0.0011	0.0000

表 3 - 3 中，真实盈余管理（R_PROD）观测样本的最大值为 6.3723，出现在 2014 年；观测样本的最小值为 -4.5651，出现在 2015 年；观测样本的均值在 2006 年最大。还可以看出，在整个样本期间，R_PROD 的最值均在 2007 之后有明显的增加，且最大值和最小值也均在后一时间段。

表 3 - 3 真实盈余管理（R_PROD）的描述性统计

年份	样本量	最小值	最大值	均值	标准差
2007	1098	-1.8708	0.7076	0.0000	0.1882
2008	1173	-3.9796	1.1702	0.0001	0.2519
2009	1276	-1.4509	1.4462	0.0000	0.1769
2010	1360	-2.6680	5.5860	0.0000	0.2588
2011	1451	-4.0590	1.6525	0.0000	0.2590
2012	1499	-2.5325	1.8422	0.0001	0.1244
2013	1523	-3.7539	4.3219	0.0000	0.1532
2014	1607	-3.0343	6.3723	-0.0001	0.2157
2015	1689	-4.5651	2.0142	0.0000	0.1323

表 3 - 4 中，真实盈余管理（R_DISEXP）观测样本的最大值为 3.3826，出现在 2015 年；观测样本的最小值为 -4.5328，出现在 2015

年；观测样本的均值在 2015 年最大。还可以看出，在整个样本期间，*R*
_DISEXP 的最值均在 2009 年之后有明显增加，且最大值和最小值也均出
现在后一时间段。

表 3 - 4　　　　　真实盈余管理（*R_DISEXP*）的描述性统计

年份	样本量	最小值	最大值	均值	标准差
2007	1098	- 0.2519	1.4445	0.0000	0.0921
2008	1173	- 3.9796	1.1702	0.0001	0.2519
2009	1276	- 0.3040	0.7925	0.0000	0.0851
2010	1360	- 0.7546	1.9667	- 0.0002	0.1033
2011	1451	- 0.9318	2.4709	0.0000	0.1048
2012	1499	- 1.2434	1.5723	0.0000	0.2242
2013	1523	- 1.1754	3.1352	0.0001	0.2352
2014	1607	- 2.7543	2.5248	- 0.0001	0.1734
2015	1689	- 4.5328	3.3826	0.0002	0.2442

表 3 - 5 中，真实盈余管理（*RM*）观测样本的最大值为 5.8324，出
现在 2010 年；观测样本的最小值为 - 6.5327，出现在 2015 年；但是没
有呈现出较明显的变化态势。

表 3 - 5　　　　　真实盈余管理（*RM*）的描述性统计

年份	样本量	最小值	最大值	均值	标准差
2007	1098	- 3.1009	0.8381	- 0.0022	0.3146
2008	1173	- 6.0708	2.5412	- 0.0024	0.4096
2009	1276	- 2.6728	2.0311	0.0001	0.3062
2010	1360	- 2.9727	5.8324	0.0002	0.3767
2011	1451	- 5.3452	1.9652	0.0001	0.3894
2012	1499	- 4.7643	4.6453	0.0004	0.4321
2013	1523	- 5.4226	3.1345	0.0031	0.6543
2014	1607	- 4.6432	2.4328	0.0015	0.4303
2015	1689	- 6.5327	3.9754	- 0.0053	0.3215

综合表 3 - 2 至表 3 - 5 来看，其中最为突出的一个特征是，各真实盈余管理代理变量的均值在各年份均趋近于 0，可以说明，真实盈余管理行为在本章选择的研究中的正向程度和负向程度是相互抵消的。

（二）应计盈余管理的计量结果

对于应计盈余管理的计量，采用了修正的截面 Jones 模型分行业、分年度进行计量，具体结果见表 3 - 6 所示。由表 3 - 6 可以看出，应计盈余管理（DA）观测样本的最大值为 3.7226，出现在 2015 年；观测样本的最小值为 - 4.1169，出现在 2007 年；观测样本的均值在 2007 年最小。就 DA 最大值、最小值在整个区间的变化趋势来看，虽然无法明显地从表 3 - 6 中查找出递增或递减的相应规律，但是可以隐约看出，DA 的最大值、最小值均在 2007 年之后呈现出上升的趋势。

表 3 - 6　　　　　　　　**应计盈余管理（DA）的描述性统计**

年份	样本量	最小值	最大值	均值	标准差
2007	1098	- 4.1169	0.6194	- 1.5811	1.6178
2008	1173	- 1.1635	2.6544	0.2394	1.6804
2009	1276	- 3.3961	1.4746	- 0.1364	0.1981
2010	1360	- 1.6897	2.9340	- 0.0250	0.1627
2011	1451	- 0.0741	1.2209	- 0.0113	0.1774
2012	1499	- 1.3547	3.7213	- 0.1524	0.3523
2013	1523	- 2.5621	2.5332	- 0.0328	0.2392
2014	1607	- 1.0554	1.8653	- 0.0722	0.1987
2015	1689	- 0.0956	3.7226	- 0.4245	1.2343

（三）各变量间的相关性分析

进一步地，为考察出不同的盈余管理方式之间的关系，我们还可以通过检验真实盈余管理及应计盈余管理变量之间相关性的方式进行分析说明，具体结果见表 3 - 7。

从表 3 - 7 中关于真实盈余管理与应计盈余管理指标之间的相关性可

以看出，*DA* 与 *R_CFO*、*R_DISEXP* 呈显著的负相关关系，又与 *R_PROD*
及 *RM* 呈显著的正相关关系，*R_PROD* 与 *R_CFO*、*R_DISEXP* 呈显著的负
相关性等，这一方面表明应计与真实盈余管理行为之间并不存在此消彼
长、相互替代的相关关系；另一方面表明各真实盈余管理行为之间也不
存在一致性的相关关系。这可能是因为上市公司为了实现不同的目标，
会较为灵活地同时运用几种盈余管理方式对报告进行调整，这一结论与
刘启亮等（2010）的研究发现相一致。

表 3 - 7　　　　　　　　各变量间的 **Pearson** 相关系数分析

	R_CFO	*R_PROD*	*R_DISEXP*	*RM*	*DA*	*ABS_DA*
R_CFO	1.000					
R_PROD	-0.312 *** (0.0000)	1.000				
R_DISEXP	0.221 *** (0.0000)	-0.542 *** (0.0000)	1.000			
RM	-0.671 *** (0.0000)	0.931 *** (0.0000)	-0.567 *** (0.0000)	1.000		
DA	-0.103 *** (0.0000)	0.036 *** (0.0001)	-0.014 (0.3423)	0.024 *** (0.0000)	1.000	
ABS_DA	0.013 (0.3209)	-0.023 (0.4604)	-0.021 (0.4395)	-0.003 (0.4416)	-0.652 *** (0.0000)	1.000

说明：*** 、** 、* 分别表示 1%、5% 和 10% 的显著性水平（双尾检验）。

本章小结

高质量的财务信息是资本市场有效运转的基石之一，而上市公司的
盈余管理行为则会降低财务信息的质量。但是，国内外对于盈余管理的
计量尚未得出一致的结论，通过分析研究，本章主要对真实盈余管理的
计量方法统一计量模型与口径，综合研究内容，所取得的主要结论如下。

第一，中国上市公司存在着真实盈余管理行为。基于对盈余管理相
关理论问题和计量方法的阐述和确定，本章确定了研究的有效样本，即

研究窗口为 2007～2015 年的 12676 个研究样本，并根据罗伊乔杜里（2006）和科恩等（2008）的做法有效计量了真实盈余管理的程度。研究发现，可操控性费用（R_DISEXP）在样本期间呈现出较为平缓的变动趋势；异常现金流（R_CFO）在 2009 年和 2011 年表现为负值，在其余年份为正值，最大值出现在 2012 年；异常产品成本（R_PROD）的最大值出现在 2014 年，最小值出现在 2015 年；综合真实盈余管理（RM）波动幅度的较大，并于 2015 年出现最小值，2010 年出现最大值。说明真实盈余管理存在于中国资本市场之中，但其变化并没有明显的规律可遵循。

第二，真实盈余管理和应计盈余管理之间关系具有复杂性。考虑到我国现行会计准则的出台可能会对上市公司进行的盈余管理行为产生影响，因为我们预期现行会计准则减少了人为运用会计准则的空间，会使应计盈余管理的程度降低，而真实盈余管理主要是通过降价促销、扩大生产规模以降低单位产品成本以及对管理费用等进行操纵，相对于应计盈余管理较为隐蔽，且较难被管理当局发现，因而会成为管理者青睐的一种新的对利润进行管理的方式。因此，我们预期应计盈余管理和真实盈余管理的关系在 2007 年之后应该出现此消彼长的关系，即表现为显著的负相关关系。然而，大量的经验数据分析则表明，二者不仅存在着负相关关系，还存在着正相关关系，说明二者不仅存在着相互替代的关系，还具有相互补充的关系，这可能是为了实现不同的目的而进行的。这一结论虽然与国外学者的发现不一致，却和国内大多数学者的研究发现相一致。

本章证实了真实盈余管理现象也普遍存在于我国资本市场之中，虽然已有学者指出，真实盈余管理会给企业业绩带来负面影响，但是，他们只对当期的会计业绩进行了查考，忽略了其对现金流业绩的影响。因此，我们需进一步对上市公司普遍存在的真实盈余管理行为是否会对公司的长远业绩产生不利影响进行研究，而本章的研究结论为第四章提供了相应的经验证据。

第四章　真实盈余管理对企业业绩的效应检验

罗伊乔杜里（2006）、科恩等（2008）以及科恩和扎罗文（2010）的研究均已发现，相较应计盈余管理，真实盈余管理以公司实际的交易活动为基础，不但成本高，对公司未来现金流有负面影响，而且还会损害公司的长期经营业绩（蔡春等，2013；王福胜等，2014）。然而，就现有文献资料来看，关于盈余管理经济后果的研究主要围绕应计盈余管理展开，对真实盈余管理与企业业绩之间关系的研究少之又少。咖尼（2005）通过研究真实盈余管理对企业后三年经营绩效的影响发现，真实盈余管理对企业未来经营业绩有显著负面影响；李彬和张俊瑞（2009）以中国上市公司的费用操控为真实盈余管理视角，通过对比分析发现，费用操控公司后三年的经营业绩水平显著低于没有进行费用操控的公司，即说明上市公司利用费用操控利润是以牺牲公司未来的经营能力为代价的。但是，真实盈余管理并非只有费用操控一种方式，其他真实盈余管理的方式是否也同样会影响公司未来的经营业绩？与此同时，在中国这样一个新兴的资本市场上，是否适用西方国家的经验证据和理论？这些均为本实证研究需要解决的问题。为此，本章以中国上市公司为研究对象，以真实盈余管理的几种手段为研究视角，揭示真实盈余管理行为对中国上市公司的影响，以丰富真实盈余管理研究的理论和经验证据，并为进一步加强对公司真实盈余管理的治理，提高上市公司会计信息质量，以及完善我国资本市场提供经验证据和理论依据。

第一节 理论分析

巴顿和西姆科（2002）研究发现，应计盈余管理行为一般发生在会计期末至年报公告前，并受到公司经营现状及以前年度应计利润的限制。而外部监管部门需对公司年报进行审查，并对未真实披露公司信息的公司给予相应的处罚，但管理层也无法确保"管理"过的年报能顺利地通过审计人员的审计，因此，公司管理层在运用应计盈余管理时，存在着一定的风险和成本。此外，公认会计准则的不断完善，监管力度的不断加强，更进一步使得利用准则的技术判断进行应计盈余管理的风险和成本越来越大，空间越来越小，从而给真实盈余管理行为创造了条件，臧（2007）发现，当公司所面临的诉讼风险加大后，公司会更倾向于真实盈余管理。这是因为真实盈余管理手段较为隐秘，可以在任何时间进行，在不涉及会计处理问题的同时，也不受到审计人员的影响。真实盈余管理手段主要包括销售操控、费用操控和生产操控 3 种。罗伊乔杜里（2006）认为销售操控是公司有意地降低销售价格或放宽信用条件提高销售业绩，从而增加企业盈余；巴托夫（1993）和布希（Bushee，1998）发现费用操控是管理层通过降低（提高）研发费用、日常管理费用等增加（减少）盈余；赫尔曼等（Herrmann et al.，2003）指出，生产操控是管理层利用规模效应扩大生产，稀释单位产品所承担的固定成本，从而提高边际收益，增加盈余。除此之外，咖尼（2005）的研究表明，公司有意地变卖固定资产也可以增加当年的盈利，并认为变卖固定资产也是真实盈余管理的一种手段。可以说，这些次优决策和活动的调整都可能会损害公司的长远利益。

罗伊乔杜里（2006）发现，管理层为避免公司亏损，会选用偏离正常经营方式（包括销售活动、产品成本和费用操纵）的真实经营活动进行盈余管理，操纵利润。王等（Wang et al.，2006）和臧（2007）均认为，当会计准则的技术空间变小（高）时，管理层更（不）可能通过削减研发支出提高企业业绩，且当公司的诉讼风险加大后，管理层会从应计盈余管理转向真实盈余管理。埃德斯坦等（Edelstein et al.，2007）研究发现，公司在受股利支付约束的前提下，会通过真实盈余管理减少应税收入，满足股利支付的要求。此外，科恩等（2010）以股权再融资（SEOs）的公司作为研究对象，发现样本公司会同时采用应计盈余管理和真实盈余管理手段，达到既定的财务标准。国内学者也逐渐关注真实盈余管理在我国上市公司的情况，如刘启亮等（2011）发现，与国际财务报告准则趋同的现行会计准则实施以后，公司在增加使用应计盈余管理的同时，运用真实盈余管理调低了利润；李增福等（2011）以我国2007 年所得税改革为研究视角，研究发现，预期税率上升使公司更倾向于实施真实盈余管理，反之，公司则倾向于实施应计盈余管理；再如顾明润和田存志（2012）以 IPO 前的上市公司为研究样本发现，样本公司普遍存在应计盈余管理和真实盈余管理行为，且真实盈余管理活动对公司上市后的经营业绩产生的负面影响更大，尤其表现在异常费用方面的真实盈余管理。

　　虽然有关真实盈余管理的研究起步较晚，目前也已经取得了一定的成果。但是，不难发现，对于真实盈余管理的研究还主要集中在使用手段及形成原因等方面。此外，已有文献表明，应计盈余管理会产生不利于公司发展的经济后果，并主要集中在市场反应和随后业绩变化两个方面。如汉德等（Hand et al.，1990）以及弗朗西斯等（Francis et al.，2003）以资本市场反应为衡量标准，研究发现，外部投资者能准确辨认上市公司的盈余管理行为，并通过对上市公司的盈余管理程度（盈余平滑程度）予以定价，从而确定公司的最低风险报酬率（即公司股权融资成本）。再如，上市公司首次公开发行或再融资之前进行的盈余管理，虽能提高企业业绩以达到政策标准，但这只是暂时的，公司随后的业绩均出现下降趋势，也就是说，即使上市公司通过应计盈余管理手段调节盈余获得了融资机会，但却阻碍了市场对资源的有效配置。然而，扎罗文和奥斯瓦尔德（Zarowin & Oswald，2005）的研究结论已证实，真实盈余管理是以企业实际的交易活动为基础，操作成本高，不但对企业未来的现金流有负面效应，甚至会损害企业长期的经营绩效；咖尼（2005）发现，真实盈余管理对公司未来的业绩有负面影响；金等（Kim et al.，2009）研究发现，公司进行的真实盈余管理与应计盈余管理均加剧了外部投资者的信息不确定性，且真实盈余管理带来的不确定性比应计盈余管理更严重；此外，李彬和张俊瑞（2009）以我国上市公司费用操控方面的真实盈余管理为研究视角发现，上市公司利用费用操控利润是以牺牲公司未来的经营能力为代价的。可以说，市场对真实盈余管理会比对应计盈余管理要求更高的风险溢价。基于此，本章提出研究假设 H1。

H1：公司通过真实活动进行盈余管理会导致公司后期业绩的下降，包括会计业绩和现金流业绩的下降。

第二节　研究设计

依据前文中关于真实盈余管理约束机制的探讨，设立研究模型，并根据模型中的变量逐一定义并选择替代变量，为实证研究做准备。

一、研究方法

借鉴咖尼（2005）以及刘易斯（Louis，2004）的研究方法，本章也采用配对样本的方法分析真实盈余管理对未来业绩的影响。采用配对样本的目的是通过对比上市公司当期业绩表现和可预期的业绩状况检验真实盈余管理行为是否给公司带来了业绩的变化，从而根据样本与配对样本之间的业绩差异，有效地分离出真实盈余管理对企业未来业绩的影响。也就是说，在找到一组真实盈余管理水平类似的公司的前提下，再对两组样本之间的业绩进行比较，若存在差异，我们则可以将其归因为真实盈余管理行为的影响。

因此，本章在参考咖尼（2005）匹配过程所考虑因素的基础上，选用我国上市公司的数据进行样本匹配。其中，样本公司匹配标准为：

（1）配对样本公司必须是同年的公司；（2）配对样本公司处于相同的行业[1]；（3）配对样本公司处在相同的异常应计五分位；（4）将样本公司中当期总资产收益率处于 ±10% 之间的样本定义为进行了真实盈余管理的公司。

二、研究变量与模型

在建立上市公司真实盈余管理与企业业绩关系的模型时，企业的业绩被设定为被解释变量，各真实盈余管理代理变量被设定为解释变量，此外，为稳健考虑，本章还设定了相关的控制变量。

（一）被解释变量

企业业绩可以从两个方面进行衡量：一是会计业绩；二是现金流业绩。但是，本章并没有直接将总资产收益率和总资产经营现金净流量作为计量标准，而是通过将研究样本与配对样本间存在的差异性衡量企业的业绩情况，即异常总资产收益率和异常总资产经营现金净流量。

（二）解释变量

真实盈余管理程度的代理变量是本章的解释变量，包括异常现金流量、可操控性费用、异常产品成本和综合变量。

（三）控制变量

此外，可能还存在一些可以对真实盈余管理行为产生影响的控制变量，综合已有研究成果，本章设置了企业规模、公司成长性[2]、应计盈余管理，以及年度和行业等控制变量，以控制微观和宏观方面的影响。

---

① 除制造业以二级代码为分类标准外，其余行业均以一级代码为分类标准。

② Q =（样本企业流通股期末股票收盘价 + 非流通股总数（或限售股份）期末每股净资产 + 期末样本企业流动负债账面价值 + 期末样本企业长期负债账面价值）/样本企业期末资产总额的账面价值。

各变量的具体定义和说明见表4-1。

表4-1 各变量的定义和说明

	变量符号	变量名称及内涵
被解释变量	Droa	异常总资产收益率，即研究样本与配对样本在 Roa 上的差异总资产收益率；其中，Roa 表示总资产收益率，以净利润与期末总资产的比值确定，表示会计业绩的变化
	Dcfoa	异常总资产经营现金净流量，即研究样本与配对样本在 Cfoa 上的差异总资产收益率；其中，Cfoa 表示总资产收益率，以总资产经营现金净流量，经营现金净流量与期末总资产的比值确定，表示现金流业绩的变化
解释变量	RDEP	真实盈余管理程度，包括异常现金流量（R_CFO）、可操控性费用（R_DISEXP）、异常产品成本（R_PROD）和总体变量（RM）
控制变量	Size	企业规模，以年末总资产为基础，取自然对数计算确定
	Lev	负债比率，用以控制研究样本因承担到期还本付息的压力而进行真实盈余管理的动机，以一年内到期的长期负债以及长期负债之和与期末资产总额的比率计算确定
	Tobins' Q	公司成长性，用以控制研究样本因成长性差异对回归分析结果的影响
	Nos. rank	行业调整后的净资产与营业收入比值的五分位数
	Roe	净资产报酬率，即业绩表现，以净利润占净资产的比率表示
	DA	应计盈余管理，用以控制研究样本因应计盈余管理的使用而对真实盈余管理产生的影响
	Year	年度哑变量，按照样本涉及年份 N，设立 $N-1$ 个虚拟变量
	Industry	行业哑变量，按照证监会的分类，除 C（制造业）按二级分类，其余按一级分类，共设21个虚拟变量

（四）研究模型

在参考咖尼（2005）和莱格特（Leggett，2009）研究模型的基础上，结合本章的需要，建立如下回归模型：

$$Drc_{it} = \beta_0 + \beta_1 RDEP_{it} + \beta_2 Tobins'Q_{it} + \beta_3 Nos.\ rank_{it} + \beta_4 DA_{it}$$
$$+ \beta_5 Control_{it} + \varepsilon_{it} \tag{4.1}$$

在式（4.1）中，Drc 为被解释变量，分别表示 $Droa$ 和 $Dfcoa$，其中，$Droa$ 表示会计业绩的变化，$Dfcoa$ 表示现金流业绩的变化；$RDEP$ 为解释变量，表示真实盈余管理，包括异常现金流量（R_CFO）、可操控性费用（R_DISEXP）、异常产品成本（R_PROD）和总体变量（RM）；$Control$ 表示一系列控制变量，其中包括企业规模效益（$Size$）、负债比率（Lev）、业绩表现（Roe）、年份（$Year$）、行业因素（$Industry$）；ε_{it} 为残差项。

第三节　样本选取与描述性统计

一、数据筛选

本章选用 2007～2015 年沪深 A 股上市公司作为研究样本。样本公司的财务数据均来自国泰安 $CSMAR$ 数据库和上市公司年报的手工搜集，数据均由 $Stata$ 13.0 处理完成。在剔除金融行业、财务数据缺失值及异常值样本的基础上，对样本按照前文的标准进行配对后，共获得样本数 4490 个[①]，样本的具体分布如表 4－2 所示。从表 4－2 可见，符合研究条件，即：能寻找到配对样本且有滞后一年期 Roa 和 $Cfoa$ 值（$Droa_1$ 和 $Dcfoa_1$）的样本公司有 2011 个；能寻找到配对样本且有滞后两年期 Roa 和 $Cfoa$ 值（$Droa_2$ 和 $Dcfoa_2$）的样本公司有 1445 个；能寻找到

---

① 样本总计数与各滞后期间样本数之和不等，是因为各滞后期间样本之间有重叠的原因。

配对样本且有滞后三年期 Roa 和 $Cfoa$ 值（$Droa_3$ 和 $Dcfoa_3$）的样本公司有 1034 个，共计样本数 4490 个。从上述数据可以看出，滞后期限越长，样本数量越少，这可能是由数据缺失以及某些上市公司行业属性的变迁等原因导致。

表 4 - 2　　　　　　　按研究设计筛选研究样本的会计期间分布

会计期间	2007	2008	2009	2010	2011	2012	2013	2014	2015	合计
滞后一期	175	165	184	191	204	235	257	289	311	2011
滞后二期	137	164	165	167	183	191	203	235	—	1445
滞后三期	128	135	137	145	154	160	175	—	—	1034

二、描述性统计

基于获得的总样本数据，我们再对其进行描述性统计，以进一步查看和分析样本数据的分布情况，研究数据的描述性统计分析如表 4 - 3 所示。表 4 - 3 中，滞后三期的 $Droa$，即 $Droa_1$、$Droa_2$ 和 $Droa_3$ 的均值和中位数均小于 0，说明样本公司滞后期的平均净利润要低于配对样本，也可初步证明真实盈余管理活动会造成样本公司业绩下滑。各期 $Dcfoa$ 的均值和中位数不全小于零，只有 $Dcfoa_1$ 和 $Dcfoa_2$ 的中位数，以及 $Dcfoa_1$ 的均值小于 0，意味着我国上市公司真实盈余管理活动可能主要通过操控异常现金流实现盈余管理的目的，在这种情形下，真实盈余管理程度越高，则表示异常现金流越低，留给滞后期间的现金流将增加，反之，样本公司滞后期的经营净现金流将高于配对样本。RM 和 DA 的均值与中位数均大于 0，意味着上市公司还是存在整体向上的盈余管理情况，即调增利润。此外，从表 4 - 3 中还可以看出，各研究变量分布均匀，符合多元统计分析要求的数据结构。

表4-3　　　　　　研究样本公司数据的描述性统计分析

	N	25%	Median	75%	Mean	Min	Max	SD
$Droa_1$	2011	-0.0494	-0.0193	0.0134	-0.0221	-1.2828	1.9773	0.2934
$Droa_2$	1445	-0.0203	-0.0293	0.0210	-0.0329	-1.3821	1.2813	0.2094
$Droa_3$	1034	-0.0502	-0.0062	0.0292	-0.0192	-1.0374	1.6523	0.2549
$Dcfoa_1$	2011	-0.0530	-0.0022	0.0520	-0.0062	-0.6224	0.6542	0.1349
$Dcfoa_2$	1445	-0.0620	-0.0010	0.0611	0.0034	-0.4542	0.6523	0.1275
$Dcfoa_3$	1034	-0.0529	0.0023	0.0792	0.0072	-0.2934	0.7523	0.1393

注：研究数据均进行了 Winsize 的 1% 的处理，使得数据分布均匀，剔除极端值对实证结果检验的影响。

第四节　检验结果与分析

一、主要变量的相关性检验

为了初步检验被解释变量与各解释变量之间的关系，首先对各滞后业绩指标和各代表真实盈余管理指标进行相关性检验，检验结果如表4-4所示。

从表4-4中可见，各期 $Dcfoa$ 与 RM 之间的相关系数显著为负，各期 $Droa$ 与 RM 之间的相关系数部分显著为负，而各期 $Droa$ 和 $Dcfoa$ 与 R_CFO 之间的相关系数均为正且显著，各期 $Droa$ 和 $Dcfoa$ 与 R_PROD 之间的相关系数部分显著为负，各期 $Droa$ 和 $Dcfoa$ 与 R_DISEXP 之间的相关系数符号不一致，即正值、负值均存在。这一方面表明真实盈余管理对公司业绩存在着一定的影响；另一方面表明，进行真实盈余管理公司的滞后业绩要比没有进行真实盈余管理公司的滞后业绩差，但这种表现又在各具体真实盈余管理方式中存在着差异，因此，需进行进一步的实证检验分析。

表 4 - 4　　主要变量的相关系数分析

	$Dcfoa_1$	$Dcfoa_2$	$Dcfoa_3$	$Droa_1$	$Droa_2$	$Droa_3$	RM	R_CFO	R_PROD	R_DISEXP
$Dcfoa_1$	1 (0.0000)									
$Dcfoa_2$	0.213 *** (0.0000)	1 (0.0000)								
$Dcfoa_3$	0.324 *** (0.0000)	0.383 *** (0.0000)	1							
$Droa_1$	0.408 (0.0000)	0.027 (0.2424)	-0.312 (0.2193)	1						
$Droa_2$	0.425 *** (0.0000)	0.344 *** (0.0000)	0.302 ** (0.0322)	0.198 *** (0.0000)	1					
$Droa_3$	0.092 *** (0.0000)	0.335 *** (0.0000)	0.203 ** (0.0231)	-0.392 (0.1992)	0.421 *** (0.0000)	1				
RM	-0.302 *** (0.0000)	-0.163 ** (0.0132)	-0.234 ** (0.0134)	-0.283 (0.1923)	-0.523 *** (0.0000)	-0.272 * (0.0682)	1			
R_CFO	0.402 *** (0.0000)	0.052 * (0.0239)	0.283 * (0.0623)	0.302 *** (0.0000)	0.132 *** (0.0000)	0.052 * (0.0521)	-0.253 *** (0.0000)	1		
R_PROD	-0.101 *** (0.0000)	-0.340 (0.4342)	-0.234 *** (0.0000)	-0.875 (0.1923)	-0.528 (0.1729)	-0.214 (0.3723)	0.424 *** (0.0000)	-0.403 *** (0.0000)	1	
R_DISEXP	0.028 * (0.0503)	0.312 *** (0.0000)	0.324 *** (0.0000)	-0.192 * (0.0762)	0.284 (0.2129)	0.072 ** (0.0123)	-0.482 *** (0.0000)	0.474 (0.1294)	-0.399 *** (0.0000)	1

注：括号内为系数的双尾检验 p 值：*** 表示 $p < 0.01$，** 表示 $p < 0.05$，* 表示 $p < 0.1$。

二、真实盈余管理对企业业绩影响的实证检验

为进一步分析真实盈余管理对公司业绩的影响，根据本章筛选出的研究样本，并以各期异常总资产收益率为因变量，进行多元回归检验，结果如表 4 – 5 所示。在表 4 – 5 中，在滞后一期或两期的情形下，变量 RM 的系数显著为负，这表明在滞后一至两期内，进行真实盈余管理的样本公司的净利润要明显低于配对样本公司，即没有进行真实盈余管理的公司；也意味着公司进行真实盈余管理后，其净利润会出现"滑坡"，且这种现象确实是由真实盈余管理导致的，此外，净利润"滑坡"的程度会随着向上盈余管理程度的加大而加剧。然而，在滞后三期时，RM 的系数依然为负，但不显著，说明上述"滑坡"现象的效果仅影响前两期。

前文已述，公司可通过 3 种具体的方式进行真实盈余管理。因此，本章再将 3 种具体的真实盈余管理方式作为自变量进行回归分析。从表 4 – 5中可发现，R_CFO 与各期 $Droa$ 之间均存在显著的正相关关系，即异常现金流越高，异常的总资产收益率也越高。这表明，在滞后期内，相对于未实行净利润盈余管理的公司来说，公司通过操纵异常现金流进行调增利润的幅度越大，其总资产收益率就越低，也就是说，公司采用异常现金流的真实盈余管理方式，也同样会导致公司净利润的"滑坡"，"滑坡"程度会随着真实盈余管理幅度的加大而加剧，且该种"滑坡"的影响效果至少会存在三年。但是，异常生产成本及异常费用对各期 $Droa$ 的影响并不显著，这只能说明以上两种真实盈余管理手段对公司净利润造成"滑坡"的影响并不显著，并不能表明两种真实盈余管理对公司后期业绩的影响不存在，因为业绩的另外一种表现形式为现金流，因此，我们尚需做进一步分析。

基于此，本章将式（4.1）中的因变量换为各期异常经营净流量 $Dcfoa$，自变量依然为真实盈余管理的代理变量，重新进行回归检验，结果如表 4 – 6 所示。

从表 4 – 6 可见，RM 与各期 $Dcfoa$ 的相关系数显著为负，这表明，进行真实盈余管理的样本公司在随后三年期间内的经营现金净流量明显低于配对样本公司，也就是说，公司经营现金净流量会因其进行真实盈余管理而出现"滑坡"，且影响效果至少会存续三年。而向上盈余幅度越高，经营现金净流量"滑坡"程度也就越大。

从表 4 – 6 中还可看出，在将真实盈余管理拆分为 3 种具体方式后，首先，R_CFO 与各期 $Dcfoa$ 之间均存在正相关关系，但只在前两期内显著，说明公司运用异常现金流的真实盈余管理方式后，也会导致公司经营现金净流量的"滑坡"，且"滑坡"现象会随着异常现金流幅度的加大而加剧，但影响效果仅体现在前两年；其次，在滞后一期的情形下，R_PROD 与 $Dcfoa_1$ 的相关系数显著为负，即异常生产成本越高，异常经营现金净流量也越低，这表明，相对于未通过真实盈余管理操纵利润的公司而言，公司通过异常生产成本向上盈余的幅度越高，公司后一年内的经营现金净流量就越低，亦说明公司运用异常生产成本的真实盈余管理后，也同样会造成公司净利润的"滑坡"，且"滑坡"程度会随着异常生产成本幅度的加大而加剧，但是，在滞后两期和三期的情形下，R_PROD 与 $Dcfoa_2$ 以及 $Dcfoa_3$ 的相关系数均不显著，说明不存在"滑坡"这种现象；最后，在滞后两期和三期的情形下，R_DISEXP 与 $Dcfoa_2$ 以及 $Dcfoa_3$ 的相关系数为正且显著，即异常费用越高，异常经营现金净流量也越高，这表明，相对于未通过真实盈余管理操纵利润的公司而言，公司通过异常费用向上盈余的幅度越高，公司在其后两年及三年期的经营现金净流量就越低，也就是说，公司运用异常费用的真实盈余管理方式会导致公司净利润的"滑坡"，且"滑坡"程度会随着异常生产成本幅度的加大而加剧。然而，在滞后一期的情形下，即当因变量为 $Dcfoa_1$ 时，R_DISEXP 的系数为正，但不显著，说明不存在"滑坡"这种现象。

表4—5　真实盈余管理对异常总资产收益率的影响分析

	$Droa_1$	$Droa_1$	$Droa_2$	$Droa_2$	$Droa_3$	$Droa_3$
Constant	-0.013 (0.6213)	-0.039 (0.3405)	0.0744 (0.228)	0.0234 (0.1345)	-0.344** (0.0421)	-0.148*** (0.0001)
RM	-0.304* (0.0682)		-0.064* (0.0223)		-0.029 (0.8342)	
R_CFO		0.252*** (0.0001)		0.834** (0.0482)		0.124** (0.0224)
R_PROD		-0.020 (0.321)		-0.024 (0.3214)		0.215 (0.1324)
R_DISEXP		-0.172 (0.3130)		0.053 (0.1424)		-0.024 (0.3045)
Tobins'Q	0.031 (0.4903)	0.013 (0.2125)	0.098 (0.5221)	0.074 (0.8734)	0.508 (0.8734)	0.059 (0.4201)
Nos. rank	0.011 (1.2933)	0.010 (1.3923)	0.021 (1.3923)	0.285 (1.2351)	0.093** (0.1295)	0.053* (0.0983)
DA	0.082 (0.5243)	0.031 (0.382)	-0.073 (-1.2943)	-0.074 (0.1024)	0.064 (0.9011)	0.064 (0.1234)
Size	-0.010 (0.3954)	-0.023 (0.2345)	-0.007 (-0.234)	-0.039 (0.2351)	0.024* (0.0763)	0.384 (0.3422)
Lev	0.063* (0.0692)	0.073* (1.8374)	0.116*** (0.0000)	0.152** (0.0347)	0.201*** (0.0000)	0.246*** (0.0002)
Roe	0.047 (1.2493)	0.079 (1.1330)	0.025** (0.0204)	0.045* (0.0134)	-0.078* (0.0756)	-0.013** (0.0132)
Year	控制	控制	控制	控制	控制	控制
Industry	控制	控制	控制	控制	控制	控制
Obs	2011	2011	1445	1445	1034	1034
Adj. R^2	0.029	0.033	0.048	0.034	0.073	0.054

注：（1）括号内为系数的单尾检验 p 值：*** 表示 $p<0.01$，** 表示 $p<0.05$，* 表示 $p<0.1$；（2）回归过程中均有测算膨胀因子 VIFs，未发现严重的共线问题。

表4-6　　　　　　真实盈余管理对异常经营净现金流的影响分析

	$Dcfoa_1$	$Dcfoa_1$	$Dcfoa_2$	$Dcfoa_2$	$Dcfoa_3$	$Dcfoa_3$
Constant	0.165 (0.2834)	0.211 (0.343)	0.337 *** (0.000)	0.434 *** (0.0000)	0.306 (0.8762)	0.252 (0.8734)
RM	-0.173 *** (0.0000)		-0.054 ** (0.0342)		-0.225 *** (0.0000)	
R_CFO		0.532 *** (0.0000)		0.236 ** (0.0324)		0.042 (0.7634)
R_PROD		-0.223 ** (0.7534)		0.342 (0.8633)		-0.065 (0.5062)
R_DISEXP		0.1023 (0.9732)		0.5023 *** (0.0000)		0.3533 ** (0.0329)
Tobins' Q	-0.042 (0.220)	-0.073 (0.3234)	-0.053 (0.4334)	-0.363 (0.2345)	-0.011 (0.5832)	-0.0102 (0.7634)
Nos. rank	-0.092 * (0.090)	-0.304 * (0.0653)	-0.032 (-0.763)	-0.015 (0.321)	-0.062 (0.7642)	-0.026 (0.7634)
DA	0.030 * (0.602)	0.024 * (0.0834)	0.0503 (0.4234)	0.043 * (0.0522)	0.057 (0.2113)	0.017 (0.213)
Size	-0.062 (0.2187)	-0.076 (0.987)	-0.031 * (0.742)	-0.217 ** (0.0221)	-0.0201 (0.4823)	-0.027 (0.8734)
Lev	-0.0321 (0.8632)	-0.0324 (0.248)	-0.0084 (0.836)	-0.043 (0.6343)	-0.039 (0.1221)	-0.021 (0.7143)
Roe	0.424 (0.7643)	0.038 (0.8734)	0.0233 (1.392)	0.102 (0.7634)	-0.0596 (0.6534)	-0.025 (0.6652)
Year	控制	控制	控制	控制	控制	控制
Industry	控制	控制	控制	控制	控制	控制
Obs	2011	2011	1445	1445	1034	1034
Adj. R^2	0.046	0.052	0.033	0.042	0.031	0.030

注：（1）括号内为系数的单尾检验 p 值：*** 表示 $p < 0.01$，** 表示 $p < 0.05$，* 表示 $p < 0.1$；（2）回归过程中均有观测膨胀因子 VIFs，未发现严重的共线问题。

综合表4-5和表4-6来看，公司现金流业绩"滑坡"的期限要长于会计业绩，通过真实盈余管理进行的向上盈余管理，不但可以增加本期盈余，而且还会增加本期的现金流，而在滞后期盈余的"转回"比现金流的"转回"来得更为容易①，这表明真实盈余管理对现金流的影响更为深远。就各种真实盈余管理手段具体来说，异常现金流对会计业绩与现金流业绩的影响最为显著，而异常现金流主要是指通过折扣与销售折让等方式促销产品，从而达到提高业绩的目的，即意味着无论从收入的角度，还是从现金流的角度来说，对于购买者的让利均已发生，而这些让利势必需要从后期的收入和现金流中予以填补，也就是说，异常现金流方面的真实盈余管理对企业后期会计业绩与现金流业绩的影响是不可避免的。而异常生产成本和异常费用对会计业绩的影响不显著，但对现金流业绩影响显著，这可能是因为异常生产成本主要通过降低固定成本实现盈余管理，然而，固定资产需计提折旧，且折旧期限较长，由于固定资产摊销不足的效果仅反映在公司再投资时，因而导致异常生产成本方面真实盈余管理对于会计业绩影响不显著，对现金流业绩影响显著。最后，就异常费用而言，研发费用在研发成功时是可以将其资本化的，即公司本期费用的异常降低会增加本期利润，然而，待后期费用恢复正常时，公司又可将其全部资本化，因此，异常费用方面的真实盈余管理并不一定会影响到公司后期的利润，由于现金流的流出并不会因为资本化而消失，因而对现金流的影响将客观存在，难以改变。

第五节　稳健性检验

参考李彬等（2009）的变量设计，本章还将控制变量中的净资产收益率 Roe 更换为总资产收益率 Roa，资产负债率 Lev 更换为流动比率 Ld-bl，进行敏感性测试，检验结果如表 4-7 和表 4-8 所示。检验结果与本章结论保持一致，再次说明本章的研究发现具有较好的稳健性。

---

① "转回"意味着，当公司本期进行向上的盈余管理时，可能会在以后的某期进行向下的盈余管理，这样，从长期看，盈余的总额才是相等的。当然，盈余还可以通过应计盈余管理予以"转回"。

表 4-7 更换 *Roe* 为 *Roa* 的检验结果

	$Droa_1$	$Droa_2$	$Droa_3$	$Dcfoa_1$	$Dcfoa_2$	$Dcfoa_3$
Constant	0.136 (0.876)	0.033 (0.2832)	-0.213* (0.0320)	0.298 (0.7634)	0.630*** (0.0000)	0.331 (0.7302)
RM	-0.522* (0.0752)	-0.052* (0.0892)	-0.065 (0.1172)	-0.402*** (0.0000)	-0.105** (0.0313)	-0.135*** (0.0000)
Tobins' Q	0.056 (0.766)	0.028 (0.6823)	0.0423 (0.8233)	-0.023 (0.6334)	-0.0234 (0.3944)	-0.027 (0.8734)
Nos. rank	0.012 (0.7653)	0.012 (0.8734)	0.0237 (0.6534)	-0.021* (0.0562)	-0.0170 (0.7634)	-0.017 (0.7634)
DA	-0.023 (0.3722)	-0.065 (0.7622)	0.034 (0.3742)	0.065 (0.5439)	0.108 (0.7653)	0.022 (0.5522)
Size	-0.012 (0.8734)	-0.074 (0.7633)	0.138 (0.6542)	-0.024 (0.7834)	-0.0348* (0.0653)	-0.083* (0.0765)
Lev	0.183*** (0.0000)	0.320*** (0.0000)	0.317*** (0.0000)	-0.063 (0.8734)	0.010 (0.7632)	-0.032 (-0.470)
Roa	0.352*** (0.0000)	0.152 (0.7632)	0.376 (0.9737)	0.412** (0.0500)	0.056 (0.7324)	0.323 (0.2632)
Year	控制	控制	控制	控制	控制	控制
Industry	控制	控制	控制	控制	控制	控制
Robust	—	—	—	—	—	—
Obs	2011	1445	1034	2011	1445	1034
Adj. R^2	0.065	0.057	0.040	0.029	0.031	0.027

注：（1）括号内为系数的单尾检验 p 值：*** 表示 $p < 0.01$，** 表示 $p < 0.05$，* 表示 $p < 0.1$；（2）回归过程中均有观测膨胀因子 *VIFs*，未发现严重的共线问题。

表 4 - 8　　　　　　　　　更换 *Lev* 为 *Ldbl* 的检验结果

	$Droa_1$	$Droa_2$	$Droa_3$	$Dcfoa_1$	$Dcfoa_2$	$Dcfoa_3$
Constant	0.184 (0.6334)	0.031 (0.7634)	-0.423 (0.1239)	0.301 (0.7632)	0.241 *** (0.0000)	0.328 (0.3002)
RM	-0.074 (0.2632)	-0.074 (0.4634)	-0.014 (0.7621)	-0.132 *** (0.0000)	-0.244 ** (0.0250)	-0.2012 *** (0.0000)
Tobins' Q	0.020 (0.6312)	0.542 (0.8763)	0.024 (0.8731)	-0.053 (0.3201)	-0.0217 * (0.0514)	-0.086 (0.8742)
Nos. rank	0.0062 (0.5398)	0.014 (0.763)	0.652 (0.8752)	-0.052 (0.8763)	-0.028 (-0.6123)	0.082 (0.6584)
DA	-0.024 (0.6521)	-0.024 (0.7390)	0.029 (0.6527)	0.062 (0.7632)	0.030 (0.9824)	0.078 (0.9832)
Size	-0.024 (0.6342)	0.004 (0.302)	0.042 (0.6523)	-0.103 * (0.0483)	-0.032 * (0.0721)	-0.034 * (0.0812)
Ldbl	-0.075 ** (0.057)	-0.030 * (0.0652)	-0.070 (0.4178)	-0.062 (0.2318)	0.0213 (0.5334)	-0.023 (0.1734)
Roa	0.440 *** (0.0000)	0.023 (0.7650)	0.062 (0.9082)	0.124 ** (0.0230)	0.034 (0.8732)	0.172 (0.7093)
Year	控制	控制	控制	控制	控制	控制
Industry	控制	控制	控制	控制	控制	控制
Obs	2011	1445	1034	2011	1445	1034
Adj. R^2	0.034	0.032	0.026	0.033	0.026	0.031

注：（1）括号内为系数的单尾检验 p 值：*** 表示 $p < 0.01$，** 表示 $p < 0.05$，* 表示 $p < 0.1$；
（2）回归过程中均有观测膨胀因子 *VIFs*，未发现严重的共线问题。

本章小结

本章以我国 2007～2015 年沪深 A 股上市公司为研究样本，采用配对样本的方法检验真实盈余管理对我国上市公司未来业绩的影响，即是否会损害公司的长期业绩，主要的研究发现可归结如下。

第一，在滞后一至两期内，进行真实盈余管理的样本公司的净利润要明显低于没有进行真实盈余管理的公司，也就是说，虽然公司可以通过真实盈余管理调整当期的业绩，但在随后的一至两年中，其会计业绩会出现"滑坡"。具体来看，异常现金流对会计业绩的影响最为显著，而异常生产成本和异常费用对会计业绩的影响却不显著。

第二，在滞后一至三期内，公司的经营现金净流量会因其进行的真实盈余管理下降，不仅说明公司的现金流业绩也会出现"滑坡"的现象，还表明现金流业绩"滑坡"的期限要长于会计业绩，即真实盈余管理对于现金流的影响更为深远。具体到各盈余管理手段来说，异常现金流对现金流业绩的影响最为显著，异常生产成本和异常费用对现金流业绩影响也较为显著。

第三，为稳健考虑，本章在更换了两个主要的控制变量后发现，二者均得出较一致的结论，说明本章的研究结果具有较好的稳健性。即真实盈余管理会造成公司会计业绩和现金流业绩的同时下滑。

上述研究结论既说明真实盈余管理在中国这样特殊的资本市场中存在，又表明其存在会导致企业业绩的下滑，这一发现与西方资本市场的结论相一致。这不但丰富了关于真实盈余管理的研究文献，还为进一步加强对真实盈余管理治理，提高上市公司会计信息质量，完善我国资本市场提供了经验证据和理论依据。

第五章 公司治理对真实盈余管理的动因检验

自伯利和米恩斯（Berle & Means）在 1932 年提出的以所有权和控制权分离成为现代企业制度的特征以来，便引起了众多学者对企业契约性质以及由此产生的委托代理问题的关注，即由于机会主义动机的存在，公司代理人会偏离股东财富最大化的目标，转而追求个人利益最大化。为了消除代理人追求自利目标的行为，一系列公司治理机制被引入企业中，并在对代理人进行约束以及激励代理人更好地为股东利益服务等方面起到了一定的积极作用。大量的文献表明，国内外学者很早开始关注公司治理机制是否会对应计盈余管理行为具有制约作用，对上市公司治理机制的有效安排可以明显降低应计盈余管理的程度已被大量实证研究所证实。那么，真实盈余管理行为是否也会因完善的公司治理机制而受到一定的抑制和约束①？本章即围绕这一主旨进行检验和分析。

第一节 问题的提出

所有权和经营权在现代企业中的分离、经理人努力程度的不可观察性以及契约的不完备性是委托代理问题产生的前提，代理人有可能依靠其信息优势，做出有利于自身利益却损害所有者利益和企业价值的逆向选择（adverse selection），这主要是因为委托人和代理人之间不仅存在着

---

① 需要说明的是，公司治理机制的设置并不是为了消除盈余管理行为，因而其对盈余管理的抑制和约束作用是间接性的，即间接地体现在对代理人进行有效激励和约束的过程中。

利益冲突，在企业盈余信息的需求方面也存在着不对称性，例如，管理层的机会主义行为会因契约的不完备性、信息的不对称性以及股东与管理层目标利益的不一致性等程度的上升而加大，并通过对公司的盈余进行操纵而最大化自身利益，这一行为不仅会误导企业利益相关者对企业业绩及未来发展的理解，还可能会误导投资者做出错误的投资决策，进而产生所有者与管理者间的利益冲突，加剧大股东和中小股东间的矛盾。那么，在经营者的道德风险（moral hazard）如何得以降低，代理人的逆向选择行为如何得以减少，以及投资者的利益该如何得到保护等问题上，公司治理机制是一种被公认的行之有效的方法。

如果将企业看作是由各利益相关者签订的一组契约构成，各利益相关者通过对控制权的分配形成彼此间牵制，并通过对剩余权力的索取实现自身利益的话，公司治理结构就是一种如何体现企业剩余索取权和控制权的制度性安排，通过这种制度性安排，协调和制约委托方和代理方的目标和利益，有效地激励和制约代理者的行为，制约代理者的机会主义行为，降低其道德风险，实现各方利益相关者间的制衡，使得代理方能最大限度地保护委托方的利益，解决信息不对称和目标利益冲突问题，并最终实现公司价值最大化的目标（张维迎，1999）。在公司治理框架下，股权结构安排、董事会机构的独立性、监事会机构的独立性以及管理当局权利与义务分配均包括在内，只有在实现公司价值最大化目标的前提下，才会实现管理者自身利益的最大化，这是因为公司管理层的自身利益已紧密地与公司利益结合在一起。因此，高管的行为方式和经营动机以及危害公司价值的盈余管理行为均会受到公司治理机制的影响。

一般情况下，可将公司治理结构划分为以下四个方面：第一，股权结构的安排。公司的股权结构会对盈余管理行为产生影响，这一观点已经被理论与实证研究所证实。股权集中度、股权制衡度、机构投资者持有比例以及上市公司的所有权性质通常作为公司股权结构的代理变量，因为它们几乎囊括了股权结构安排所包含的信息。第二，董事会特征。董事会受托于股东大会，执行股东大会的各项决议，是公司治理的核心部分，是两权分离的企业或组织中进行监督与控制决策的最优机构。法玛和詹森（Fama & Jensen，1983）指出，董事会机构设置的有效与否会对管理层的盈余管理程度产生影响，是保护投资者利益的重要机构之一。而独立董事比例、董事会规模（董事会人数）、董事会会议次数以及董事长与总经理权利配置四个方面均从不同方面对董事会特征进行衡量。第三，监事会特征。与董事会一样，监事会也同样对股东大会负责，其主要职责是监督与建议。具体而言，包括全面监督公司的生产经营情况、公司各种战略计划制定及实施情况，跟踪公司的业务发展情况，公司管理人员的努力程度，以及审计公司的财务状况等，并对领导的任免提供建议。监事会会议次数和监事会规模是衡量监事会特征的两个主要代理变量。第四，管理层激励。高管薪酬激励机制是现代公司治理制度安排中重要的组成部分，这是因为管理层可能为实现薪酬契约的最大化进行盈余管理，而完备的薪酬激励契约可以约束并激励管理者，避免其为了个人私利对股东的利益造成损害，并以最大化全体股东利益为目标而努力工作的行为。高管薪酬和高管持股比例是衡量管理层激励的两个主要代理变量。

基于上述分析，本章主要的研究目的在于，在中国当前资本市场的现实情况大背景下，考察真实盈余管理与公司治理之间的关系，即公司治理机制是否会影响真实盈余管理行为，以实证数据的形式为中国当前真实盈余管理行为与上市公司治理机制的关系提供科学的认识和理解。

在研究样本选取方面，以第三章确定的 2007～2015 年的 12676 个有效样本作为本章的实证研究样本，数据均来源于 *CCER* 数据库和 *CSMAR* 数据库。在实证研究方法选择方面，以第三章中计算得到的 *R_CFO*、*R_PROD*、*R_DISEXP* 以及 *RM* 等真实盈余管理程度的代理变量为被解释变量，分别以公司治理机制各代理变量为解释变量，公司治理机制对真实盈余管理的影响表现通过多元回归进行分析检验。

第二节 理论分析

现代公司理论认为，公司治理机制①是一种制度性安排，是一种当公司内部人与外部投资者之间或者内部人之间发生利益冲突时的缓解及协调机制。因此，公司治理的有效安排对管理层的一些行为产生影响，如真实盈余管理。鉴于公司治理可以从股权结构、董事会特征、监事会特征和高管薪酬激励这四个方面进行衡量。下文在进行公司治理与真实盈余管理的关系的理论分析以及假设的提出时，将分别从各方面进行阐述。

第一，股权结构可以对真实盈余管理产生影响。这是因为股权结构影响了公司内部权力分布，进而影响公司治理的效率。从股权结构的构成来看，可以将其分解为制衡性、集中性和股权性质，具体如图 5 - 1 所示。下文将从各个方面进行分析。

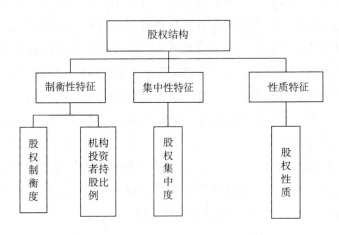

图 5 - 1 股权结构特征

---

① 公司治理实质是公司权力安排和利益分配问题，在核心法律、法规、惯例的框架下，设计一套关于公司权力安排、责任分工和约束机制以保护以股东为主体的利益相关者的利益（李维安，2001）。

在股权结构较为集中的公司中，控股股东通常凭借其实际控制权，以合法或法庭很难获取证据的方式谋取私人利益，而中小股东们对代理人能力的监督往往会出于成本效益原则的考虑而采取"搭便车"的方式，中小股东的利益便在无形中受到了侵害。拉·波特等（La Porta et al.，1998；2000）指出，控股股东和中小股东之间经常存在严重的利益冲突，控股股东在追求自身利益时可能会以牺牲小股东的利益为代价。因而，经理人与股东之间的代理问题是股权集中度较高公司中最基本的代理问题。但是，就我国上市公司而言，一股独大的现象非常严重，因此，与伯利和米恩斯（Berle & Means，1932）描述的股权分散条件下股东与经理间的代理问题不同，我国上市公司中的代理问题主要表现为控股股东与中小股东的利益冲突。那么，股权集中度越高，公司发生盈余管理行为的可能性越大。也就是说，在大股东控制力过强的公司，更容易导致控股股东与管理层相互串通，共谋私利，侵害其他中小股东利益，产生控股股东出于自身利益并利用超强控制力影响公司会计信息质量的消极作用。基于此，本章提出假设 H1 – a。

H1 – a：股权集中度与真实盈余管理程度之间呈正相关关系。

"隧道挖掘"[①] 现象普遍存在于我国资本市场上，大股东通常会采用不易被发现的盈余管理方式转移公司的资产，达到粉饰经营业绩的目的，如真实盈余管理方式，因其隐秘性好，不容易被察觉，尤其在内外监管环境逐渐透明化的今天，已然成为大股东首选的盈余管理方式，这些行为对中小股东的利益造成了严重侵害，只有对控股股东的行为加以约束，使其他股东可以对其行为加以限制和监督，才能抑制大股东的掏空行为。虽然第一大股东在公司中处于支配性地位，但是其他中小股东有时会放弃"搭便车"的选择以保护自身利益，尤其是当第二大股东的持股比例足够高时，可能联合起来形成攻守同盟，形成股权制衡。虽然一些学者

---

① 隧道挖掘（tunneling），是约翰逊（Johnson）、拉波塔（La Porta）、拉佩兹（Lapez-de-Silames）和施莱费尔（Shleifer）（JLLS）在 2000 年提出的一个概念。原意是指通过地下通道转移资产的行为。JLLS 把它理解为企业的控制着从企业转移资产和利润到自己手中的各种合法或者非法的行为，这种行为通常是大股东对中小股东利益的侵犯。

认为，股权制衡可能会导致控股股东与其他大股东之间为公司控制权的争夺而形成股权斗争，从而增大管理层利益最大化的寻租空间，使其更有可能选择见效快的真实盈余管理方式。但是，股权制衡所形成的多个大股东参与公司决策的治理结构安排，不仅更加强调多人集体决策控制，通过较为严格的决策程序克服个人主观决策在信息掌握、知识能力方面的缺陷，对一股独大和股权分散状态下的大股东与经理人的代理行为施加影响，也使他们的机会主义行为受到约束，可以说，比"一股独大"更好的股权结构是"多股制衡"，几个持股相对较多的大股东有利于完善公司治理结构，从而实现企业的长远目标（厉以宁，2001）。因为股权制衡是通过内部牵制各大股东的利益，实现相互监督、约束，从而抑制内部人掠夺资产的一种股权安排模式。基于此，本章提出假设 H1 – b。

H1 – b：同等条件下，股权制衡度越高，越能有效抑制公司的真实盈余管理程度。

中国上市公司按照最终控制人性质，可以分为国有控股和非国有控股两类。在我国资本市场中，国有控股的上市公司占绝对多数，使得所有者缺位成为国有控股上市公司中存在的普遍现象，这主要是因为国家或者政府只是一个虚拟的产权主体。政府通常以税收的增加、就业率的提高、社会稳定性的提高等为目标，企业的目标往往也很可能与股东利益相矛盾，不是企业利润的最大化（白重恩等，2005），李增泉等（2004）也认为，国有企业的管理者在缺乏外部有效监督并拥有公司实际控制权的情况下，具有更强的动机占用资金，但是，管理者缺乏动机实施调增利润的盈余管理，如真实盈余管理，因为国家控股企业也可能会因为其具有政策支持、融资优先权等各种各样的优惠权利，缺乏进行真实盈余管理的动机。与此同时，还有一部分非国有股权控制的上市公司存在于中国资本市场中，其产权主体一般由社会团体、民营企业家、职工持股以及少量的境外资本构成。非国有控股（民营）上市公司这类企业产权控制主体对于国有控股上市公司控制主体相对清晰，其控股股东与中小股东在股权相对分散的前提下也具有较强的利益一致性，不仅倾向于聘请职业经理人经营管理企业，企业家本人一般也会亲力亲为地对公司的经营进行管理，对代理人的行为进行监督，因而更关注公司的长远发展。基于此，本章提出假设 H1 - c。

H1 - c：相对于非国有控股上市公司，国有控股的上市公司存在较为明显的真实盈余管理行为。

此外，资本市场的发展促使机构投资者积极参与公司治理，而机构投资者拥有的人才、资金和政策优势也为机构投资者参与公司治理提供了可能性。近年来，随着机构投资者群体的发展壮大，机构投资者开始积极参与和改进公司治理。作为投资者，它们具有参与被投资公司的管理的权利，还可以直接对公司董事会或经理层施加影响，使其意见受到重视。如在公司职业经理人的选聘、业务扩展、购并、合资等重大经营管理决策、董事会、监事会人员的选择以及会计师事务所的雇用等问题上，机构投资者均可以提出自己的意见或要求。因此，蒙克斯和米诺（Monks & Minow，1995）指出，机构投资者有资源、有动机，并且有能力对公司的管理者进行监督、约束和影响，使上市公司盈余报告的结果更能反映企业的真实业绩。基于此，本章提出假设 H1 - d。

H1 - d：机构投资者的持股比例与真实盈余管理之间呈负相关关系。

第二，从董事会特征与真实盈余管理角度分析。魏斯巴赫（Weisbach，1988）认为，董事会①作为公司治理机制的一部分，是股东用来抵御代理人谋取私利行为的第一道防火墙。董事会的有效运作将有助于监督和约束代理人的行为，对降低上市公司真实盈余管理的程度起到一定作用。

由于董事会代表的是公司所有股东的利益，董事会职责的充分发挥有赖于董事会中独立于管理层的董事，为了提高董事会的独立性，西方国家主要聘请外部董事，以制约和约束内部董事的不正当行为。因此，董事会要成为有效的治理机制，必须具有独立性，必须具有一定数量的外部董事②，这是因为董事会中具有影响力的大部分董事成员都是公司

---

① 董事会和股东大会在职权上的关系是：二者都行使公司所拥有的全部职权，但与股东大会分离或由股东大会授予决策、管理权。

② 外部董事包括独立董事和非执行董事。

内部管理人员。在借鉴李维安（2009）、于东智（2003）和李常青
（2004）的研究成果后，本章将董事会特征归为独立性特征、职能特征
和激励特征三类，具体关系如图 5-2 所示。

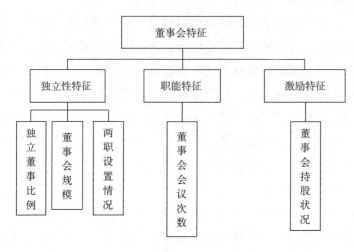

图 5-2　董事会特征

独立董事制度是我国证券交易监督委员会于 2002 年在上市公司强制
引入的一项重要的公司治理举措，以期代表中小股东利益的独立董事可
以增强董事会的独立性，使控股股东的行为可以被置于独立的董事会的
监督之下，提高控股股东获得"控制权收益"的机会主义行为的成本，
从而遏制其通过操纵董事会而获得的企业控制权。为了更好地遏制控股
股东操纵财务数字，避免其所从事的机会主义活动，必须选聘会计、法
律及行业等方面具有专业知识和实践经验背景的独立董事。因为他们可
以从专业的角度在公司战略和经营决策中发表意见，减少管理层的机会
主义行为，减少真实盈余管理的行为，增加财务报告的可信性，减少公
司面临的信息披露诉讼风险。因而独立董事制度的建设和推广不仅有利
于我国公司治理制度的完善，还会随着我国资本市场的不断完善而发挥
其治理作用。

在我国，上市公司呈现一股独大的股权高度集中的特征，而且国有

控股公司占相当大的比重，引入独立董事制度之前，公司的董事会成员几乎全部由大股东选派，董事会缺乏有效的制衡机制，董事会的重要决议几乎都由大股东决定，甚至由代表大股东的某个领导来决定。这种缺乏制衡机制的董事会结构缺乏真正的独立性，不符合现代公司制度的要求，而引入独立董事制度之后，董事会结构将得到很大程度的改善。可以说，独立董事是体现董事会独立性的一个重要方面，独立董事占公司董事人数比例的高低可以作为董事会独立性的一种体现，日益受到理论界和实践界的重视。其设立的目的在于减少大股东侵害中小股东利益的可能性，减轻大股东与中小股东及管理层之间的代理问题。布里克利和詹姆斯（Brickley & James，1987）的研究表明，独立董事不仅能够有效监督大股东和管理层，降低管理层的在职消费行为，使公司经营业绩不佳的 CEO 被解雇，还能有效识别公司的盈余管理行为（支晓强和童盼，2005），抑制大股东侵害中小股东利益的行为（叶康涛和陆正飞，2007）。基于此，本章提出假设 H2 – a。

H2 – a：真实盈余管理行为随着独立董事比例的增加而减少。

董事会规模①也在一定程度上影响着真实盈余管理的行为。一般来讲，董事会的规模应在 10 人以内，理想的规模是 7 ~ 9 人。利普顿和洛尔施（Lipton & Lorsch，1992）研究发现，如果董事会的成员超过 10 人时，因沟通和协调所带来的损失会超过因成员增加带来的收益，会降低效率，因而也更容易被公司管理层所控制。这也就是说，当董事会成员超过 7 人或 8 人时，董事会就更易受到管理层的控制和影响，难以有效发挥作用。詹森（Jesen，1993）认为董事间的"相互仇视和复仇"可能会随着董事会规模的扩大而使得董事会对管理层的评价和监督作用削弱。因而，在较小规模的董事会中，其效率性更高，能很快地对企业经营中存在的问题做出反应，从而为企业提供更佳的外部环境纽带，更有效地

---

① 我国法律分别对有限责任公司和股份有限公司的董事人数做出了规定。《公司法》第 45 条规定，有限责任公司设董事会，其成员为 3 ~ 13 人。《公司法》第 51 条规定，有限责任公司，股东人数较少或规模较小的，可以设一名执行董事，不设董事会。《公司法》第 109 条规定，股份有限公司应一律设立董事会，其成员为 5 ~ 19 人。

监督和约束真实盈余管理行为，这可能是因为董事会成员之间相互沟通协调更为方便。基于此，本章提出假设 H2 - b。

H2 - b：董事会规模与真实盈余管理程度正相关，即董事会规模越小，越能约束真实盈余管理行为。

董事会领导权结构也在一定程度上反映了董事会的独立性，显著影响着真实盈余管理行为，即董事长与总经理两职分离情况。现代公司中，通过对董事长与总经理职位分开的这种制度设计实现董事会对总经理的监督。然而，根据代理理论和交易成本理论，职业经理人的机会主义行为和代理损失会因两职合一而增加，对股东和其他相关利益主体的利益产生不利影响。如果董事长与总经理由同一人担任，由于董事长和总经理都无法代表股东的利益，那么，两职合一不仅会导致内部控制，还会造成内部董事占优势，弱化公司治理的作用，为其通过盈余管理谋取私利打开了方便之门，增加了发生盈余管理的频率。迪舟（1996）研究发现，如果董事长兼任总经理，会难以实现董事会对管理层的有效监管，董事会的监督职能将被弱化，易诱发公司的盈余管理行为，如利用资产减值转回等手段操纵会计盈余（王建新，2007）。因此，总经理与董事长的两职分离可以作为衡量董事会独立性的一个重要变量。基于此，本章提出假设 H2 - c。

H2 - c：与两职合一相比，两职分离更能降低真实盈余管理程度。

作为监督机构的董事会，其职能主要通过会议得以实现。董事会会议是董事会进行决策的最主要方式，同时也是董事会决策机制的核心。一般而言，董事会会议的召开情况可以反映出董事会决策机制的效能高低，也可以在某种程度上发现董事会决策机制是否有效。但是，董事会会议次数多，就意味着董事会治理效率越高吗？一些学者认为，董事会会议次数的增加能提高董事会的有效性，使经常会面的董事可能更好地履行他们的职责，使管理层按照股东利益行事。利普顿和洛尔施（1992）指出，从理论上来看，董事会应每月举行一次，且每年都要举行 2～3 天的战略磋商会议。董事会会议频率越高，越说明企业出现了问题，因为高频率的会议次数只有在公司出现问题时才出现较多，那么，董事会会议是一种消除隐患的措施，是反应性的结果。董事会成员行为会因董事会会议频率变高而变得更为积极，成员间沟通越频繁，可能越会更好地促使他们履行职责，识别出包括盈余管理行为等问题的概率就越高。那么，如果董事会会议越频繁，其成员就越有机会对于涉及真实盈余管理的事项进行表决。当内部人通过构造真实交易对利润进行调节，模糊会计信息时，自然希望减少董事会会议次数，以期外部董事成员忽略或降低对此类事项的关注。因此，董事会会议频率会在一定程度上影响着真实盈余管理程度。基于此，本章提出假设 H2 - d。

H2 - d：上市公司董事会会议次数越多，真实盈余管理行为越少。

董事会成员薪酬激励机制的设置是另一个影响董事会监管效率的重要因素，基于个人工作业绩的现金薪酬契约以及股权激励薪酬契约是目前上市公司对董事会成员薪酬激励机制设计的两个主要方面。之所以基于个人工作业绩的现金薪酬契约可以鼓励董事会成员面向过去并注重维护其短期的既得利益，是因为董事个人过去行为的结果主要反映在其工作业绩上，而从股权激励契约这个角度来看，它之所以会激励其采取富有远见的行为以维护企业长期价值增长，是因为企业未来现金流量的预期是以股票价格反映的，因而会鼓励董事会成员选择对企业未来现金流量产生正面影响的当前行为。董事会持股比例也应该对真实盈余管理具有一定的约束作用，鉴于股权激励制度在中国上市公司中并不普遍，因此，本章尝试以董事会持股比例作为对董事会成员股权激励机制的代理变量来衡量董事会的监管效率，以试图实证检验真实盈余管理行为与董事会成员股权激励机制之间的关系。此外，我们预期当真实盈余管理行为对企业未来发展产生不利影响时，股权激励契约可以更有效地激励董事会成员积极履行其监管职责。基于此，本章提出假设 H2 - e。

H2 - e：董事会持股比例越高，真实盈余管理程度越低。

第三，从监事会特征与真实盈余管理来看。《公司法》① 等相关法规

---

① 由 2005 年 10 月 27 日第十届全国人大十八次会议通过的新《公司法》，已经于 2006 年 1 月 1 日起正式实施，成为公司运行的新准则。

制度要求，上市公司在设置董事会之外，还需设置监事会①。监事会的主要职责也是向股东大会负责，对上市公司的生产经营、决策等进行监督，是我国上市公司治理结构中一个最重要的组成部分。本章也将监事会特征归为独立性特征、职能特征和激励特征三类，具体关系如图5-3所示。

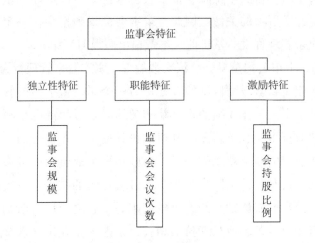

图5-3　监事会特征

根据《公司法》的有关规定，监事会直接对股东大会负责，作为公司内部的权力机构代表股东监督公司董事、高级管理人员的经营行为，公司各种战略计划制订与实施情况，检查公司财务，在某些特定情况下提议和召集股东大会，并对不认真履行股东大会决议、公司章程或法律法规的董事、高级管理人员提出罢免的建议。由此得知，监事会的设置是以加强公司治理为目的，是在董事会之外设计的又一种制衡机制，监督与建议是监事会的主要职责。因此，上市公司的真实盈余管理行为会受到监事会特征设置完善与否的显著影响。

同董事会一样，监事会是否具有独立性也决定着其职能作用的发挥

---

① 由于公司股东分散，专业知识和能力差别很大，为了防止董事会、经理滥用职权，损害公司和股东利益，就需要在股东大会上选出这种专门监督机关，代表股东大会行使监督职能。

效果。在我国上市公司中，公司法明文规定了公司董事和高级管理人员不得担任监事，股东代表和公司职工代表是监事会的主要组成成分，此外，"监事应具有法律、会计等方面的专业知识或工作经验"也在《上市公司治理准则》中做了明确规定。因此，监事会的独立性可以从其成员人数的构成，用监事会规模加以衡量和反映。代表公司不同股东和职工利益的监事人的背景和利益取向可能会因监事会规模的庞大而更为复杂，反之，较小规模的监事会可能主要由内部人所指定的代表组成，而完全听命于内部人的控制，因而会加大监事会被内部人控制和影响的程度。这是因为，监事会要发挥作用，必须有一定的组织和规模，但规模较大的监事会在决策中可能存在低效率问题，在决议更换能力较差的高管方面缺乏有效性，而小规模监事会对真实盈余管理行为可能有更为积极的影响。基于此，本章提出假设 H3 - a。

H3 - a：监事会规模与真实盈余管理程度正相关。

监事主要通过监事会成员列席董事会会议履行其监督和建议的职责。在参会过程中，监事需聘请独立的专业机构调查和鉴证财务报告中的争议事项，质询和建议董事会决议事项，并在有关事项形成一致意见后向股东大会报告。监事会履行其监管职责的积极程度可以在一定程度上通过监事会会议次数进行反映，这是因为我国《公司法》第一百二十条明文规定，"监事会每六个月至少召开一次会议，监事可以提议召开临时监事会会议"。充足的时间是监事会良好有效运行的保证，监事会会议次数可以衡量监事会的运行状况，代理成本也会因会议次数的增加而得以弱化。基于此，本章提出假设 3 - b。

H3 - b：真实盈余管理程度随着监事会会议次数的增加而弱化。

对监事会成员薪酬激励机制的有效设置，也是影响监事能否积极履行其法定监管职责的一种重要因素，这与董事会成员薪酬激励设置的是一样的。对监事会成员薪酬激励设置的普遍做法也是将基于个人工作绩效的现金薪酬契约以及基于股权激励的薪酬契约二者相结合，但是，我们将更多地关注股权激励，因为股权是对关于企业未来价值成长的长期激励，而现金薪酬激励只是基于监事会成员过去工作结果的一种短期激励。因此，我们预期，监事会成员会基于股权激励在检查企业财务、监督高级管理人员行为方面更具积极性，从而对真实盈余管理行为产生积极的影响。基于此，用监事会持股比例作为对监事会成员股权激励机制的代理变量来衡量监事会的监管效率，以对真实盈余管理行为与监事会成员股权激励机制之间的关系进行实证检验。而监事会规模、监事会会议次数和监事持股比例均是从不同方面对监事会特征的反映和描述。基于此，本章提出假设 H3 - c。

H3 - c：监事会持股比例越高，真实盈余管理行为越少。

第四，从高管激励与真实盈余管理来看，管理层可能会为实现自身薪酬契约，对盈余进行操纵，如果在将管理层与企业的风险与利益进行捆绑的前提下，再对管理层实施现金薪酬、股权等有效的激励措施，不仅可以实现管理层与股东利益协调一致、与企业共担风险，降低其对风险的厌恶程度，而且可以实现管理层最大程度为股东服务，实现企业价值最大化的目标。

为解决经理人追求的目标与企业价值最大化目标不一致这一由委托代理产生的问题，对经理人进行监督和激励是被公认的解决途径。由于信息的不对称性，股东不能直接观察到经理人的努力程度，只能以企业的会计盈余数据作为考察经理人工作勤奋程度的主要依据，但是经理人为达到最大化自身薪酬的目标，很可能凭借手中的控制权操控期末盈余信息，这主要是由于以会计盈余信息作为经理人薪酬契约的设计存在着缺陷所导致的，瓦茨和齐默尔曼（Watts & Zimmerman，1986）也曾在实证会计理论中提出，诱发经理人盈余管理的基本动机之一便是来自以会计盈余数字为依据的薪酬契约，经理人有可能选择会计政策以将未来的会计盈余在当前进行确认。因此为经理人制订薪酬和奖金计划，有利于协调经理人和股东利益的目标效用函数趋于一致，使经理人也可以分享企业的剩余索取权。一般认为，管理层激励主要体现在管理层薪酬和管理层持股比例两个方面。

现有研究文献均认为盈余管理与上市公司对经理人制定的固定薪酬制和奖金计划存在正相关关系。希利（1985）认为，当奖金计划存在上限或下限时，经理人会选择适当的会计政策降低会计报告的盈余，而当不存在这一限制时，经理人又会倾向于利用会计政策以提高会计报告的盈余。可以说，年薪水平显著地刺激着向上的盈余管理行为的发生（李延喜等，2007）。因此，高管薪酬也可能与真实盈余管理存在着正相关关系，因为真实盈余管理是盈余管理的一种。但是，也可能存在着以下情况，即高管没必要选择风险和成本较高的真实盈余管理行为，可以凭借其控制权的上升直接为自己加薪分红。

经理人的盈余管理行为可能会因为薪酬契约与奖金计划是以会计盈余信息为基础而发生的，那么，如果给予管理层一定的股权激励，让他们持有一定份额的公司股份，则可以在一定程度上对其盈余管理行为进行约束，降低其操纵盈余的机会主义行为。这不仅是因为将高管公司价值最大化目标与自身利益目标捆绑在一起的高管股权激励一般是以期权形式支付，无法在当期变现，为实现收益最大化的目标，高管只能放弃短视行为，重视公司的长远发展和未来价值，而且詹森和麦克林（1976）研究发现，代理成本、背离公司价值最大化的行为会随着管理层持股比例的增加而降低，从而降低了公司盈余管理行为发生的可能性。基于此，本章提出假设 H4 – a 和假设 H4 – b。

H4 – a：上市公司真实盈余管理程度与高管薪酬负相关。

H4 – b：上市公司真实盈余管理程度与高管持股比例负相关。

第三节　研究变量及模型

基于股权结构、董事会特征、监事会特征以及高管薪酬各因素与真实盈余管理关系的分析，下文拟在确定衡量公司治理代理变量的基础上建立回归模型。

一、研究变量的设定

上市公司股权结构方面，主要以股权集中度①、股权制衡度②、机构投资者的持股比例以及控制权性质作为代理变量；董事会特征方面，主要以独立董事比例、董事长与总经理两职设置情况、董事会规模、董事会会议次数和董事会持股比例作为代理变量；监事会特征方面，主要以监事会规模、监事会会议次数和监事会持股比例作为代理变量；高管激励方面主要以高管薪酬③、高管持股比例作为代理变量。公司治理各代理变量的符号及定义说明见表 5 − 1 所示。

表 5 − 1　　　　　　　**公司治理代理变量的符号及定义说明**

	变量符号	变量定义及说明
股权结构	Osc	股权集中度，通常的做法都是以样本公司年报中披露的信息为依据，以上市公司报告期末第一大股东持股比例进行计量，即第一大股东所持股份占总股份中的份额
	$Balance$	股权制衡度，借鉴戈梅斯和诺瓦斯（Gomes & Novaes，2001）、赵景文和于增彪（2005）以及李琳等（2009）的研究方法，将股权制衡度设定为一个虚拟变量，当 $0.1 < Shh1 < 0.5$ 且 $Shh2 > 0.1$ 且 $Shh1 < Shh1 + Shh2 + Shh3 + Shh4 + Shh5$ 时，$Balance$ 取值为 1，否则取值为 0
	$Instock$	机构投资者持股比例，以上市公司报告期期末机构投资者持股比例进行计量，即机构投资者所持股份占总股数中的份额
	$DState$	控制权性质，将其设定为一个虚拟变量，当研究样本为国有控股上市公司时，取值为 1，否则，取值为 0

---

①　股权集中度是指全部股东因持股比例的不同所表现出来的股权集中还是股权分散的数量化指标。上市公司前 5 大股东持股比例之和、前 10 大股权持股比例之和以及第一大股东持股比例都可以作为股权集中度的代理变量。

②　通过各大股东的内部利益牵制，达到互相监督、抑制内部人掠夺的股权安排模式。一般以上市公司第 2 至第 5 大股东持股比例之和与第一大股东持股比例的比值确定，或者第 2 到第 10 大股东持股比例之和与第一大股东持股比例的比值作为其代理变量。

③　目前，高管薪酬的主要构成一般是：工资 + 奖金 + 长期激励性报酬。工资是固定薪酬，与高管的业绩状况无关；奖金是根据当年业绩提取的一部分奖励性薪酬，高管必须达到一定的业绩目标才能获得。而长期激励性报酬，则包括股票或股票期权等形式，一般要在若干年之上才能兑现。长期激励性报酬的本质是它的递延性，可以达到锁定经理人为企业的长期利益努力的作用。考虑到数据的可获得性，本章以年报中披露的薪酬进行衡量。

	变量符号	变量定义及说明
董事会特征	Indp	独立董事比例，以样本公司报告期间内聘请的独立董事人数占公司董事会总人数的比例确定
	Dual	董事长和总经理两职设置情况，设为虚拟变量，即当样本公司董事长和总经理由同一人担任时，赋值为1，否则赋值0
	Bsize	董事会规模，以样本公司年报中披露的董事会成员人数确定
	Bmeet	董事会会议次数，以报告期间内样本公司召开的董事会会议次数确定
	Bstock	董事会持股比例，以样本公司年报中披露的董事会持股数量占总股本中的比例确定
监事会特征	Jsize	监事会规模，以样本公司年报中披露的监事会成员的人数作为计量标准
	Jmeet	监事会会议次数，以报告期间内样本公司召开的监事会会议次数确定
	Jstock	监事会持股比例，以样本公司年报中披露的监事会持股数量占总股本中的比例确定
高管激励	Execom	高管薪酬，以样本公司报告期间内薪酬最高的前三名管理人员的薪酬总额的自然对数确定
	Exestock	高管持股比例，以样本公司报告期间内高管持股总额占总股本的比例确定

二、模型设计

根据以上设定的解释变量，以及第三章确定的被解释变量，建立回归分析模型如下：

$$RDEP_{it} = \beta_0 + \beta_1 Gome_{it} + \beta_2 DA_{it} + \beta_3 Control_{it} + \varepsilon_{it} \qquad (5.1)$$

在式（5.1）中，$RDEP_{it}$ 为第三章中计算得到的关于真实盈余管理程度的代理变量，包括异常现金流量（R_CFO）、可操控性费用（$R\_DIS\text{-}EXP$）、异常产品成本（R_PROD）和总体变量（RM）；$Gome_{it}$ 为公司治理代理变量，包括股权结构、董事会特征、监事会特征和高管激励；

DA_{it}表示应计盈余管理，用以控制研究样本因应计盈余管理的使用而对真实盈余管理产生的影响；$Control_{it}$表示企业规模（$Size$）、负债比率（Lev）、公司成长性（$Tobins'Q$）、年度（$Year$）和行业（$Industry$）等一系列控制变量，各变量的定义说明见表 5 - 1 所示；ε_{it}为残差项。

第四节　实证检验

鉴于上文在对公司治理的分析，分别从股权结构、董事会特征、监事会特征以及高管激励四个角度展开论述，为清楚了解公司治理各方面对真实盈余管理产生的影响，下文将分别予以描述和验证。

一、描述性统计

（一）股权结构代理变量的描述性统计

股权集中度、股权制衡度、机构投资者及股权性质作为衡量股权机构的代理变量，其在样本期间的描述性统计见表 5 - 2 所示。表 5 - 2 中，股权集中度（Osc）的最小值为 8.73%，最大值为 85.06%，全样本的均值为 37.41%，这一统计结果表明我国上市公司的第一大股东的持股比例偏高，即股权集中度较高；股权制衡度（$Balance$）在 0 和 1 之间分布，在全样本中，只有 34.87% 的样本公司股权制衡度较好，表明我国上市公司中的股权制衡度较低，这一结果也与股权集中度较高相呼应；机构投资者持股比例（$Instock$）的最小值为 0.41%，最大值均为 15.72%，均值为 4.12%，说明机构投资者持股比例在我国上市公司中处于一个较低的水平上；控制权性质（$Dstate$）同样是虚拟变量，在 0 和 1 之间分布，国有企业和非国有企业在样本公司中占的比例几近相同。

表 5 - 2　　　　　　　　股权结构代理变量的描述性统计

	Obs	Min	Max	Mean	S. D
Osc	12676	0. 0873	0. 8506	0. 3741	0. 1478
Balance	12676	0. 0000	1. 0000	0. 3487	0. 3961
Instock	12676	0. 0041	0. 1572	0. 0412	0. 0321
Dstate	12676	0. 0000	1. 0000	0. 4381	0. 5102

（二）董事会特征代理变量的描述性统计

董事会规模、董事长与总经理的两职设置情况、董事会会议次数、独立董事比例及董事会持股作为衡量董事会特征的代理变量。在样本期间，董事会规模（Bsize）的最小值为 5 人，最大值为 16 人，全样本的均值为 10 人，这一统计结果表明我国上市公司的董事会规模基本上不存在冗员的情况；董事长和总经理两职分离情况（Dual）在 0 和 1 之间分布，在全样本中，只有 14% 的样本公司存在着董事长和总经理由同一人兼任，这一统计结果表明董事长和总经理两职分离已成为我国上市公司普遍采取的一种设置模式；独立董事人数（Indp）的最小值为 1 人，且存在于不到 1% 的样本公司中，最大值为 8 人，而 94% 的样本公司的独立董事人数为 3 ~ 5 人；董事会会议次数（Bmeet）的最小值为 3 次，最大值为 21 次，而 85. 62% 的样本公司的董事会会议次数在 5 ~ 10 次；董事会持股比例（Bstock）的最小值为 0，最大值为 50. 32%，均值为 2. 82%，说明董事会持股比例在我国上市公司中处于一个较低的水平上。各变量的描述性统计详见表 5 - 3 所示。

表 5 - 3　　　　　　　　主要变量的描述性统计

	Obs	Min	Max	Mean	S. D
Bsize	12676	5	16. 0000	10. 2013	1. 9862

续表

	Obs	Min	Max	Mean	S. D
Dual	12676	0	1. 0000	0. 1398	0. 3875
Indp	12676	1	8. 0000	3. 6523	0. 6433
Bmeet	12676	3	21. 0000	9. 8762	3. 7544
Bstock	12676	0	0. 5032	0. 0282	0. 0964

（三）监事会特征代理变量的描述性统计

监事规模、监事会会议次数及监事会持股作为衡量监事会特征的代理变量，其在样本期间的描述性统计见表 5 - 4 所示。表 5 - 4 中，监事会规模（*Jsize*）的最小值为 2 人，最大值为 10 人，全样本的均值为 5 人，且全样本中的 92. 52% 的样本公司的监事会人数都在 3 ~ 5 人；监事会会议次数（*Jmeet*）的最小值为 1 次，最大值为 11 次，而 91. 53% 的样本公司的监事会会议次数在 3 ~ 7 次；监事会持股比例（*Jstock*）的最小值为 0，最大值均为 2. 21%，说明我国上市公司监事会持股比例水平较低。

表 5 - 4   监事会特征代理变量的描述性统计

	Obs	Min	Max	Mean	S. D
Jsize	12672	2	10. 0000	5. 0227	1. 5785
Jmeet	12672	1	11. 0000	5. 8752	1. 5561
Jstock	12672	0	0. 0221	0. 0010	0. 0042

（四）高管激励代理变量的描述性统计

对高管薪酬和高管持股比例进行描述性统计后可以发现，高管薪酬（*Execom*）的最小值为 11. 5923，最大值为 15. 5174，全样本的均值为 13. 7965；高管持股比例（*Exestock*）的最小值为 0，最大值均为 76. 32%，均值为 6. 72%，这一统计结果一方面说明我国上市公司高管持股比例分布不均匀，另一方面也说明高管持股比例的平均水平较低。各

— 140 —

变量的指标数据详见表 5 – 5 所示。

表 5 – 5   高管激励代理变量的描述性统计

	Obs	*Min*	*Max*	*Mean*	*S. D*
Execom	12676	11. 5923	15. 5174	14. 5412	0. 7157
Exestock	12676	0. 0000	0. 7632	0. 0672	0. 1502

二、结果及分析

(一) 股权结构与真实盈余管理

1. 单变量相关性分析。表 5 – 6 列示了股权结构中主要变量与真实盈余管理各研究变量两两之间的 Pearson 相关系数[①]。从表 5 – 6 中可以看出，*Osc* 与现金流方面的真实盈余管理（*R_CFO*）、成本方面的真实盈余管理（*R_PROD*）以及综合真实盈余管理（*RM*）均呈现正向但不显著的相关关系，与费用方面真实盈余管理（*R_DISEXP*）显著负相关，可以初步判断股权集中度在一定程度上促进了真实盈余管理行为。*Balance* 分别与成本方面的真实盈余管理（*R_CFO*）及综合真实盈余管理（*RM*）呈负向且高度显著的相关关系，与费用方面真实盈余管理（*R_DISEXP*）呈高度显著的正相关关系，说明股权制衡度可以抑制真实盈余管理行为。*Dstate* 与成本方面真实盈余管理（*R_PROD*）及综合真实盈余管理（*RM*）呈显著的正相关关系，与费用方面真实盈余管理（*R_DISEXP*）呈显著负相关关系，可以初步判断真实盈余管理行为在国有股权性质的企业中更加明显。*Instock* 分别成本方面真实盈余管理（*R_PROD*）以及综合真实盈余管理（*RM*）呈显著的负相关关系，与费用方面的真实盈余管理（*R_DISEXP*）呈显著的正相关关系，说明机构投资者持股比例可以显著地约束各种真实盈余管理行为。

---

① 就各研究变量之间两两相关关系系数来看，均未超过多重共线性经验判断标准（0. 8）。

表 5-6　主要研究变量的 *Pearson* 相关系数

	R_CFO	R_PROD	R_DISEXP	RM	Osc	Balance	DState	Instock
R_CFO	1							
R_PROD	-0.462 *** (0.000)	1						
R_DISEXP	0.102 *** (0.000)	-0.383 *** (0.000)	1					
RM	-0.428 *** (0.000)	0.879 *** (0.000)	-0.598 *** (0.000)	1				
Osc	0.021 (0.423)	0.017 (0.432)	-0.038 *** (0.000)	0.042 (0.128)	1			
Balance	0.018 (0.642)	-0.023 *** (0.000)	0.061 *** (0.000)	-0.021 *** (0.000)	-0.142 *** (0.000)	1		
DStat	-0.031 (0.381)	0.038 * (0.059)	-0.053 *** (0.000)	0.046 ** (0.011)	0.207 *** (0.000)	-0.062 *** (0.000)	1	
Instock	0.052 *** (0.000)	-0.289 *** (0.000)	0.131 *** (0.000)	-0.131 *** (0.000)	-0.632 *** (0.000)	0.071 *** (0.000)	-0.052 *** (0.000)	1

说明：***、**、* 分别表示 1%、5% 和 10% 的显著性水平（双尾检验）。

2. 多元回归结果分析。进一步地，为检验股权结构对真实盈余管理的影响，分别以股权结构各代理变量及真实盈余管理代理作为解释变量和被解释变量，用式（5.1）对筛选得到的数据进行 OLS 回归，检验结果如表 5 - 7 所示。从表 5 - 7 中可以看出：（1）股权集中度变量（Osc）与 RM 呈显著的负相关关系，说明股权集中程度在约束综合真实盈余管理行为的发生方面起到了一定的正面作用。这一结果与本章所提出的 H1 - a 不相符，可能是因为大股东为维护自身利益而具有对管理层进行监督的动机。同中小股东相比，大股东会基于其持股比例较高，投资额度较大以及风险也较大的考虑，对自身利益的安全性更为关心。那么，大股东可以在此前提下通过投票方式对不合格的代理人予以撤换，约束公司经理人的真实盈余管理行为，公司的真实盈余管理行为会随着其持股比例的上升而减少，以实现大股东对其自身利益的维护。（2）股权制衡度变量（$Balance$）与 RM 呈高度显著的负相关关系，说明真实盈余管理的行为会随着股权制衡度的提高而逐渐减少，H1 - b 得到了验证。这可能是因为，通过在内部牵制各大股东的利益，实现相互监督、约束的股权制衡不仅可以约束大股东的行为，还可以约束真实盈余管理行为，最终实现利益共享。（3）控制权性质变量（$Dstate$）的回归系数在因变量为 RM 时为正，但不显著，基于这一结果说明，我们不能判定，相对于非国有上市公司，国有上市公司更容易存在真实盈余管理行为。H1 - c 没有得到验证。（4）机构投资者持股比例变量（$Instock$）的回归系数在因变量为 RM 时，在 1% 的水平上显著为负，说明机构持股者对真实盈余管理行为起到了约束作用，H1 - d 得到了验证。这一结果也进一步说明了我国的机构投资者并不是沉默的，不是我国证券市场中违法、违规以及市场操纵者的代表者，而是正在逐渐成为公司治理中的主力军，在公司结构的改进中发挥其应有的功能。

表 5 – 7 股权结构对真实盈余管理影响的回归估计结果

	RM	R_CFO	R_PROD	R_DISEXP
Osc	− 0. 021 ***	0. 032 ***	− 0. 062 ***	0. 253 **
	(0. 000)	(0. 002)	(0. 000)	(0. 006)
Balance	− 0. 102 ***	0. 025	− 0. 049 ***	0. 035 ***
	(0. 000)	(0. 372)	(0. 000)	(0. 000)
Instock	− 0. 111 ***	0. 018 **	− 0. 182 ***	0. 238 ***
	(0. 000)	(0. 045)	(0. 000)	(0. 000)
DState	0. 213	− 0. 018	0. 201	0. 281
	(0. 282)	(0. 398)	(0. 192)	(0. 623)
Size	− 0. 038 ***	0. 012 ***	− 0. 102 ***	− 0. 652
	(0. 000)	(0. 000)	(0. 001)	(0. 729)
Lev	0. 362 ***	− 0. 176 ***	0. 032 ***	− 0. 026 ***
	(0. 000)	(0. 000)	(0. 009)	(0. 000)
Tobin' Q	− 0. 291 ***	0. 082 ***	− 0. 123 ***	0. 062 ***
	(0. 000)	(0. 000)	(0. 000)	(0. 000)
DA	0. 061 ***	− 0. 031 ***	0. 038 ***	0. 018 ***
	(0. 000)	(0. 000)	(0. 000)	(0. 000)
Year	控制	控制	控制	控制
Industry	控制	控制	控制	控制
Constant	0. 279 ***	− 0. 329 ***	0. 287 ***	0. 182 ***
	(0. 000)	(0. 000)	(0. 000)	(0. 000)
F – Value	29. 88	14. 72	31. 62	32. 73
Obs	12558	12558	12558	12558
Adj. R^2	0. 213	0. 071	0. 137	0. 095

说明：（1） *** 、 ** 、 * 分别表示 1%、5% 和 10% 的显著性水平（双尾检验）；（2）变量 Size、Lev 和 Tobins' Q 两端分别按 1% 进行了 Winsorize 处理；（3）在回归分析中检验了 VIF 值以控制多重共线性，VIF 值均在 10 以下，因此，变量间不存在多重共线性。

（二）董事会特征与真实盈余管理

1. 单变量相关性分析。表 5 – 8 列示了董事会特征与真实盈余管理各主要研究变量两两之间的 Pearson 相关系数。从表 5 – 7 中可以看出，*Bsize* 与现金流方面的真实盈余管理（*R_CFO*）显著正相关，与成本方面的真实盈余管理（*R_PROD*）以及综合真实盈余管理（*RM*）显著负相关，与费用方面的真实盈余管理（*R_DISEXP*）负相关但不显著，因而可以初步判断董事会规模可以对真实盈余管理行为起到一定的约束作用。*Dual* 只与费用方面的真实盈余管理（*R_DISEXP*）呈显著的正相关关系，与现金流方面的真实盈余管理（*R_CFO*）和综合真实盈余管理（*RM*）呈负向但不显著的负相关关系，说明董事长和总经理的两职分离并没有抑制真实盈余管理行为。*Indp* 只与现金流方面的真实盈余管理（*R_CFO*）呈显著的负相关关系，并没有与综合真实盈余管理（*RM*）成本方面真实盈余管理（*R_PROD*）以及费用方面的真实盈余管理（*R_DISEXP*）呈显著的相关关系，由此可以初步判断独立董事比例并没有对真实盈余管理行为起到一定的约束作用。从 *Bmeet* 与各真实盈余管理的代理变量的相关关系系数来看，与现金流方面的真实盈余管理（*R_CFO*）呈负向且显著的关系，与综合真实盈余管理（*RM*）呈正相关但不显著关系，董事会会议次数对真实盈余管理的作用尚不能得出初步结论。最后，*Bstock* 分别与现金流方面的真实盈余管理（*R_CFO*）、成本方面真实盈余管理（*R_PROD*）以及综合真实盈余管理（*RM*）呈显著的负相关关系，与费用方面的真实盈余管理（*R_DISEXP*）呈显著正相关关系，说明董事会持股比例可以显著地约束各种真实盈余管理行为。

2. 多元回归结果分析。进一步地，为检验董事会特征对真实盈余管理的影响，董事会特征对真实盈余管理影响的回归分析结果已通过表 5 – 9 进行列示。

从表 5 – 9 中可以看出：（1）独立董事变量（*Indp*）与 *RM* 呈现负向但不显著相关关系，假设 H2 – a 未被验证。说明我国上市公司的独立董事在对待真实盈余管理方面不如对待应计盈余管理行为敏感，尚未发挥其应有的监督和治理作用，这可能是由于真实盈余管理行为不易发现，且独立董事们缺乏对其了解所导致的。(2) 董事会规模变量（*Bsize*）与 *RM* 呈显著负相关关系，说明董事会规模越大，对上市公司综合真实盈余管理行为的约束作用越好，因而假设 H2 - b 未得到验证。这可能是因为，较大规模的董事会能够容纳更多的拥有金融、财务知识和企业管理经验的专业人士，不仅会使董事会的决策更为专业和科学，识别公司真实盈余管理行为的相应能力也越强，董事会人数越多，规模越大，各董事间达成一致意见的可能性就小，因而成员间共谋进行真实盈余管理行为的可能性也较低。(3) 董事长和总经理两职分离情况变量（*Dual*）的回归系数在因变量为 *RM* 时的回归系数为负，但并不显著，这一结果表明假设H2 - c 未被验证。虽然董事长和总经理两职分离情况在我国上市公司中较为普遍，但是在对真实盈余管理行为约束方面的效果较差，还没有完全起到维护股东和其他相关利益主体的利益，这可能是因为不相容职位的分离在近几年才发展起来，治理作用会因其逐渐完善而得到强化。(4) 董事会会议次数变量（*Bmeet*）与 *RM* 呈正向且显著相关关系，说明真实盈余管理行为会因较少的董事会会议次数而得以约束，这一结果表明，假设 H2 - d 未被验证。这可能是因为，一是会议次数太多，会无形中耗费董事的精力，弱化董事会决策效率；二是大部分会议都主要用于讨论日常经营事务，这是因为董事会会议的时间表是由总经理制定的；三是外部董事控制经理人的能力受到了限制，不仅在于外部董事在一起的时间很少，更在于他们之间或者管理层之间尚没有进行有建设意义的思想交流。(5) 董事会持股比例变量（*Bstock*）与 *RM* 表现为高度显著的负相关关系，真实盈余管理程度会因董事会持股比例的增加降低，即董事会持股比例综合真实盈余管理行为均起到了约束作用，假设 H2 - e 得到了验证。这一结果不仅说明采取适当的董事激励制度，可以促使董事把公司利润最大化、增加的股东财富最大化作为工作的重点，避免董事在其位而不谋其政，激励董事更好地监督管理层，还说明激励董事维护股东利益、监督管理层机制的一个重要组成部分是董事的薪酬。

表5-8　主要研究变量的 *Pearson* 相关系数

	R_CFO	R_PROD	R_DISEXP	RM	Bsize	Dual	Indp	Bmeet	Bstock
R_CFO	1								
R_PROD	-0.291*** (0.000)	1							
R_DISEXP	0.192*** (0.000)	-0.364*** (0.000)	1						
RM	-0.418*** (0.000)	0.436*** (0.000)	-0.435*** (0.000)	1					
Bsize	0.128*** (0.002)	-0.154** (0.034)	-0.357 (0.134)	-0.361*** (0.000)	1				
Dual	-0.213 (0.293)	0.467 (0.325)	0.245*** (0.000)	-0.024 (0.432)	-0.294*** (0.000)	1			
Indp	-0.038** (0.029)	-0.014 (0.235)	-0.024 (0.189)	0.356 (0.511)	-0.356*** (0.000)	0.145*** (0.000)	1		
Bmeet	-0.038*** (0.000)	-0.026 (0.235)	-0.427 (0.257)	0.256 (0.134)	-0.153 (0.328)	-0.357* (0.074)	0.132*** (0.003)	1	
Bstock	-0.213 (0.153)	-0.481*** (0.000)	0.351*** (0.000)	-0.146* (0.057)	-0.257*** (0.000)	0.255*** (0.000)	0.175*** (0.000)	-0.125 (0.325)	1

注：（1）***、**、* 分别表示1%、5%和10%的显著性水平（双尾检验）；（2）变量 *Bmeet* 两端按1%进行了 *Winsorize* 处理。

表5-9　　　　董事会特征对真实盈余管理影响的回归估计结果

	RM	R_CFO	R_PROD	R_DISEXP
Indp	-0.291	-0.118	-0.129	-0.038
	(0.584)	(0.183)	(0.182)	(0.294)
Bsize	-0.185 **	0.021 **	-0.013 *	0.103 *
	(0.029)	(0.019)	(0.045)	(0.058)
Dual	0.082	-0.029	0.031 *	0.019 *
	(0.193)	(0.683)	(0.074)	(0.072)
Bmeet	0.024 ***	-0.008 **	-0.015 **	0.017 **
	(0.000)	(0.021)	(0.042)	(0.012)
Bstock	-0.132 ***	-0.022 ***	-0.120 *	0.128
	(0.000)	(0.000)	(0.062)	(0.123)
Size	-0.002 ***	0.032 ***	-0.027 **	0.009
	(0.000)	(0.000)	(0.001)	(0.592)
Lev	0.182 ***	-0.392 ***	0.172 ***	-0.082 ***
	(0.000)	(0.000)	(0.000)	(0.000)
Tobins' Q	-0.029 ***	0.082 ***	-0.083 ***	0.083 ***
	(0.000)	(0.000)	(0.000)	(0.000)
DA	0.029 ***	-0.029 ***	0.029 ***	0.092 ***
	(0.000)	(0.000)	(0.000)	(0.000)
Year	控制	控制	控制	控制
Industry	控制	控制	控制	控制
Constant	0.572 ***	-0.652 ***	0.492 ***	-0.092 ***
	(0.000)	(0.000)	(0.000)	(0.000)
F-Value	31.64	23.67	24.82	38.28
Obs	12422	12422	12422	12422
Adj. R^2	0.201	0.192	0.136	0.226

　　说明：（1）*** 、 ** 、 * 分别表示1%、5%和10%的显著性水平（双尾检验）；（2）变量 Size 、Lev 和 Tobins' Q 两端分别按1%进行了 Winsorize 处理；（3）在回归分析中检验了 VIF 值以控制多重共线性，VIF 值均在10以下，因此，变量间不存在多重共线性。

（三）监事会特征与真实盈余管理

1. 单变量相关性分析。在进行监事会特征与真实盈余管理之间的回归检验之前，先对主要研究变量做 *Pearson* 相关系数检验，以初步判断监事会特征对真实盈余管理行为的影响，检验结果见表 5 - 10 所示。从表 5 - 10 中可以看出，*Jsize* 与现金流方面的真实盈余管理（*R_CFO*）显著正相关，与成本方面真实盈余管理（*R_PROD*）以及综合真实盈余管理（*RM*）负相关但不显著，与费用方面的真实盈余管理（*R_DISEXP*）负相关但不显著，可以初步判断监事会规模可以对真实盈余管理行为起到一定的约束作用。从 *Jmeet* 与各真实盈余管理代理变量的相关关系系来看，与成本方面的真实盈余管理（*R_PROD*）呈负向且显著相关关系，与综合真实盈余管理（*RM*）呈不显著负相关关系，有较弱的证据证明监事会会议次数会降低真实盈余管理行为的发生。最后，*Jstock* 分别与现金流方面的真实盈余管理（*R_CFO*）、成本方面真实盈余管理（*R_PROD*）以及综合真实盈余管理（*RM*）呈负相关关系，但不显著，与费用方面的真实盈余管理（*R_DISEXP*）呈显著正相关关系，说明监事会持股比例可以约束各种真实盈余管理行为。

表 5 - 10　　　　　　　　　主要研究变量的 *Pearson* 相关系数

	RCFO	RPROD	RDISEXP	RM	Jmeet	Jsize	Jstock
RCFO	1						
RPROD	-0.283 *** (0.000)	1					
RDISEXP	0.192 *** (0.000)	-0.382 *** (0.000)	1				
RM	-0.492 *** (0.000)	0.423 *** (0.000)	-0.492 *** (0.000)	1			
Jmeet	0.193 (0.320)	-0.293 *** (0.000)	0.074 (0.211)	-0.028 ** (0.029)	1		

	RCFO	RPROD	RDISEXP	RM	Jmeet	Jsize	Jstock
Jsize	0.040 *** (0.000)	0.010 (0.734)	−0.093 (0.297)	−0.003 (0.523)	−0.293 (0.429)	1	
Jstock	−0.073 (0.293)	−0.043 (0.204)	0.062 *** (0.000)	−0.083 (0.283)	0.029 *** (0.000)	−0.049 *** (0.000)	1

　　说明：（1）***、**、* 分别表示 1%、5% 和 10% 的显著性水平（双尾检验）；（2）变量 Jmeet 两端按 1% 进行了 Winsorize 处理。

　　2. 多元回归结果分析。进一步地，为检验监事会特征对真实盈余管理的影响，分别以监事会特征各代理变量及真实盈余管理代理作为解释变量和被解释变量，对筛选得到的数据进行 OLS 回归，检验结果如表 5-11 所示。从表 5-11 中可以看出：（1）监事会规模变量（Jsize）的回归系数在因变量为 RM 时为负，但不显著，说明小规模的监事会并没在约束真实盈余管理行为方面起到约束作用，假设 H3 - a 未得到验证。综合表 5-7，在所选的研究样本中，监事会的平均人数在 4 人左右，属于小规模，造成这种现象的可能原因是，由上市公司大股东推荐的监事会成员往往来自企业内部，使得监事会因其独立性较差而很难发挥对真实盈余管理应有的监督和治理作用。（2）监事会会议次数变量（Jmeet）与 RM 呈负向但不显著的相关关系，说明监事会会议次数的增加不能对真实盈余管理行为起到较为显著的约束作用，假设 H3 - b 未得到验证。（3）监事会持股比例变量（Bstock）与 RM 呈负向关系，且在 1% 的水平上高度显著，这一结果表明，监事会持股比例对真实盈余管理行为起到了约束作用，假设 H3 - c 得以验证。说明对监事会成员的股权薪酬激励机制会激励其采取富有远见的行为以维护企业长期价值的增长，也就是说，会鼓励监事会成员考虑其当前的行为对企业未来业绩的影响，从而提高监管效率。

表 5 - 11　　　　　监事会特征对真实盈余管理影响的回归估计结果

	RM	R_CFO	R_PROD	R_DISEXP
Jsize	- 0. 027	0. 012 ***	- 0. 298	0. 129
	(0. 293)	(0. 000)	(0. 392)	(0. 382)
Jmeet	- 0. 012	- 0. 029	- 0. 014 **	0. 012
	(0. 392)	(0. 820)	(0. 026)	(0. 483)
Jstock	- 0. 734 ***	- 0. 291	- 0. 329 ***	0. 749 ***
	(0. 000)	(0. 492)	(0. 000)	(0. 000)
Size	- 0. 028 ***	0. 102 ***	- 0. 102 ***	- 0. 005
	(0. 000)	(0. 000)	(0. 000)	(0. 372)
Lev	0. 394 ***	- 0. 037 ***	0. 017 **	- 0. 073 ***
	(0. 000)	(0. 000)	(0. 027)	(0. 000)
Tobins' Q	- 0. 019 ***	0. 028 ***	- 0. 054 ***	0. 048 ***
	(0. 000)	(0. 000)	(0. 000)	(0. 000)
DA	0. 020 ***	- 0. 029 ***	0. 004 ***	- 0. 021
	(0. 000)	(0. 000)	(0. 000)	(0. 283)
Year	控制	控制	控制	控制
Industry	控制	控制	控制	控制
Constant	0. 874 ***	- 0. 291 ***	0. 298 ***	0. 062
	(0. 000)	(0. 000)	(0. 000)	(0. 283)
F - Value	32. 29	24. 30	26. 72	31. 37
Obs	12546	12546	12546	12546
Adj. R^2	0. 082	0. 067	0. 065	0. 102

说明：（1）*** 、** 、* 分别表示 1% 、5% 和 10% 的显著性水平（双尾检验）；（2）变量 Size、Lev 和 Tobins' Q 两端分别按 1% 进行了 Winsorize 处理；（3）在回归分析中检验了 VIF 值以控制多重共线性，VIF 值均在 10 以下，因此，变量间不存在多重共线性。

（四）高管激励与真实盈余管理

1. 单变量相关性分析。高管薪酬激励与真实盈余管理之间的 Pearson 相关系数检验见表 5 - 12 所示。从表 5 - 12 中可以看出，Execom 与现金流方面的真实盈余管理（R_CFO）及费用方面的真实盈余管理（R_DIS-EXP）显著正相关，与成本方面真实盈余管理（R_PROD）以及综合真实盈余管理（*RM*）显著负相关，可以初步判断高管薪酬可以对真实盈余管理行为起到一定的约束作用。从 *Exestock* 与各真实盈余管理的代理变量的相关关系系数来看，分别与现金流方面的真实盈余管理（*R_CFO*）、成本方面真实盈余管理（*R_PROD*）以及综合真实盈余管理（*RM*）呈显著负相关关系，与费用方面的真实盈余管理（*R_DISEXP*）呈显著正相关关系，说明高管持股比例也可以约束各种真实盈余管理行为。

表 5 – 12 　　　　　　　　 主要研究变量的 *Pearson* 相关系数

	R_CFO	R_PROD	R_DISEXP	RM	Execom	Exestock
R_CFO	1					
R_PROD	− 0.482 *** (0.000)	1				
R_DISEXP	0.121 *** (0.000)	− 0.273 *** (0.000)	1			
RM	− 0.573 *** (0.000)	0.394 *** (0.000)	− 0.382 *** (0.000)	1		
Execom	0.058 *** (0.000)	− 0.293 *** (0.000)	0.123 *** (0.000)	− 0.293 *** (0.000)	1	
Exestock	− 0.284 *** (0.001)	− 0.223 *** (0.000)	0.291 *** (0.000)	− 0.103 ** (0.034)	0.052 * (0.062)	1

说明：***、**、* 分别表示1%、5%和10%的显著性水平（双尾检验）。

2. 多元回归结果分析。进一步地，为检验高管薪酬激励对真实盈余管理的影响，分别以高管薪酬各代理变量及真实盈余管理代理变量作为解释变量和被解释变量，对筛选得到的数据进行 *OLS* 回归，检验结果如表 5 – 13 所示。从表 5 – 13 中可以看出：（1）高管薪酬变量（*Execom*）与 *RM* 呈高度负相关关系，说明真实盈余管理行为随着高管薪酬的增加而减少，假设 H4 – a 得以验证。（2）高管持股比例变量（*Exestock*）的回归系数在因变量为 *RM* 时为负，且在 1% 的水平上高度显著，说明高管持股比例真实盈余管理行为起到了良好的约束作用，假设 H4 – b 得以验证。以上结果说明，给予高管一定的激励，不论表现在薪酬方面，还是表现在股权方面，都会激励其从维护企业长期价值增长的角度出发，减少他们的机会主义行为，采取富有远见的行为。

表 5 – 13 高管薪酬对真实盈余管理影响的回归估计结果

	RM	R_CFO	R_PROD	R_DISEXP
Execom	− 0. 062 ***	0. 028 **	− 0. 083 ***	0. 073 ***
	(0. 000)	(0. 024)	(0. 000)	(0. 000)
Exestock	− 0. 073 ***	− 0. 098	− 0. 076 ***	0. 055 ***
	(0. 000)	(0. 283)	(0. 000)	(0. 000)
Size	− 0. 039 ***	0. 012 ***	− 0. 086 ***	− 0. 097 ***
	(0. 000)	(0. 000)	(0. 000)	(0. 000)
Lev	0. 193 ***	− 0. 097 ***	0. 065 ***	− 0. 076 **
	(0. 000)	(0. 000)	(0. 000)	(0. 012)
Tobins' Q	− 0. 027 ***	0. 054 ***	− 0. 035 ***	0. 053 ***
	(0. 000)	(0. 000)	(0. 000)	(0. 000)
DA	0. 062 ***	− 0. 201 ***	0. 072 **	0. 012 ***
	(0. 000)	(0. 000)	(0. 018)	(0. 000)
Year	控制	控制	控制	控制
Industry	控制	控制	控制	控制
F – Value	32. 76	16. 74	21. 87	28. 87
Constant	0. 973 ***	− 0. 653 ***	0. 572 ***	− 0. 387 ***
	(0. 000)	(0. 000)	(0. 000)	(0. 003)
Obs	12558	12558	12558	12558
Adj. R^2	0. 232	0. 149	0. 103	0. 138

说明：(1) ***、**、*分别表示1%、5%和10%的显著性水平（双尾检验）；(2) 变量 Size、Lev 和 Tobins'Q 两端分别按1%进行了 Winsorize 处理；(3) 在回归分析中检验了 VIF 值以控制多重共线性，VIF 值均在10以下，因此，变量间不存在多重共线性。

　　鉴于综合真实盈余管理 RM 由 R_CFO、R_PROD 和 R_DISEXP 共同构成，本章也分别考察了股权结构对三个单方面真实盈余管理的影响。综合表 5 – 7、表 5 – 9、表 5 – 11 和表 5 – 13 来看：第一，各公司代理变量在抑制异常现金流方面起到了较弱的约束作用，这可能是因为企业的现金流可能每天都在发生着变化，且其构成和来源具有复杂性，而真实盈余管理的异常现金流一般只是短期行为，这样就可能使股东误认为只是正常且暂行性的行为，从而忽视了对这方面的监管。第二，在因变量

分别为 R_PROD 和 R_DISEXP 时，各公司治理代理变量普遍起到了良好的约束作用，这可能是因为产品成本和费用对于企业来说是两个较为敏感的指标，本身就会受到利益相关者较多的关注，尤其在出现异常性的变动后，则会格外显眼，从而使异常成品成本和可操控性费用会因关注度的提高而受到约束。此外，需要说明的是，各表的 F 统计量是用以检验模型总体设定有效性的标准，F 值均在 0.01 的水平下显著，这不仅说明模型设定是有效的，还表明本章设定的回归分析模型在总体上通过了显著性检验。

（五）真实盈余管理与控制变量的关系检验

在实证研究过程中，本章还设定了企业规模（$Size$）、负债比率（Lev）、公司成长性（$Tobins'\ Q$）和应计盈余管理（DA），分别对企业规模、债务水平、成长性差异及应计盈余管理水平对样本数据回归结果产生的影响进行控制。主要控制变量的描述性统计结果见表 5 – 14 所示①。

表 5 – 14　　　　　　　　主要控制变量的描述性统计表

	Obs	Min	Max	$Mean$	$S.D$
$Size$	12655	20.6521	26.7631	22.7631	1.2733
Lev	12643	0.0000	0.6829	0.0877	0.9862
$Tobins'\ Q$	12593	0.9723	6.8762	2.0661	1.2387
DA	12676	– 4.1169	3.7226	– 0.2357	0.7862

从上市公司股权结构、董事会特征、监事会特征和高管薪酬激励与真实盈余管理的实证研究结果来看（表 5 – 7，表 5 – 9，表 5 – 11 和表 5 – 13），各控制变量与真实盈余管理程度代理变量之间的回归结果较为一致，与预期基本一致。具体分析：（1）企业规模变量（$Size$）总体上

---

① 需要说明的是，为了控制年度和行业的宏观方面系统性差异，年度以 2007 年为参照，设置了 4 个虚拟变量，行业以 A 为参照，设置了 20 个虚拟变量。由于涉及的变量较多，因此，在列示的回归结果表中，只以控制进行说明。

与现金流方面的真实盈余管理呈显著正相关关系，与费用方面的真实盈余管理呈显著负相关关系，说明企业规模越大，需要更多的现金流和更多的费用，会更倾向于通过折扣或销售折让等促销活动以及削减研发支出等费用进行盈余管理，调增利润，这可能因为规模较大公司的治理结构较为复杂，更容易出现代理人问题，从而使得实施盈余管理的可能性增大。（2）负债比例变量（Lev）系数并未呈现一致的显著关系，说明财务杠杆是容易发生真实盈余管理的一个因素，这可能是因为当公司的负债比例较高时，无疑会增加债权人承担的风险，管理者为了减轻债权人对其的压力，会有进行盈余管理的倾向，也可能会因为债权人对企业财务状况的审查更为严格，从而对真实盈余管理的空间进行相应压缩。（3）公司成长性变量（$Tobins' Q$）分别与现金流方面、费用方面的真实盈余管理呈显著正向关系，与成本方面以及综合真实盈余管理呈显著负相关关系，这一方面说明成长性较好的企业及正处于发展旺盛阶段的企业需要大量的现金流，从而使其具有对利润进行操控的倾向，另一方面说明企业的成长性越好，管理层越会从股权考虑，不会随意进行盈余管理行为，影响企业未来的发展，从而具有约束作用。（4）应计盈余管理变量的系数（DA）回归系数也并未呈现一致的显著正或负相关，这也再次证明了应计盈余管理和真实盈余管理之间并没有绝对的替代关系或互补关系，而是一套组合方式。

（六）稳健性检验

为检验上述结果的稳健性，本章从动态角度进行了敏感性测试，具体方法是：除哑变量外，其余变量均用当期数据减去上期数据，再对得到的差额进行回归分析。检验结果均与本章结论保持一致，说明本章的研究发现具有较好的稳健性。

本章小结

本章在运用第三章得到的我国上市公司 2007～2015 年样本数据的基

础上，实证考察了上市公司真实盈余管理与公司治理结构特征的关系，所取得的主要研究成果与结论如下。

首先，本章证实了股权治理机制、董事会特征、监事会特征以及高管薪酬激励均可以对真实盈余管理行为起到约束作用。但是，研究发现，从总体上看，股权治理机制、董事会特征、高管激励机制对上市公司真实盈余管理行为约束的作用效果更好。

其次，鉴于我国资本市场的现实情况，虽然上市公司股权高度集中，一股独大、控制人缺位现象严重，机构投资者持股的现象并不普遍，但是其已经逐渐彰显出突出股权制衡的治理作用，相对应地，上市公司的国有股权性质妨碍了公司治理机制作用的更好发挥。一直以来，由于监事会并不拥有实际的决策权，只拥有监督和提供建议的权利，使得董事会被认为在公司治理中发挥着举足轻重的作用，在中国上市公司治理中居于核心地位，发挥着实质的治理作用。然而，在约束真实盈余管理行为方面，独立董事却只充当了"花瓶"的作用。因此，董事会特征与真实盈余管理关系的实证研究结果证实了公司治理机制对盈余管理行为具有显著的约束作用。

再其次，尽管我国目前国有上市公司股权激励制度的实施正处于试行阶段，我们不能获取充分有效的研究样本实证研究股权激励制度的有效性，但是，本章实证研究发现，董事会、监事会以及高管持有上市公司股权对上市公司的真实盈余管理程度具有显著的约束作用，这一实证研究结论不仅为研究股权激励机制与真实盈余管理行为之间的关系提供了有效的经验证据，还说明董事、监事以及高管人员持有上市公司股权对有利于其着眼于企业的长期利益，放弃过度追求短期利益发挥了显著的作用。

最后，本章的实证研究发现为第六章关于真实盈余管理约束机理的检验提供了有效的理论和实证支撑证据。

第六章　真实盈余管理约束机理的效果检验与评价

　　基于前文的研究结论，真实盈余管理现象不仅在我国资本市场上存在着，还会对会计业绩及现金流业绩产生长期的不利影响。在通过公司治理对真实盈余管理的动因检验后发现，公司治理机制中的一些因素，对真实盈余管理行为产生有显著的抑制作用，如股权制衡、董事会持股比例以及高管薪酬等，而这些因素又可以在一定程度上进行融合。本章试图提出可以有效抑制上市公司真实盈余管理行为的约束机理①，并在对单一约束激励的约束效率进行检验的基础上，构建真实盈余管理约束效率综合评价模型，对真实盈余管理约束机制的综合约束效率进行评价，以作为有效约束上市公司的盈余管理行为，提高上市公司会计信息的透明度，完善和健全上市公司治理结构，提供具有理论和现实意义的政策性建议，为拓展真实盈余管理约束问题理论研究做贡献。

第一节　理论分析

　　从真实盈余管理的本质来看，它是由于交易成本、不确定性和人们的有限理性等因素的存在，通过构造真实交易并在公认会计准则范围内进行的机会主义行为，以实现管理当局的某种目的。从受托责任观的角

---

　　① 是指为实现某一特定功能，一定的系统结构中各要素的内在工作方式以及诸要素在一定环境条件下相互联系、相互作用的运行规则和原理。

度看，真实盈余管理是管理当局向委托人呈报其认真履行受托责任的一种有利的方式；从决策有用观的角度看，经"管理"过的财务报告不仅会直接影响利益相关者基于会计信息对企业经营成果、财务状况的了解，还将导致信息需求者做出有损于其自身利益的经济决策。一般来说，真实盈余管理是不可能最终被消除的，这也可以归结为会计信息质量由于不能追求完美而寻求"满意"的一种必然结果。然而，已有国内外研究表明，通过健全外部法律等监管制度，完善公司治理、内部控制等制度，可以在一定程度上对真实盈余管理行为进行约束，增加会计信息的透明度。委托代理理论、契约理论和信息不对称理论伴随着现代公司制企业的建立而产生，真实盈余管理行为又根源于委托代理冲突、信息不对称和契约的不完备性，而公司治理机制的建立是被公认的一种可以有效减少委托代理冲突及促进信息双向流通的方式，在对代理人进行激励和约束的同时，使其更好地为最大化全体股东利益服务。因此，人们普遍认为，完善的公司治理机制是一种抑制和约束真实盈余管理行为的有效路径。

第五章在公司治理机制的代理变量的选取方面，不仅将股权结构治理机制、董事会特征、监事会特征和高管薪酬激励机制作为四个大的方面，并且进一步细化为几个小的方面。经实证研究发现，公司治理机制中个别因素可以对真实盈余管理行为产生显著的约束作用，如股权结构治理机制代理变量中的股权制衡度（*Balance*）、机构投资者持股比例（*Instock*）；董事会特征代理变量中的董事会规模（*Bsize*）、董事会会议次数（*Bmeet*）、董事会持股比例（*Bstock*）；监事会特征代理变量中的监事会持股比例（*Jstock*）以及高管薪酬激励代理变量中高管薪酬（*Execom*）、高管持股比例（*Exestock*）8 个研究变量均与各真实盈余管理程度的代理变量存在显著的相关关系。综合图 5 - 1、图 5 - 2 和图 5 - 3 来看，股权制衡度和机构投资者持股比例可以作为股权制衡的表现形式，董事会持股比例、监事会持股比例、高管薪酬和高管持股比例是股权激励的表现形式，而董事会规模和董事会会议次数分别是董事会独立性和董事会职能的表现形式。股权制衡、董事会独立性、董事会积极性以及股权激励四个方面对真实盈余管理的约束机理以图 6-1 表示。

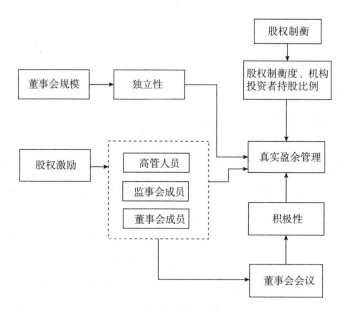

图 6-1　真实盈余管理约束机理关系

股权制衡的约束作用主要体现的是通过股权的安排抑制大股东的掏空行为。资本市场的发展促使了机构投资者积极参与公司治理，而机构投资者拥有的人才、资金和政策优势也为机构投资者参与公司治理提供了可能性。随着机构投资者群体的发展壮大，机构投资者开始积极参与和改进公司治理，作为投资者，他们具有参与被投资公司的管理的权利，还可以直接对公司董事会或经理层施加影响，使其意见受到重视。虽然第一大股东在公司中处于支配性地位，但是其他中小股东有时会放弃"搭便车"的选择以保护自身利益，尤其是当第二大股东的持股比例足够高时，更可能联合起来形成攻守同盟，并形成股权制衡。因为股权制衡是通过内部牵制各大股东的利益，实现相互监督、约束，从而抑制内部人掠夺资产的一种股权安排模式。

董事会是现代公司内部治理结构的核心，董事会作为联系股东与经理层的纽带，是公司治理机制的重要组成部分，公司经营成功与否往往与董事会结构及治理效率有直接关系。董事会要在其决策过程中体现出公正、不偏颇于任何一方利益的价值取向，必须具备一定的独立性，独立于股东个体，又独立于管理层。那么，董事会成员中的一部分董事需来自企业外部，较大规模的董事会能够容纳更多的拥有金融、财务知识和企业管理经验的专业人士，不仅会使董事会的决策更为专业和科学，识别公司真实盈余管理行为的相应能力也更强，且董事会人数越多，规模越大，各董事间达成一致意见的可能性更小，因而成员间共谋进行真实盈余管理行为的可能性也更低。

对于企业高管人员、董事会成员以及监事会成员的股权激励可以有效促使其积极有效地履行义务和承担责任，提升三者的行为动力。那么，就企业高管而言，由于委托人和代理人信息不对称，作为代理人的企业高管常常因追求短期自身利益而忽视企业长远发展目标，而实施股权激励机制正好缓解了二者的矛盾，使之产生协同效应，从机制上激励了企业高管从公司角度去进行行为选择；就董事会和监事会而言，企业董事会和监事会均在公司治理过程中发挥着不可替代的作用，利用股权激励机制可以更好地促其履行监管职责，使其个人收益与企业长远发展形成协同，对真实盈余管理进行有效约束。此外，董事会会议的频率，在很大程度上反映了董事会成员参与公司治理、承担其应尽职责和义务的意愿和积极程度。而董事会成员积极性的发挥，一方面取决于董事个人的职业操守，另一方面有效的激励机制也可以极大激发董事会成员的积极性，如董事会成员可能会受股权激励的影响而使董事会会议而变得更为积极，成员间沟通更频繁，更好地促使他们履行职责，识别出包括盈余管理行为等问题的概率就越高。基于此，本章提出假设 H1。

H1：股权制衡、董事会独立性及股权激励构成了上市公司真实盈余管理行为的主要约束机制，它们能够对真实盈余管理行为形成最直接的约束作用；董事会积极性机制构成了真实盈余管理行为的辅助约束作用，是主要约束机制发生约束作用的平台和传导媒介。

第二节　实证检验

一、研究方法的确定

第五章研究发现，股权制衡度等 8 个研究变量均可以对真实盈余管理行为产生显著的约束作用，鉴于公司治理的信息无法通过任何一个单一的变量进行描述和反映，且各变量间可能存在着信息重复，就可以采用因子分析法[①]以提取公因子的方式对 8 个变量的相关信息进行融合和综合，公因子即为上文分析的约束机理。此外，还需建立多元回归模型对公因子进行验证。

二、研究模型与变量

在得到公因子的基础上，建立如下多元回归分析模型，以实现将不同的真实盈余管理约束因素同时放在同一个分析平台中进行研究，并进一步分析、比较和评价不同约束因素在约束真实盈余管理时所发挥的约束作用，对本章的假设 1 进行验证。

$$RDEP_{it} = \beta_0 + \beta_1 \times Com_n + \varepsilon_{it} \qquad (6.1)$$

式（6.1）是对不同约束机制所具有约束作用的差异性所进行的对比分析。在式（6.1）中，$RDEP_{it}$ 为第三章中计算得到的关于真实盈余管理程度的代理变量，包括异常现金流量（R_CFO）、可操控性费用（R_DISEXP）、异常产品成本（R_PROD）和总体变量（RM）；Com_n 表示经因子分析法分析后得到的公因子；β_0、β_1 均表示待估计的回归系数；ε_{it} 为残差项。

[①]　因子分析（principal component analysis，PCA），将多个变量通过线性变换以选出较少个数重要变量的一种多元统计分析方法，也就是说，是对多变量表示数据点集合寻找尽可能少的正交矢量表征数据信息特征的一种统计分析方法。

三、结果及分析

（一）公因子的确定

股权制衡度（*Balance*）、机构投资者持股比例（*Instock*）、董事会规模（*Bsize*）、董事会会议次数（*Bmeet*）、董事会持股比例（*Bstock*）、监事会持股比例（*Jstock*）、高管薪酬（*Execom*）和高管持股比例（*Exestock*）8 个研究变量均与各真实盈余管理程度的代理变量存在相关且显著的关系。考虑到各变量之间可能会存在一定程度的信息重复，且公司治理机制的信息无法通过某单一研究变量得以明确体现，因此，需对上述研究变量间的相关关系进行统计分析，判断是否存在信息重复以及重复程度，即是否存在较强的多重共线性进行验证，各研究变量的 *Pearson* 相关系数如表 6 – 1 所示。在表 6 – 1 中，上述 8 个研究变量两两之间存在着高度显著的相关关系、较高程度的多重共线性，信息重复度较高。如股权制衡度（*Balance*）分别与机构投资者持股比例（*Instock*）、董事会规模（*Bsize*）、董事会持股比例（*Bstock*）、监事会持股比例（*Jstock*）和高管持股比例（*Exestock*）呈高度显著的相关关系；监事会持股比例变量（*Jstock*）与董事会持股比例变量（*Bstock*）的 *Pearson* 相关系数为 0.293，高管持股比例变量（*Exestock*）与董事会持股比例变量（*Bstock*）及监事会持股比例变量（*Jstock*）的 *Pearson* 相关系数分别为 0.297 和 0.372，并且均在 0.000 的水平下高度显著。相关性分析的结果表明，如果从上述 8 个研究变量的各个角度出发，以确定真实盈余管理的约束机理，不仅会因为单一研究变量无法明确地体现出公司治理的相关信息，还可能会因为严重多重共线性的存在而引起极大的误差，导致得出不确定或错误的研究结论。

表 6—1 主要研究变量的 *Pearson* 相关系数

	Balance	Instock	Bsize	Bmeet	Bstock	Jstock	Execom	Exe-stock
Balance	1							
Instock	0.072 *** (0.000)	1						
Bsize	0.082 *** (0.000)	0.292 *** (0.001)	1					
Bmeet	−0.012 (0.232)	0.271 *** (0.000)	0.207 *** (0.000)	1				
Bstock	0.281 *** (0.000)	0.128 *** (0.000)	−0.102 *** (0.000)	0.293 *** (0.000)	1			
Jstock	0.323 *** (0.000)	0.263 *** (0.000)	−0.230 *** (0.000)	−0.102 * (0.062)	0.293 *** (0.000)	1		
Execom	0.023 (0.292)	0.203 *** (0.000)	0.238 *** (0.000)	0.248 *** (0.000)	0.211 *** (0.000)	0.290 *** (0.000)	1	
Exe-stock	0.328 *** (0.000)	0.392 *** (0.000)	−0.219 *** (0.000)	0.392 *** (0.000)	0.297 *** (0.000)	0.372 *** (0.000)	0.192 *** (0.000)	1

说明：***、**、*分别表示 1%、5% 和 10% 的显著性水平（双尾检验）。

　　基于此，对上述 8 个显著研究变量采用 SPSS 13.0 进行因子分析，各研究变量的定义及数据来源见第五章。虽然在降低研究变量之间的多重共线性方面采用降维处理的方法，但是各单个研究变量所体现公司治理机制的信息均可以被降维后得到的公因子所充分容纳和综合，进而探索出真实盈余管理的有效约束机理。提取公因子的方法与多元线性回归的研究方法不同，特征值须大于 1 是提取因子的标准。因子分析的方差解释表如表 6 - 2 所示。表 6 - 2 中，前三个公因子的特征值分别为 2.682、1.325 和 1.014，均大于 1，且这三个公因子的累计方差贡献率达到了 63.806%，我们将保留前三个公因子，因为它们可以对进行因子分析的 8 个变量所包含的有较信息进行较好的容纳。基于此，我们将保留下来的三个公因子依次设定为 Com_1、Com_2 和 Com_3。

表 6 - 2　　　　　　　　　　　　方差解释

公因子	特征值	方差贡献率	累计贡献率（%）
1	2.682	33.621	33.621
2	1.325	17.723	51.344
3	1.014	12.462	63.806
4	0.972	10.672	74.478
5	0.821	9.423	83.901
6	0.523	8.972	92.873
7	0.372	6.545	99.418
8	0.024	0.296	100.000

　　进一步，还须将对初始因子载荷矩阵通过方差最大正交旋转的方法进行旋转，以使提取出的公因子更加具有明显的实际意义，表 6 - 3 列示了因子经过旋转之后得到的因子载荷矩阵。从表 6 - 3 中可以看出，因子载荷系数按数值大小进行排序，并且数值低于 0.6 的系数未被列示。

表 6 – 3　　　　　　　　　　　　　旋转后因子载荷矩阵

	Com_1	Com_2	Com_3
Exestock	0.968		
Bstock	0.921		
Jstock	0.802		
Execom	0.769		
Bmeet		0.787	
Bsize		0.701	
Instock			0.782
Balance			0.621

高管持股比例（*Exestock*）、董事会持股比例（*Bstock*）、监事会持股比例（*Jstock*）以及高管薪酬 4 个研究变量的载荷系数分别为 0.968、0.921、0.802 和 0.769，均在公因子 1 （Com_1）中表现出较大载荷，可以由此认为公因子 1 对上述 4 个研究变量的有效信息进行了较好的融合。而高管持股比例、董事会持股比例以及监事会持股比例分别表示上市公司对高管人员、董事会成员以及监事会成员通过股权的形式进行的激励，可以说，由股权激励机制所产生的激励作用信息均包含在了公因子 1 中。由此，本章就将公因子 1 认为是对真实盈余管理的激励约束机制。

董事会会议次数（*Bmeet*）和董事会规模（*Bsize*）这两个研究变量的载荷系数分别为 0.787 和 0.701，均在公因子 2 （Com_2）中表现出较大载荷，那么，公因子 2 就对上述两个研究变量的有效信息进行了较好的融合。然而，董事会规模是董事会独立性的代理变量，董事会会议次数是董事会职能的代理变量，二者被包含在同一个公因子中，可能是因为董事会成员中的一部分董事来自企业外部，董事会规模越大，会议次数越多，董事会成员履行其应尽职责和义务、参与公司治理的积极性就越高，董事会将获得越高的独立性，被内部人控制的可能性就越小。可以说，上市公司治理结构中的董事会独立性有效信息均包含在了公因子 2 中。

由此，本章就将公因子 2 认为是对真实盈余管理的董事会独立性约束机制。

机构投资者持股比例（*Instock*）和股权制衡度（*Balance*）这两个研究变量的载荷系数分别为 0.782 和 0.621，均在公因子 3（Com_3）中表现出了较大载荷，那么，上述两个研究变量的有效信息就在公因子 3 中得到了较好的融合。事实证明，机构投资者已经在公司治理中发挥着监督和制衡的作用。基于此，本章就将公因子 3 认为是对真实盈余管理的股权制衡约束机制。

（二）公因子分值的计算

基于上述因子分析的结果，本章将激励、董事会独立性和股权制衡作为真实盈余管理的三个约束机制。此外，在进行因子分析的过程中，不仅可以计算出各因子得分值，还可以凭借因子得分值对上述三个真实盈余管理约束机制发挥约束作用的程度进行定量描述。从对原始研究变量赋值所体现的统计含义可以看出，如果激励约束机制的因子得分值越高，则表明股权激励的程度越高，即董事会持股、监事会持股及高管持股的比例越高；如果独立性约束机制的因子得分值越高，则表明董事会的独立性程度越高，即董事会的规模越大，董事会会议次数越多；如果制衡约束机制的因子得分值越高，则表明机构投资者持股比例越高，股权制衡度越好，即股权制衡的程度越高。基于此，为实现对每个真实盈余管理约束机制因子得分值的计算，本章构建出真实盈余管理约束机制因子得分的函数表达式将以 SPSS 软件计算求得的因子得分系数矩阵为基础。

表 6-4 列示的因子得分系数矩阵是由回归估计的方法求得的，基于此，真实盈余管理约束机制因子得分函数表达式也得以构建，见式（6.2）至式（6.4）：

$$Z_1 = 0.148 \times Balance + 0.443 \times Instock - 0.103 \times Bsize + 0.069 \times Bmeet + 0.936$$
$$\times Bstock + 0.729 \times Jstock + 0.180 \times Execom + 0.945 \times Exestock \quad (6.2)$$

$$Z_2 = 0.025 \times Balance + 0.431 \times Instock + 0.320 \times Bsize + 0.595 \times Bmeet - 0.136$$
$$\times Bstock - 0.123 \times Jstock + 0.767 \times Execom - 0.131 \times Exestock \quad (6.3)$$
$$Z_3 = 0.594 \times Balance + 0.089 \times Instock + 0.719 \times Bsize - 0.453 \times Bmeet - 0.014$$
$$\times Bstock + 0.005 \times Jstock - 0.021 \times Execom - 0.010 \times Exestock \quad (6.4)$$

在式（6.2）至式（6.4）中，上述三个真实盈余管理约束机制的因子得分值分别由 Z_1 至 Z_3 表示。

表 6 - 4   因子得分系数矩阵

	Com_1	Com_2	Com_3
Balance	0.152	0.062	0.602
Instock	0.482	0.502	0.102
Bsize	-0.106	0.287	0.792
Bmeet	0.074	0.623	-0.398
Bstock	0.987	-0.152	-0.038
Jstock	0.804	-0.176	0.032
Execom	0.214	0.802	-0.038
Exestock	0.982	-0.162	-0.037

（三）真实盈余管理约束机理功效的实证检验

通过因子分析，得到了关于真实盈余管理的三个约束机制，并定性计量了约束机制所发挥的作用后，使得不同约束因素之间的信息重复程度极大降低。基于此，本章通过式（6.1）对上述三个约束因素进行实证检验，回归分析结果表见表 6 - 5 所示。表 6 - 5 列示了基于公因子的回归分析结果表，且模型总体通过了显著性检验，用以检验模型总体设定是否有效的 F 值均在 0.000 的水平下高度显著，因而模型设定有效。从表 6 - 5 中可以看出，当因变量为 R_CFO 时，公因子 1（Com_1）的回归系数为负，公因子 2（Com_2）和公因子 3（Com_3）的回归系数均为正，且均在 1% 的水平下高度显著；当因变量为 *R_PROD* 时，公因子 1 的回归系数为正，但不具有显著性，公因子 2 和公因子 3 的回归系数均为正，且在 1% 的水平下高度显著；当因变量为 *R_DISEXP* 时，公因子 1、公因子 2 和公因子 3 的回归系数均为正，且均在 1% 的水平下高度显著；当因变量为 *RM* 时，公因子 1、公因子 2 和公因子 3 的回归系数均为正，且均在 1% 的水平下高度显著。上述回归分析结果表明，公因子 1 对现金流方面、费用方面和综合真实盈余管理程度均具有显著的约束作用；公因子 2 和公因子 3 在成本方面、费用方面和综合真实盈余管理均具有显著的约束作用。而公因子的得分越高，真实盈余管理的程度越低，约束机制的作用就越大，但上文中确定的约束机制对现金流方面的真实盈余管理起到的作用很小。

在现金流方面的真实盈余管理中，公因子 1 的回归系数最小，为 -0.007，即激励约束机制的回归系数值最小。这一结果表明，对异常现金流方面的真实盈余管理而言，其受股权激励约束机制的约束效率最大。这是因为，在中国当前特定的资本市场条件下，对董事会成员、监事会成员以及高管人员实施股权激励的作用不仅表现明显，还可以作为丰富和完善上市公司的激励手段，进而降低上市公司的真实盈余管理程度。

在产品成本方面的真实盈余管理和综合真实盈余管理中，公因子 3 的回归系数最小，其次是公因子 2；而在费用方面的真实盈余管理中，公因子 3 的回归系数最大，其次是公因子 2。公因子 3 代表的是股权制衡约束机制，公因子 2 代表的是董事会独立性约束机制，这是从两个不同的角度对真实盈余管理行为形成的约束，一方面，股权制衡形成了少数大股东之间的内部相互制约、互相监督的股权安排模式，对盈余管理行为形成有效约束的同时也抑制内部人掠夺，因为在股权制衡模式下，任何一个大股东都无法单独控制企业的决策；另一方面，在董事会中适当增加具有专业背景的独立董事人数的前提下，适当扩大董事会规模，增加董事会会议次数，也可以形成对真实盈余管理行为的有效约束，因为董事会成员积极地履行监管职责和义务，直接参与公司治理。

表 6 - 5　　　　　　　　　回归分析结果

	RM	R_CFO	R_PROD	R_DISEXP
Com_1	- 0. 073 *** (0. 000)	- 0. 083 *** (0. 000)	0. 028 * (0. 082)	0. 098 *** (0. 001)
Com_2	- 0. 082 *** (0. 000)	0. 072 *** (0. 000)	- 0. 039 *** (0. 000)	0. 038 *** (0. 000)
Com_3	- 0. 087 *** (0. 001)	0. 102 *** (0. 000)	- 0. 098 *** (0. 007)	0. 059 *** (0. 000)
Constant	0. 374 *** (0. 000)	- 0. 109 *** (0. 000)	0. 172 *** (0. 000)	- 0. 102 *** (0. 000)
F-Value	167. 980	68. 420	198. 770	165. 980
Obs	12546	12546	12546	12546
$AdjR^2$	0. 037	0. 046	0. 024	0. 047

说明:(1) ***、**、* 分别表示 0.1%、1% 和 5% 的显著性水平(双尾检验);(2) 在回归分析中检验了 VIF 值以控制多重共线性,VIF 值均在 10 以下,因此,变量间不存在多重共线性。

对真实盈余管理约束机理功效进行实证检验后可以得到以下结论:(1) 股权制衡可以对真实盈余管理行为形成最有效的约束;(2) 赋予董事会必要的独立性,可以对整体真实盈余管理形成非常有效的约束;(3) 对董事会成员、监事会成员以及高管人员实施股权激励可以对真实盈余管理行为形成较为有效的约束。

第三节　真实盈余管理约束效果的综合评价

在前文各个约束机制单独发挥约束作用的角度对约束效率进行评价的基础上,下文拟对激励、董事会独立性以及股权制衡三种真实盈余管理约束机制整体所发挥的约束作用进行综合评价,即何种机制的约束效率最好。

一、评价方法

从各真实盈余管理约束机制单独发挥约束作用的视角来看,虽然股权制衡约束机制的约束效率较高，独立性约束机制和激励约束机制的约束效率较低，但是真实盈余管理约束机制整体所产生的综合约束作用却无法通过各约束机制予以反映。如果可以实现对真实盈余管理约束机制综合约束效率的有效性评价，那么，在对上市公司真实盈余管理程度、盈余信息质量进行评价时，不仅可以利用综合约束效率的评价结果，在上市公司关于真实盈余管理约束机制设置的有效有否进行评价时，也可以将综合约束效率的评价结果作为参考。

基于此，本章构造了一个以因子分析过程中三种约束机制分别对应的方差贡献率作为权数的新统计量，并以此作为上市公司真实盈余管理约束效率的综合评价模型，以综合评价真实盈余管理约束机制整体所产生的约束效率。

$$CS = \frac{\varphi_1}{\varphi_1 + \varphi_2 + \varphi_3} \times Z_1 + \frac{\varphi_2}{\varphi_1 + \varphi_2 + \varphi_3} \times Z_2 + \frac{\varphi_3}{\varphi_1 + \varphi_2 + \varphi_3} \times Z_3 \qquad (6.5)$$

在式（6.5）中，CS 表示真实盈余管理约束效率综合评价得分，Z_1 至 Z_4 代表三种真实盈余管理约束机制的因子得分值，φ_1 至 φ_3 表示三种真实盈余管理约束机制对应的方差贡献率。

利用表 6 - 2 中的累计方差贡献率数据，将式（6.5）改写为：

$$CS = 0.5204 \times Z_1 + 0.2600 \times Z_2 + 0.2197 \times Z_3 \qquad (6.6)$$

各研究样本的真实盈余管理约束效率综合评价得分可通过盈余管理约束效率综合评价模型计算得出。下文将实证检验模型的设立是否有效及评价结果是否可靠。

二、评价结果

真实盈余管理约束机制整体发挥作用的结果可以通过上文构建的真实盈余管理约束效率综合评价模型进行综合反映。如果构建的模型是有效的，约束效率综合评价得分不仅与真实盈余管理程度与之间存在显著的负相关关系，还可以有效地识别出不同的真实盈余管理程度检验样本，也就是说，约束效率综合评价的得分值越高，真实盈余管理程度就会越低，约束机制的综合约束效率也会越有效。可以说明本章所构建的真实盈余管理约束效率综合评价模型及其评价结果的有效性均可以得到证实。

首先，对真实盈余管理程度进行分组；其次，通过分组均值比较的方法对真实盈余管理约束效率综合评价得分在两个检验样本组之间的差异性进行对比分析；再其次，构建 $Logistic$ 回归分析模型检验真实盈余管理程度与真实盈余管理约束效率综合评价得分之间的关系；最后，对真实盈余管理程度的分类检验样本进行判别检验。

（一）综合真实盈余管理程度分组样本描述性统计

在对真实盈余管理约束效率综合评价模型进行实证检验的同时，还需要实证检验综合效率评价模型效果的可靠性程度。以综合真实盈余管理代理变量（RM）的平均数作为划分标准，将总样本划分为高真实盈余管理程度（U_RM，即 $RM > -0.0025$）和低真实盈余管理程度（D_RM，即 $RM < -0.0025$）两组样本。由此分别获得了 6902 个和 5644 个检验样本，在高真实盈余管理程度样本组中，U_RM 的最大值为 0.8972，最小值为 -0.0025，均值为 -0.2031；在低真实盈余管理程度样本组中，D_RM 的最大值为 -0.0025，最小值为 -1.1823，均值为 -0.3092。综合真实盈余管理程度两组检验样本的描述性统计特征如表 6-6 所示。

表 6-6 综合真实盈余管理程度分组样本描述性统计

	N	Min	Max	$Mean$	$S.D$
U_RM	6902	-0.0025	0.8972	-0.2031	0.2081
D_RM	5644	-1.1823	-0.0025	-0.3092	0.2193

（二）真实盈余管理约束效率综合评价的分值分析

基于上文对真实盈余管理样本的分组，分别在两个样本组中依据真实盈余管理约束效率综合评价通过式（6.6）计算出各个研究样本的约束效率综合评价得分 CS，CS 的分组描述性统计如表 6-7 所示。从表 6-7 中可以看出，真实盈余管理约束效率综合评价得分 CS 在高真实盈余管理程度样本组（U_RM）中的均值是 7.1546，最大值是 15.0982，最小值是 4.7652；在真实盈余管理约束效率综合评价得分 *CS* 在低真实盈余管理程度样本组（*D_RM*）中的均值是 7.7641，最大值是 16.4766，最小值是 4.3537。此外，还可以从表 6 – 7 中发现，*CS* 统计特征值的最大值、均值及标准差均在低盈余管理程度样本组表现得较高些。

表 6 – 7　　　　　　　真实盈余管理综合评价得分描述性统计

	N	*Min*	*Max*	*Mean*	*S. D*
U_RM	6902	4.7652	15.0982	7.1546	1.3421
D_RM	5644	4.3537	16.4766	7.7641	1.4982
RM	12546	4.3537	16.4766	7.5464	1.4284

真实盈余管理约束效率综合评价得分在两个检验样本组之间的差异性还需通过分组均值比较的方法进行对比分析，分组均值的结果如表 6 – 8所示。从表 6 – 8 中可以看出，相对于高真实盈余管理程度样本组 *CS* 的均值来说，低真实盈余管理程度样本组 *CS* 的均值更低。且用于对 *CS* 的均值差异进行统计检验的 *t* 统计量的值为 14.73，并在 0.01 的水平下高度显著。分组均值比较的实证检验结果表明，高真实盈余管理程度样本组中的约束效率综合评价得分 *CS* 的均值显著有异于低盈余管理程度样本组中 *CS* 的均值之间存在显著差异，也进一步说明真实盈余管理综合约束效率对上市公司真实盈余管理程度具有显著的约束作用。

表 6 – 8　　　　　　　综合评价得分 CS 值分组均值比较结果

	N	*Mean*		*t*	*Df*	*sig.*
U_RM	6902	5.2718	低 VS 高	14.73 **	311	0.000
D_RM	5644	4.9872				

（三）*Logistic* 回归分析的检验结果

进一步地，为验证真实盈余管理约束效率综合评价模型的有效性，以及评价结果的有效性，本章试图通过构建分类 *Logistic* 回归模型对两个检验样本组进行检验，并在此基础上对真实盈余管理程度与真实盈余管理约束效率综合评价得分之间的关系进行检验，以验证不同真实盈余管理程度的检验样本是否可以通过约束效率综合评价得分进行有效的判别，*Logistic* 回归模型如式 6.7 所示：

$$Logit（Y）=\beta_0 + \beta_1 CS + \beta_2 Control + \varepsilon \qquad (6.7)$$

在使用 *Logistic* 模型进行回归分析时，按因变量的性质，可以分为二分类、无序多分类以及有序多分类三种，依据本章的分析，我们采用二分类模型，即将整个样本划分为两个子样本。

具体来看，在式（6.7）中，被解释变量设定为 *Y*，*Y* 分别取值 0 和 1，当检验样本为高真实盈余管理程度样本时，变量 *Y* 赋值为 0，反之，当检验样本为低真实盈余管理程度样本时，则变量 *Y* 赋值为 1。*CS* 设定为解释变量，即真实盈余管理约束效率综合评价得分，上文构建的真实盈余管理约束效率综合评价模型计算得到的综合评价得分值是其取值的依据。此外，在结合前文实证研究的基础上，同样在此实证模型中设置企业规模（*Size*）、负债比率（*Lev*）、公司成长性（*Tobins' Q*）、应计盈余管理（*DA*）、年度（*Year*）和行业（*Industry*）等控制变量，其赋值方法与前文一致，具体可参见第五章。

表 6-9 是对式（6.7）进行回归后的结果。从表 6-9 中可以看出，解释变量 *CS* 的回归系数为负（-0.372），且用于显著性检验的 *Wald* 统计量的值为 169.62，P 值为 0，即在 0.000 的水平下高度显著，由此可以说明变量 *CS* 通过了显著性检验。此外，就上文对被解释变量 *Y* 的赋值来看，当 *Y* 赋值 0 时，表明检验样本为高真实盈余管理程度样本，因此，真实盈余管理约束效率综合评价得分值与真实盈余管理程度之间存在显著的负相关关系，这一实证检验结果表明，*CS* 的值越大，检验样本为低真实盈余管理程度样本的可能性越大。基于此，我们可以推论：真实盈余管理约束效率综合评价的得分值越高，检验样本真实盈余管理程度就越低。

表 6 – 9　　　　　　　　　　*Logistic* 回归分析结果

	β	*Wald*	*df*	*sig.*
CS	- 0. 372 ***	169. 62	0	0. 000
Tobin	- 0. 462 **	149. 76	0	0. 025
Size	- 0. 062 ***	11. 02	0	0. 001
Lev	0. 482 ***	3. 92	0	0. 002
DA	0. 198 ***	19. 73	0	0. 000
Constant	3. 962 ***	59. 62	0	0. 000
$PseudoR^2$	0. 090			
Obs	12546			

说明：*** 、** 、* 分别表示 0.1% 、1% 和 5% 的显著性水平（双尾检验）。

表 6 – 10 列示了通过 *Logistic* 回归模型对检验样本判别分类的结果。可以从表 6 – 10 中看出，在总检验样本中，个模型判别出 11357 个有效检验样本，综合判别正确率为 90.544% ；在高真实盈余管理程度检验样本组（*U_RM*）中，总样本数为 6902 个，有 2858 个检验样本通过了模型的判别，模型在高真实盈余管理程度检验样本组中的判别正确率为 87.473% ；在低盈余管理程度检验样本组中，总样本数为 5644 个，有 5320 个检验样本通过了模型的判别，模型在低盈余管理程度检验样本组中的判别正确率为 94.259% 。上述各判别结果表明，检验样本能够有效地被 *Logistic* 回归模型所判别，也就是说，样本中真实盈余管理程度的高低可以通过真实盈余管理约束效率综合评价得分 CS 进行有效的判别。

表 6 – 10　　　　　　　*Logistic* 回归模型判别分类结果表

	N	*U_RM*	*D_RM*	辨别正确率（% ）
U_RM	6902	6037	865	87. 473
D_RM	5644	5320	324	94. 259
RM	12546			87. 351

基于以上实证检验的结果，本章认为，对真实盈余管理约束机制整体约束作用有效性的评价结果可以通过真实盈余管理约束效率综合评价

得分进行反映，即约束效率综合评价的分值越高，说明真实盈余管理约束机制整体的约束效率越好。此外，真实盈余管理约束效率综合评价得分值与真实盈余管理程度之间存在显著的负相关关系，约束效率综合评价得分越高，检验样本为低真实盈余管理程度样本的可能性越大，真实盈余管理程度降低的可能性也就越大。因此，本章构建的真实盈余管理约束效率综合评价模型是有效的，通过该模型得到的评价效果也是有效的。

本章小结

在前文实证研究结果的基础上，本章围绕真实盈余管理约束机制的构建与综合性评价所进行了探索性研究，主要研究结果如下。

第一，提出了真实盈余管理的有效约束机制。本章首先采用因子分析的方法将第五章实证研究结论中证实的对真实盈余管理具有显著约束作用的各公司治理机制代理变量进行分析，进而构建出真实盈余管理的约束机制，分别表现在激励、董事会独立性和股权制衡三方面。

第二，建立了真实盈余管理约束效率综合评价模型。在因子分析结果的基础上，构建了用以评价真实盈余管理约束机制综合约束效率的模型，并在检验评价模型及其评价结果的有效性方面，分别进行了样本分组均值检验以及 *Logistic* 回归分析。

第七章　研究结论和政策建议

近年来，真实盈余管理问题开始受到各国学者的高度关注，尤其是在我国现行会计准则实施之后，国内学者对其关注度更高。本章在总结前文主要研究结论的基础上，提出相关政策建议。

第一节　研究结论

本章运用我国上市公司 2007～2015 年的样本数据，实证考察了上市公司真实盈余管理行为，所取得的主要研究结论如下。

一、现有真实盈余管理文献的结论趋同

在以委托代理理论、信息不对称理论以及契约理论等一系列理论为基础理论的前提下，国外学者自 21 世纪初对真实盈余管理展开了较为广泛的研究，并取得了一定的成果。真实盈余管理是通过真实存在的交易对公司盈余进行的调整。上述文献回顾部分已总结出企业一些较常见的行为，如降价销售、扩大生产规模、调整可操纵性费用以及股票回购等都可以是企业进行的真实盈余管理。此外，研究结果普遍表明，公司通过构造真实的经济交易对利润进行调整，以实现增加报告的盈余，达到分析师的预测或增加每股收益等目标。已有文献不仅对应计盈余管理和真实盈余管理两种方式的趋势进行了研究，还对管理层如何在两种方式中选择进行了较为深入的剖析，均表明我国资本市场也同样存在着真实

盈余管理行为，且日益受到管理者的青睐。

对国内外盈余管理研究动态回顾和分析表明，虽然国内外研究的出发点不同，但是最终的结论趋同：第一，企业在交叉使用应计盈余管理和真实盈余管理两种方式调节利润；第二，相较应计盈余管理，虽然真实盈余管理的成本较高，但已成为管理层首选的一种方式，以达到各种目的；第三，真实盈余管理对企业具有不利的经济后果，即导致企业未来业绩的下滑，减少企业价值；第四，企业不可能自觉减少真实盈余管理，为减少真实盈余管理行为，需要一定的约束机制。因此，对真实盈余管理进行全面、深入的研究，有助于减少盈余管理行为，提高公司价值并稳定公司业绩，为制定有关监管资本市场的真实盈余管理和相关管理政策提供依据，最终促进我国资本市场的良性运转。

但是，目前我国对真实盈余管理的研究还不够深入，也还没有进行系统地研究，尚存在很多需要完善的地方，有待于进一步全面、系统地研究，如缺乏对真实盈余管理的经济后果做进一步研究，缺乏公司治理机制对真实盈余管理的影响进行系统的研究以及缺乏对真实盈余管理的成因、后果和约束机制进行系统研究等。

二、我国上市公司的真实盈余管理行为普遍存在

基于对盈余管理相关理论问题和计量方法的阐述和确定，确定以研究窗口为 2007～2015 年的 12676 个研究样本，在依据罗伊乔杜里（2006）和科恩等（2010）的做法以及修正 Jones 模型分别对研究样本的真实盈余管理程度和应计盈余管理程度进行了有效计量的基础上，分别对两种盈余管理方式在研究期间内的变化趋势进行了分析。研究表明，中国上市公司盈余管理的总体程度在现行会计准则实施之后出现了增加的趋势，会计信息的质量近年来并没有得到提升。此外，就真实盈余管理和应计盈余管理的关系而言，二者不仅存在着负相关关系，还存在着正相关关系，说明二者不仅存在着相互替代的关系，还具有相互补充的关系，这可能是为了实现不同的目的而进行的。这一结论虽然与国外学

者的发现不一致，却和国内大多数学者的研究发现相一致。

三、真实盈余管理对企业业绩存在负面影响

为验证上市公司真实盈余管理行为是否会损害公司的长期业绩，本书采用配对样本的方法进行检验，研究发现：第一，在滞后一至两期的样本期间内，进行真实盈余管理的样本公司的净利润（会计业绩）要明显低于没有进行真实盈余管理的公司，也就是说，虽然公司可以通过真实盈余管理调整当期的业绩，但在随后的一至两年中，其会计业绩会出现"滑坡"；第二，在滞后一至三期的样本期间内，公司的经营现金净流量会因其进行的真实盈余管理而下降，不仅说明公司的现金流业绩会出现"滑坡"的现象，还表明现金流业绩"滑坡"的期限要长于会计业绩，即真实盈余管理对于现金流的影响更为深远。也就是说，真实盈余管理会造成公司会计业绩和现金流业绩的同时下滑。上述研究结论既说明真实盈余管理在中国这样特殊的资本市场中存在，又表明其存在会导致企业业绩的下滑，这一发现与西方资本市场的结论相一致。

四、公司治理对真实盈余管理行为具有显著影响

基于研究确定的有效研究样本，对公司治理机制与真实盈余管理的关系进行实证研究，并建立多元回归分析模型进行检验。在公司治理机制代理变量的选取方面，分别选取了股权结构、董事会特征、监事会特征和高管薪酬激励四个方面。

首先，从上市公司股权结构与真实盈余管理影响的实证检验中，得到了以下四个方面的研究结论：第一，股权集中程度在约束异常产品成本、可操纵性费用和综合真实盈余管理行为的发生方面具有一定的正面作用；第二，股权制衡度也在约束异常产品成本、可操纵性费用和综合真实盈余管理行为的发生方面具有一定的正面影响；第三，控制权性质的回归结果并不具有一致性，说明上市公司的国有性质一方面约束着费

用方面的真实盈余管理行为；另一方面又促进着成本方面的真实盈余管理行为；第四，机构投资者持股比例对真实盈余管理行为起到了约束作用。

其次，从上市公司董事会特征与真实盈余管理影响的实证检验中，得到了以下五个方面的研究结论：第一，董事会规模在一定程度上约束了异常产品成本、可操纵性费用和综合真实盈余管理行为的发生；第二，董事长和总经理两职分离情况只对费用方面的真实盈余管理具有约束作用；第三，独立董事在对待真实盈余管理方面不如对待应计盈余管理行为敏感，尚未发挥其应有的监督和治理作用；第四，董事会会议次数只在现金流方面和费用方面的真实盈余管理起到抑制作用；第五，董事会持股比例对各方面的真实盈余管理行为均起到了约束作用，说明对董事会成员的股权薪酬激励机制会使其放弃眼前利益，通过采取富有远见的行为以维护企业价值的长期增长，可以说，董事会特征的治理作用会因股权激励制度的实施而提升。

再其次，从上市公司监事会特征与真实盈余管理影响的实证检验中，得到了以下三个方面的研究结论：第一，监事会规模在约束真实盈余管理行为方面的水平高低；第二，监事会会议次数只会较多地关注异常产品成本，对真实盈余管理起到抑制作用较差；第三，监事会持股比例对各方面的真实盈余管理行为均起到了约束作用，说明对监事会成员的股权薪酬激励机制激励其从维护企业长期价值增长角度的出发并采取富有远见的行为，可以说，监事会特征的治理作用会因股权激励制度的实施而提升。

最后，从上市公司高管薪酬激励机制与真实盈余管理影响的实证检验中，得到了以下两个方面的研究结论：第一，高管薪酬在一定程度上约束了异常产品成本、可操纵性费用和综合真实盈余管理行为的发生；第二，高管持股比例变量对各方面的真实盈余管理行为均起到了约束作用。以上结果说明对高管的薪酬激励机制会激励其从维护企业长期价值增长角度出发并采取富有远见的行为。

五、需要构建有效的约束机制

上市公司不完备初始契约的存在以及所有权和经营权的分离，致使在公司剩余收益如何分配的问题上，委托人和代理人之间存在着明显的利益冲突。公司治理机制对真实盈余管理行为的约束也会因公司治理机制设置的完善程度不同而发挥不同的作用。如果公司治理机制更为完善，那么公司治理机制对真实盈余管理行为更具有约束性，进而真实盈余管理的程度相对更低；反之，如果上市公司只是按照相关法规制度的最低要求设置治理机制，那么该公司的真实盈余管理程度会相对更高，这是因为约束真实盈余管理行为治理机制的作用是有限的。

经实证检验发现，上市公司真实盈余管理程度随着股权制衡度的提高、董事会独立性的提升以及股权激励的加强而减少，说明上述三种机制对其有显著的约束作用。此外，需要说明的是：第一，在提高股权制衡度方面，第二大股东至第五大股东持股比例的提高只是对股权进行制衡的一个方面，机构投资者的持股也可以形成对第一大股东的抗衡，以保护中小股东的利益；第二，在提升董事会的独立性方面，应重点强化董事会会议和董事会规模应起到的监督作用；第三，在加强股权激励方面，不仅需适度提高管理层的持股比例，还应适当提高董事会成员和监事会成员的持股比例，以激励他们从企业的长远利益出发，增加企业价值。

第二节　政策建议

尽管真实盈余管理行为并不违反《企业会计准则》的相关规定，但由于其仍然会歪曲公司的盈余信息，从而误导利益相关者的决策，同时还会因为非最优决策而损害公司的长远利益，降低公司的价值，因此有必要积极采取措施加以防范和治理。

一、提高利益相关者识别真实盈余管理的能力

真实盈余管理在表象上和企业的正常生产经营活动很相似，但是其具有较强的隐蔽性，即从本质上来看，它与企业的正常生产经营活动还是有很大差异性的。真实盈余管理以粉饰或者调整公司盈余信息为目的，以实际交易或者决策的安排为手段，而正常的生产经营活动以企业的整体利益最大化为目标，以企业的可持续健康发展为出发点。比如，在正常的经营环境下，放宽信用条件或采取异常的价格折扣，就可能是上市公司通过操控销售而进行的真实盈余管理。但是，当行业或者经济处于周期的低谷时，为达到促销目的的放宽信用条件或者实施较大的价格折扣则是一种正常行为。因此，在通过积极开展真实盈余管理研究的基础上对利益相关者进行教育和培训，不断规范企业会计信息的披露内容和质量，提高他们阅读和分析会计信息的能力，掌握识别真实盈余管理的能力，提高信息利用者的识别能力，有利于他们抑制和防范企业进行真实盈余管理的动机，进而提高会计信息的透明度。

二、强化董事会与监事会监督真实盈余管理的职能

整体上，我国上市公司中独立董事的监督作用是被弱化的，使得董事会对真实盈余管理行为的遏制作用较弱。这是因为我国独立董事的设置是政府强制性措施的产物，独立董事所要监督的对象往往限制了其提名和薪酬，加之大股东常常会直接干预董事会的决策，这无形中便会削弱独立董事的独立性，使得独立董事的监督作用被弱化。基于此，独立董事的提名和薪酬制度需首先进行改革：第一，建立薪酬资金由上市公司来提供、由证监会监管的专门负责独立董事的推荐、报酬发放的第三方机构；第二，为提高独立董事选举的公正性，在独立董事的选聘活动中还应有中小股东的参与；第三，提高独立董事的渎职成本，建立独立董事约束机制，由证券监管部门负责建立独立董事的声誉市场、惩罚和

退出机制，进而遏制公司通过构造真实交易的盈余操纵行为，发挥独立董事的监督职能。

本书研究发现，我国的监事会基本流于形式，并没有发挥出抑制真实盈余管理的作用。我国上市公司设立监事会的初衷并非市场需要，而是为了应付国家法律的强制要求，加之企业内部管理层是监事会成员的核心成员，往往是"自己人"监督"自己人"，从而使得我国监事会的独立性较差，监事会往往沦为一种摆设，很难发挥出其应有的监督制约作用。建议明确监事会职能，提高监事会的监督效力，提高监事会独立性，使其发挥积极的公司治理作用。应首先对监事会人员构成进行改革，在赋予监事会更多实质性权力的同时严格限制公司高管及其"关联方"任职，遏制公司高管进行的真实盈余管理等会计寻租行为。

三、激励管理层减少真实盈余管理的行为

委托代理问题由现代公司的两权分离而产生，委托人往往要给代理人薪酬和奖金，以更好地激励代理人努力工作，但是其往往会因为信息的不对称对公司盈余进行操纵以实现其自利目的。作为一种长效激励制度的股权激励，可以有效地减少经理人短视的经营行为，这是因为股权激励将经理人利益与公司利益很好地捆绑在一起，实现了公司与经理人风险的共担和利益的共享。因此，上市公司在实施股权激励的具体措施时，可以包括以下几个方面：第一，可以参照国外的办法制定关于规范职业经理人市场的法规，并尽快制定关于公司高管选聘、管理、惩罚的相关法规；第二，证券监管部门应构建经理人市场声誉机制，通过建立职业经理履历信息档案，使职业经理人重视职业声誉，减少信息的不对称性；第三，职业经理人的聘任应制度化，避免政府、大股东的直接干预，信息对外要公开透明，实行"阳光"政策；第四，建立科学的评价方法和考核体系，如从财务、顾客、内部经营过程以及学习与成长四个维度对公司进行考察的平衡计分卡考核体系，不仅有利于全面、准确地评价公司业绩，同时还有助于正确引导管理者的行为，一定程度上减少

和防范真实盈余管理行为的发生。

四、引导机构投资者约束真实盈余管理作用的发挥

在我国，机构投资者出现时间并不长，正处于不断调整、完善的阶段，其作用如何还存在很多争议。本书研究发现，我国机构投资者与上市公司真实盈余管理程度间存在显著负相关关系，说明我国机构投资者有抑制上公司的盈余管理行为作用，还说明其积极参与公司治理，发挥了战略投资者的监督功能。因此，我国证券监管部门首先应扶持长期投资型机构投资者，强化对机构投资者的教育与监督工作，帮助其树立长期战略投资的理念，避免投机的短视行为；其次，在制定政策时，应倾向支持更多的如社保基金、保险基金和养老基金等长期投资型机构投资者；最后，监管部门要加大处罚力度，促使机构投资者作为外部市场力量，发挥积极的公司治理作用。

五、完善资本市场监管真实盈余管理的规则

资本市场监管规则是证监会和上市公司之间的一份合约，证监会通过制订和修改该合约来行使其监管权力。在我国，对公司的上市、退市和再融资均需按照《公司法》《证券法》等的严格规定执行，然而，不难发现，会计盈余指标是这些条件中具有实质性影响的指标。在盈余指标的过度使用下，必然会激发上市公司强烈的盈余管理动机，以迎合监管部门的监管，监管机构也必然会实施会计管制，对某种盈余管理行为（如应计盈余管理）加以遏制，但又会促使其他盈余管理（如真实盈余管理）行为的产生。因此，必须不断改进和完善资本市场的监管规则，以有效地治理企业的真实盈余管理行为，这一方面需要建立一套切实有效的上市公司长短期相结合的业绩评价指标体系，即改变现行的单一依赖会计数据的监管政策；另一方面要求加大对进行恶意盈余管理的违规公司的处罚力度，即加强相关法律法规的建设。

研究总结

一、本书主要创新

在对真实盈余管理进行研究的过程中，本书的研究创新主要体现在研究视角、研究结论等五个方面的创新。

（一）重点分析了上市公司真实盈余管理行为的深层原因

本书首先在对国内外关于真实盈余管理的有关文献进行全面回顾的基础上，分别从真实盈余管理与应计盈余管理的关系、真实盈余管理的操纵方式、真实盈余管理的市场反应以及真实盈余管理的约束因素方面进行了系统的梳理。从真实盈余管理的理论分析框架出发，在从信息不对称、委托代理理论、行为金融学理论等理论角度对真实盈余管理行为的原因、动机和根源进行较为深入的剖析，同时，本书还从有效市场假说角度探析了真实盈余管理的经济后果。这一分析过程填补了现有文献中关于真实盈余管理行为理论分析的空白。

（二）主要发现了真实盈余管理不利于企业的未来发展

本书采用配对样本的方法检验真实盈余管理对我国上市公司未来业绩的影响，即是否会损害公司的长期业绩。不同于以往只关于会计业绩的研究，本书分别从企业的会计业绩和现金流业绩作为衡量企业业绩的指标。研究发现，虽然公司可以通过真实盈余管理调整当期的业绩，但在随后的一至两年中，其会计业绩和现金流业绩会同时出现"滑坡"，且现金流业绩"滑坡"的期限要长于会计业绩，即真实盈余管理对于现金流的影响更为深远。这一结果说明真实盈余管理会造成公司会计业绩和现金流业绩的同时下滑。

（三）全面检验了公司治理机制对真实盈余管理的影响

鉴于我国资本市场的现实情况，虽然上市公司股权高度集中，一股独大、控制人缺位现象严重，机构投资者持股的现象并不普遍，但是其已经逐渐彰显出股权制衡的治理作用，相应地，上市公司的国有股权性质妨碍了公司治理机制作用的更好发挥。一直以来，由于监事会并不拥有实际的决策权，只拥有监督和提供建议的权利，使得董事会被认为在公司治理中发挥着举足轻重的作用，在中国上市公司治理中居于核心地位，发挥着实质的治理作用。然而，在约束真实盈余管理行为方面，独立董事却只充当了"花瓶"的作用。因此，董事会特征与真实盈余管理关系的实证研究结果证实了公司治理机制对盈余管理行为具有显著的约束作用。

目前，尽管股权激励制度在我国上市公司的实施正处于试行阶段，在对股权激励制度有效性的实证研究方面，本书尚不能获取充分有效的研究样本，但是，董事会、监事会以及高管持有的上市公司股权显著地约束了真实盈余管理行为这一结论在本书中得到了证实，这一实证研究结论不仅为研究股权激励机制与真实盈余管理行为之间的关系提供了有效的经验证据，还说明持有上市公司股权的董事、监事以及高管人员会放弃对短期利益的追求，着眼于企业的长期利益，进而说明股权激励制度在促使持有股权的高管更积极地履行职责和义务方面发挥了显著的作用。

（四）深入剖析了真实盈余管理有效约束机制的构成内容

在公司治理机制与真实盈余管理行为实证检验结果的基础上，找出公司治理机制代理变量中对真实盈余管理具有显著约束作用的变量，再采用因子分析法，探索其中对真实盈余管理最具显著性约束力的约束变量，分别是激励、董事会独立性和股权制衡。此外，通过实证检验证实了股权制衡对真实盈余管理的约束效率较高，董事会独立性的约束效率次之，激励的约束效率较小。本书还基于真实盈余管理约束机制的研究结果构建了综合评价模型，以对真实盈余管理的约束效率进行评估，并实证检验了所构建模型的有效性。因此，为有效约束真实盈余管理行为，可以从完善上市公司董事、监事及高管的激励措施，强化董事会的独立性以及股权制衡度着手。

（五）具体提出了约束真实盈余管理行为的政策建议

以本书探讨的基本理论和实证检验结果为依据，本书分别从利益相关者的识别能力、董事会和监事会的监督职能、管理层激励、机构投资者作用的发挥以及证券市场的监管规则等方面提出约束真实盈余管理行为的政策建议。

二、主要研究局限

不论从完善上市公司信息披露的角度出发，还是从健全公司治理机制的视角来看，对于上市公司真实盈余管理行为的治理和约束均具有非常重要的现实应用前景。因此，上市公司真实盈余管理是一个复杂并且具有重大理论和现实研究意义的科学问题。但是，囿于作者的研究能力以及我国资本市场发展的现实状况，本书尚存在以下三个方面的局限性。

第一，现行会计准则的实施只是影响真实盈余管理的外部环境因素之一，而审计质量的提高、市场监管等制度变迁也可能会对真实盈余管理产生影响，本书尚未考虑制度环境变化的影响。此外，公司所处的行业不同，其经营业务和经营方式也会有所不同，各公司运用真实交易进行盈余管理同样会存在差异性，应以公司具体的经营范围作为计量真实盈余管理和检验的依据。

第二，本书在对真实盈余管理的计量方面大量的借鉴了国外学者的研究结果。真实盈余管理的计量一直是阻碍真实盈余管理研究的一大难点，变量的计量方式是否能很好地捕获现实，是保证实证研究结果可靠性的一大前提。而借鉴的国外研究模型是否能很好地应用到中国特殊的资本市场研究中来，还值得进一步商榷。

　　第三，限于篇幅及本书的协调性，本书主要选择从公司治理视角研究上市公司真实盈余管理行为，没有达到全面、细致地研究异常复杂的真实盈余管理行为和公司治理结构，可能会遗漏一些重要的发现。没有考虑到一些公司治理特征对真实盈余管理的影响，如政府尤其是地方政府对上市公司的干预、公司外部治理机制的影响，等等。

三、未来研究展望

　　关于未来的后续研究方向，本书认为有如下一些问题值得研究。

　　第一，媒体关注在公司治理中发挥的作用越来越大，它们对公司的一些行为也会施加实质的影响，而现有文献在此方面的研究成果较少，因而存在着较大的研究空间。

　　第二，真实盈余管理实质上是人的行为倾向和行为选择表现的结果。这主要是因为真实盈余管理行为动机的产生到对真实盈余管理行为的约束和治理，其实都是人的行为表现。但是，行为人个体之间是存在很大差异性的，因此，若在构建真实盈余管理行为的约束模型时可以结合管理者的行为，声誉、激励等心理因素，以及监管（如监管偏好、监管成本和监管激励）等因素，可能会更具有现实意义。

　　第三，受时间和能力的限制，加之信息不对称，在确定有哪些具体的真实盈余管理方法被采用，以及如何计算确定上市公司的真实盈余以判断利用具体的真实盈余管理工具进行的真实盈余管理的程度等关键问题上，本书的突破有限。此外，对于真实盈余管理方法，本书也是间接采用国外学者已有的研究成果，但是，上市公司还可能存在一些为实现正常经营目的而采用的真实交易方法，如纳税筹划，战胜竞争对手、占领市场等。那么，如何对这些正常的行为和异常的行为进行区分，尚需要进行后续的研究和分析。

主要参考文献

中文部分

［1］［加］威廉姆·R. 司可脱著，陈汉文等译. 财务会计理论
［M］. 机械工业出版社，1999.

［2］白云霞，吴联生. 信息披露与国有股权私有化中的盈余管理
［J］. 会计研究，2008（10）.

［3］白重恩，刘俏，陆洲等. 中国上市公司治理结构的实证研究
［J］. 经济研究，2005（2）.

［4］薄仙慧，吴联生. 国有控股与机构投资者的治理效应：盈余管
理视角［J］. 经济研究，2009（2）.

［5］蔡春，黄益建，赵莎. 关于审计质量对盈余管理影响的实证研
究——来自沪市制造业的经验数据［J］. 审计研究，2005（2）.

［6］蔡春，朱荣，和辉，谢柳芳. 盈余管理方式的选择、行为隐性
化与濒死企业状况改善［J］. 会计研究，2012（9）.

［7］蔡春，李明，和辉. 约束条件、IPO 盈余管理方式与公司业
绩——基于应计盈余管理与真实盈余管理的研究［J］. 会计研究，2013
（10）.

［8］蔡宁，魏明海. 股东关系、合谋与大股东利益输送——基于解
禁股份交易的研究［J］. 经济管理，2011（9）.

［9］蔡宁，魏明海. "大小非"减持中的盈余管理［J］. 审计研究，
2009（3）.

［10］曹国华，鲍学欣，王鹏．审计行为能够抑制真实盈余管理吗？
［J］．审计与经济研究，2014（1）．

［11］曹国华，林川，单单．基于跨期侵占视角的控股股东跨期减持
行为［J］．系统工程理论与实践，2013（6）．

［12］曹国华，林川．大非减持与真实盈余管理［J］．数理统计与
管理，2014（1）．

［13］曹国华，骆连虎．内部控制、会计师事务所选择与真实盈余管
理——基于深市 A 股上市公司的经验证据［J］．南京审计学院学报，
2015（3）．

［14］曹国华，林川．CEO 变更、公司业绩与盈余管理——基于应计
盈余与真实盈余的检验［C］．中国会计学会 2011 学术年会论文
集，2011．

［15］曹曦文．权利强度、内部控制与企业真实盈余管理［J］．中
国注册会计师，2016（5）．

［16］曾爱民，傅元略，陈高才．我国上市公司盈余管理阈值研
究——基于前景理论视角［J］．当代财经，2009（10）．

［17］曾妍琪，张婕．基于前景理论的上市公司阈值处盈余管理研究
［J］．投资研究，2015（10）．

［18］陈小悦，肖星，过晓艳．配股权与上市公司利润操纵［J］．
经济研究，2000（1）．

［19］陈小悦，徐晓东．股权结构企业绩效与投资者利益保护［J］．
经济研究，2001（11）．

［20］陈信元，夏立军．审计任期与审计质量：来自中国证券市场的
经验证据［J］．会计研究，2006（1）．

［21］陈旭东．盈余管理、盈余操纵与盈余质量评价［J］．会计之
友，2009（8）．

［22］程书强．机构投资者持股与上市公司会计盈余信息关系实证研
究［J］．管理世界，2006（9）．

［23］程小可，钟凯，杨鸣京．民营上市公司 CEO 持股缓解了代理

冲突吗？——基于真实活动盈余管理视角的分析 ［J］. 审计与经济研究，2015（4）.

［24］杜兴强，周泽将. 高管变更、继任来源与盈余管理 ［J］. 当代经济科学，2010（1）.

［25］杜颖洁，史天瑜. "濒死"企业真实盈余管理与再次"戴帽戴星"关系的检验 ［J］. 财会月刊，2016（20）.

［26］范经华，张雅曼，刘启亮. 内部控制、审计师行业专长、应计与真实盈余管理 ［J］. 会计研究，2013（4）.

［27］干胜道，钟潮宏，田艳. 微利上市公司盈余管理实证研究 ［J］. 财经论丛，2006（11）.

［28］高雷，张杰. 公司治理、机构投资者与盈余管理 ［J］. 会计研究，2008（9）.

［29］葛文雷，姜萍. 我国上市公司盈余管理程度与公司治理结构的实证研究 ［J］. 华东经济管理，2007（4）.

［30］龚启辉，吴联生，王亚平. 两类盈余管理之间的部分替代 ［J］. 经济研究，2015（6）.

［31］顾明润，田存志. 上市公司首次公开发行中真实盈余管理及经济后果分析 ［J］. 统计与决策，2012（1）.

［32］顾鸣润，杨继伟，余怒涛. 产权性质、公司治理与真实盈余管理 ［J］. 中国会计评论，2012（10）.

［33］何丹，黄之荔. 产权性质、股权再融资与真实盈余管理 ［J］. 南京审计学院学报，2014（6）.

［34］何苦，密莹莹. 真实盈余管理动机、手段、经济后果以及影响因素——一个文献综述 ［J］. 财会通讯，2012（8）.

［35］侯晓红，姜蕴芝. 不同公司治理强度下的股权激励与真实盈余管理——兼论市场化进程的保护作用 ［J］. 经济与管理，2015（1）.

［36］胡志磊，周思维. 上市公司真实盈余管理的动机——基于实证会计理论"三大假设"的视角 ［J］. 财会通讯，2012（2）.

［37］黄梅，夏新平. 操纵性应计利润模型检测盈余管理能力的实证

分析［J］．南开管理评论，2009（1）．

［38］季敏，金贞姬．民营上市公司董事会特征与真实盈余管理相关性研究［J］．财会通讯，2013（30）．

［39］姜英兵，王清莹．上市公司股权结构与真实活动盈余管理［J］．财经问题研究，2011（5）．

［40］蒋艳辉，宋佳彬，李斐．机构投资者异质性与应计和真实盈余管理［J］．华东经济管理，2015（8）．

［41］蒋义宏．配股资格线的变迁与 ROE 分布的变化——中国上市公司"上有政策，下有对策"图解［J］．经济管理，2003（2）．

［42］景姣．应计与真实盈余管理的替代互补关系研究文献综述［J］．时代金融，2012（7）．

［43］兰艳泽，刘贞．行为经济学视角下的盈余管理动因分析［J］．广东商学院学报，2010（4）．

［44］雷光勇，刘慧龙．大股东控制、融资规模与盈余操纵程度［J］．管理世界，2006（1）．

［45］李彬，张俊瑞．真实活动盈余管理的经济后果研究——以费用操控为例［J］．华东经济管理，2009（2）．

［46］李彬，张俊瑞，郭慧婷．会计弹性与真实活动操控的盈余管理关系研究［J］．管理评论，2009（6）．

［47］李彬，张俊瑞．实际活动盈余管理的经济后果研究：来自销售操控的证据［J］．管理评论，2010（9）．

［48］李彬，张俊瑞，曾振．实际活动操控、应计项目操控与会计弹性［J］．管理评论，2011（11）．

［49］李江涛，何苦．上市公司以真实盈余管理逃避高质量审计监督的动机研究［J］．审计研究，2012（5）．

［50］李琳，刘凤委，卢文彬．基于公司业绩波动性的股权制衡治理效应研究［J］．管理世界，2009（5）．

［51］李留闯，李彬．真实活动盈余管理影响审计师的风险决策吗？［J］．审计与经济研究，2015（5）．

［52］李明，和辉．约束机制、IPO 盈余管理方式的选择倾向与经济后果［C］．第十届中国实证会计国际研讨会论文集，2011．

［53］李宁，刘玉红．大小非减持过程中的盈余管理行为及监管策略［J］．财经理论研究，2009（11）．

［54］李琴，李文耀．论真实盈余管理的手段及其防范措施［J］．时代经贸，2007（6）．

［55］李然．内部控制审计、事务所行业专长与盈余管理［J］．会计之友，2015（3）．

［56］李维安．公司治理学［M］．高等教育出版社，2009．

［57］李翔，张丽．应计盈余管理对真实盈余管理的修正作用——基于 PSTR 模型的非线性研究［J］．投资研究，2015（10）．

［58］李享，王桦，陈丽花．盈余管理动机、监管环境与会计操纵［J］．中国会计与财务研究，2008（10）．

［59］李晓玲，胡欢，程雁蓉．CFO 特征影响公司的真实盈余管理吗？——来自我国上市公司的经验证据［J］．科学决策，2015（5）．

［60］李延喜，陈克兢，姚宏，刘伶．基于地区差异视角的外部治理环境与盈余管理关系研究——兼论公司治理的替代保护作用［J］．南开管理评论，2012（4）．

［61］李延喜，董文辰．委托代理冲突、公司治理机制与上市公司盈余管理［J］．大连理工大学学报（社会科学版），2009（3）．

［62］李延喜，包世泽，高锐．薪酬激励、董事会监管与上市公司盈余管理［J］．南开管理评论，2007（6）．

［63］李增福，董志强，连玉君．应计项目盈余管理还是真实活动盈余管理？——基于我国 2007 年所得税改革的研究［J］．管理世界，2011（1）．

［64］李增福，黄华林，连玉君．股票定向增发、盈余管理与公司的业绩滑坡——基于应计项目操控与真实活动操控方式下的研究［J］．数理统计与管理，2012（9）．

［65］李增福，郑友怀．避税动因的盈余管理方式比较——基于应计

项目操控和真实活动操控的研究［J］.财经研究，2010（6）.

［66］李增泉，余谦，王晓坤.掏空、支持与并购重组——来自我国上市公司的经验证据［J］.经济研究，2005（1）.

［67］李振华，冯琼诗.应计、真实盈余管理与股权激励计划——基于中国上市公司的实证研究［J］.会计之友，2012（4）.

［68］林川，曹国华.中国商业银行盈余管理研究——一个前景理论视角的解释［J］.金融论坛，2012（11）.

［69］林川，曹国华.盈余管理、非年报效应与大股东减持［J］.南方经济，2012（12）.

［70］林芳，冯丽丽.管理层权力视角下真实盈余管理研究［J］.山西财经大学学报，2012（7）.

［71］林芳，许慧.基于真实交易盈余管理的股权制衡治理效应研究［J］.山西财经大学学报，2012（1）.

［72］林舒，魏明海.中国A股发行公司首次公开募股过程中的盈余管理［J］.中国会计与财务研究，2000（2）.

［73］林永坚，王志强，李茂良.高管变更与盈余管理——基于应计项目操控与真实活动操控的实证研究［J］.南开管理评论，2013（1）.

［74］刘凤委，汪辉，孙铮.股权性质与公司业绩——基于盈余管理基础上的经验分析［J］.财经研究，2005（6）.

［75］刘继红，章丽珠.高管的审计师工作背景、关联关系与应计、真实盈余管理［J］.审计研究，2014（4）.

［76］刘启亮，何威风，罗乐.IFRS的强制采用、新法律实施与应计及真实盈余管理［J］.中国会计与财务研究，2011（3）.

［77］刘霞.高质量审计能够抑制真实盈余管理吗？［J］.贵州财经大学学报，2014（4）.

［78］刘新民，张莹，王垒.创始高管团队薪酬激励对真实盈余管理的影响研究［J］.审计与经济研究，2014（4）.

［79］陆建桥.中国亏损上市公司盈余管理实证研究［J］.会计研究，1999（9）.

［80］陆宇建．我国 A 股上市公司基于配股权的盈余管理研究 ［J］．河北大学学报（哲学社会科学版），2003（12）．

［81］陆正飞，魏涛．配股后业绩下降：盈余管理后果与真实业绩滑坡 ［J］．会计研究，2006（8）．

［82］鹿坪，冷军．投资者情绪与盈余管理——基于应计盈余管理与真实盈余管理的实证研究 ［J］．财经问题研究，2017（2）．

［83］罗琦，王悦歌．真实盈余管理与权益资本成本——基于公司成长性差异的分析 ［J］．金融研究，2015（5）．

［84］缪毅，管悦．制度环境与机构投资者治理——基于真实盈余管理的视角 ［J］．证券市场导报，2014（10）．

［85］宁亚平．盈余管理的定义及其意义研究 ［J］．会计研究，2004（9）．

［86］祁怀锦，黄有为．IPO 前后应计与真实盈余管理策略权衡：2007～2011 年 A 股上市公司样本 ［J］．改革，2014（3）．

［87］曲晓辉，邱月华．强制性制度变迁与盈余稳健性——来自深沪证券市场的经验证据 ［J］．会计研究，2007（7）．

［88］任春艳．上市公司盈余管理与会计准则的制定 ［D］．博士论文，厦门大学，2004．

［89］邵剑兵，陈永恒．公司战略、避税行为与盈余管理 ［J］．经济与管理评论，2018（6）．

［90］沈烈，张西萍．新会计准则与盈余管理 ［J］．会计研究，2007（2）．

［91］沈玉清，曾勇．盈余管理实证研究综述 ［J］．管理学报，2005（6）．

［92］宋承军，王永健．代理成本和应计及真实盈余管理——基于产权视角的实证研究 ［J］．南京财经大学学报，2015（3）．

［93］宋承军，王永健．代理成本和应计及真实盈余管理——基于产权视角的实证研究 ［J］．南京财经大学学报，2015（5）．

［94］苏冬蔚，林大庞．股权激励、盈余管理与公司治理 ［J］．经

济研究，2010（11）.

［95］孙刚．机构投资者持股动机的双重性与企业真实盈余管理［J］．山西财大学报，2012（6）.

［96］孙亮，刘春．什么决定了盈余管理程度的差异：公司治理还是经营绩效？［J］．中国会计评论，2008（8）.

［97］孙亮，刘春．公司治理对盈余管理程度的制约作用——以所有权性质为背景的经验分析［J］．金融评论，2010（3）.

［98］孙铮，王跃堂．资源配置与盈余操纵之实证研究［J］．财经研究，1999（4）.

［99］谭洪涛，蔡春．新准则实施会计质量实证研究——来自 A 股上市公司的经验证据［J］．中国会计评论，2009（11）.

［100］唐国平．财务会计要素结构模式之重构［J］．会计论坛，2003（11）.

［101］唐建荣，许文婷，丁紫瑶，唐雨辰．真实盈余管理治理路径研究——基于机构投资者异质性视角［J］．管理现代化，2017（11）.

［102］田静．股权再融资公司的真实交易盈余管理行为实证研究［J］．财会通讯，2012（4）.

［103］田昆儒，韩飞．内部控制、机构投资者与真实盈余管理——基于央企、地方国企和其他企业的划分［J］．华东经济管理，2017（4）.

［104］田莉，李袆，刘启亮．IFRS 强制采用、投资者保护、应计与真实盈余管理——基于 28 个国家和地区的研究［J］．会计与经济研究，2016（7）.

［105］童娜琼，岑维，谢思东．有财务背景的当地独立董事和真实盈余管理［J］．财会月刊，2015（30）.

［106］王良成．应计与真实盈余管理：替代抑或互补［J］．财经理论与实践，2014（3）.

［107］王福胜，吉姗姗，程富．盈余管理对上市公司未来经营业绩的影响研究——基于应计盈余管理与真实盈余管理比较视角［J］．南开

管理评论，2014（2）.

[108] 王福胜，王摄琰. CEO 变更与企业价值关系的实证模型［J］. 管理科学，2012（1）.

[109] 王建新. 公司治理结构、盈余管理动机与长期资产减值转回［J］. 会计研究，2007（5）.

[110] 王静，郝东洋，张天西. 新准则实施后的会计师事务所声誉与审计质量差异——基于应计和真实盈余管理的双重分析视角［J］. 上海经济研究，2013（9）.

[111] 王克敏，王志超. 高管控制权、报酬与盈余管理——基于中国上市公司的实证研究［J］. 管理世界，2007（7）.

[112] 王良成，曹强，杨志锋. 应计与真实盈余管理、事务所规模及其市场反应［Z］. 工作论文，2012.

[113] 王生年. 盈余管理影响因素研究——公司治理视角［M］. 经济管理出版社，2009.

[114] 王跃堂，王亮亮，贡彩萍. 所得税改革、盈余管理及其经济后果［J］. 经济研究，2009（3）.

[115] 王周伟，邬展霞. 西方盈余信息风险评估模型研究述评［J］. 审计与经济研究，2007（7）.

[116] 魏明海. 盈余的预期管理与盈余管理［J］. 审计研究，2005（6）.

[117] 魏明海. 盈余管理基本理论及其研究述评［J］. 会计研究，2000（9）.

[118] 吴联生，薄仙慧，王亚平. 避免亏损的盈余管理程度：上市公司与非上市公司的比较［J］. 会计研究，2007（2）.

[119] 吴联生，王亚平. 盈余管理程度的估计模型与经验证据：一个综述［J］. 经济研究，2007（8）.

[120] 吴淑琨. 基于股权结构的董事会独立性与公司绩效的实证研究［J］. 西安交通大学学报，2004（3）.

[121] 武恒光，张龙平. 行政干预、高管薪酬与盈余管理——来自

银行业的经验证据 [J]. 山西财经大学学报, 2012 (8).

[122] 夏立军. 国外盈余管理计量方法述评 [J]. 外国经济与管理, 2002 (10).

[123] 肖淑芳, 刘颖, 刘洋。股票期权实施中经理人盈余管理行为研究——行权业绩考核指标设置角度 [J]. 会计研究, 2013 (12).

[124] 谢柳芳, 朱荣, 何苦. 退市制度对创业板上市公司盈余管理行为的影响——基于应计与真实盈余管理的分析 [J]. 审计研究, 2013 (1).

[125] 邢立全, 王韦程, 陈汉文. 产品市场竞争、竞争地位与盈余管理 [J]. 南京审计大学学报, 2016 (3).

[126] 徐虹, 林钟高, 王鑫. 关系型交易、内部控制与盈余管理——基于应计与真实盈余管理的经验证据 [J]. 会计与经济研究, 2015 (5).

[127] 徐爱勤, 陈旭东. 董事会治理能否抑制真实盈余管理 [J]. 财会通讯, 2015 (33).

[128] 许慧, 林芳. 真实盈余管理经济后果研究——基于中国资本市场的经验证据 [J], 财会通讯, 2013 (7).

[129] 许家林, 蔡传里. 论我国会计科学研究方法的研究与学术规范建设 [C]. 中国会计学会 2007 年学术年会论文集, 2007.

[130] 许家林. 会计理论 [M]. 中国财政经济出版社, 2008.

[131] 许家林. 会计理论发展通论 (上、中、下册) [M]. 经济科学出版社, 2010.

[132] 许家林. 西方会计学名著导读 [M]. 中国财政经济出版社, 2004.

[133] 许家林. 现代会计理论与会计教育研究 [M]. 经济科学出版社, 2009.

[134] 薛云奎, 程敏. 盈余管理公司治理和国有企业改革——来自上市公司国有股权变更的经验证据 [C]. 中国会计学会 2006 年学术年会论文集 (中册), 2006.

［135］杨汉明，吴丹红，李翔．企业社会责任信息披露羊群效应特征分析［J］．财务与会计，2012（8）．

［136］杨旭东，莫小鹏．新配股政策出台后上市公司盈余管理现象的实证研究［J］．会计研究，2006（1）．

［137］姚靠华，唐家财，李斐，蒋艳辉．制度环境、机构投资者异质性与企业真实盈余管理行为［J］．工程经济研究，2015（5）．

［138］叶康涛，陆正飞，张志华．独立董事能否抑制大股东的"掏空"？［J］．经济研究，2007（4）．

［139］余怒涛，陆开森，谢获宝．机构投资者异质性、应计与真实盈余管理研究［J］．江西财经大学学报，2017（9）．

［140］喻凯，伍辉念．基于企业生命周期的应计与真实盈余管理研究［J］．求索，2013（9）．

［141］袁树民，王霞．管理层变更与盈余管理——基于我国上市公司的实证研究［J］．上海金融学院学报，2010（3）．

［142］袁知柱，郝文瀚，王泽燊．管理层激励对企业应计与真实盈余管理行为影响的实证研究［J］．管理评论，2014（10）．

［143］袁知柱，王泽燊，郝文瀚．机构投资者持股与企业应计盈余管理和真实盈余管理行为选择［J］．管理科学，2014（9）．

［144］袁知柱，宝乌云塔娜，王书光．股权价值高估、投资者保护与企业应计及真实盈余管理行为选择［J］．南开管理评论，2014（5）．

［145］张国清，夏立军，方轶强．会计盈余及其组成部分的价值相关性——来自沪、深股市的经验证据［C］．中国会计学会2006年学术年会论文集（中册），2006．

［146］张嘉兴，傅绍正．内部控制、注册会计师审计与盈余管理［J］．审计与经济研究，2014（2）．

［147］张俊瑞，李彬，刘东霖．真实活动操控的盈余管理研究——基于保盈动机的经验证据［J］．数理统计与管理，2008（5）．

［148］张攀．上市公司真实盈余管理与应计盈余管理动机异同［J］．中国外贸，2012（3）．

[149] 张维迎. 企业理论与中国企业改革 [M]. 北京大学出版社, 1999.

[150] 张祥建, 郭岚. 大股东控制与盈余管理行为研究: 来自配股公司的证据 [J]. 南方经济, 2006 (1).

[151] 张晓东. 政治成本、盈余管理及其经济后果——来自中国资本市场的证据 [J]. 中国工业经济, 2008 (8).

[152] 张昕. 中国亏损上市公司第四季度盈余管理的实证研究 [J]. 会计研究, 2008 (4).

[153] 张逸杰, 王艳, 唐元虎. 上市公司董事会特征和盈余管理关系的实证研究 [J]. 管理评论, 2006 (3).

[154] 张正勇, 谢金. 高管权力会影响内部控制的执行效果吗?——基于应计和真实盈余管理视角的分析 [J]. 南京财经大学学报, 2016 (2).

[155] 张志花, 金莲花. 公司治理与真实活动盈余管理的实证研究 [J]. 财会通讯, 2010 (4).

[156] 章永奎, 刘峰. 盈余管理与审计意见的相关性研究 [J]. 中国会计与财务研究, 2002 (1).

[157] 赵德武, 曾力, 谭莉川. 独立董事监督力与盈余稳健性——基于中国上市公司的实证研究 [J]. 会计研究, 2008 (9).

[158] 赵景文, 于增彪. 股权制衡与公司经营业绩 [J]. 会计研究, 2005 (12).

[159] 赵勇德, 张志花. 基于委托代理关系的真实活动盈余管理 [J]. 财会通讯, 2010 (12).

[160] 赵玉龙, 王志台. 我国证券市场"功能锁定"现象的实证研究 [J]. 经济研究, 1999 (9).

[161] 赵忠伟, 刘杰. 会计事务所行业专长与上市公司盈余管理的相关性研究——基于应计盈余管理和真实盈余管理分析 [J]. 西部经济管理论坛, 2018 (5).

[162] 郑金国, 刘波, 吴成华. 股权分置改革中的盈余管理研究

[J]. 财经问题研究, 2009 (5).

[163] 支晓强, 童盼. 盈余管理、控制权转移与独立董事变更——兼论独立董事治理作用的发挥 [J]. 管理世界, 2005 (11).

[164] 中华人民共和国财政部. 企业会计准则 [M]. 经济科学出版社, 2006 (2).

[165] 钟希余, 汪小平. 产权性质、事务所行业专长与真实盈余管理的关系研究 [J]. 湘潭大学学报（哲学社会科学版）, 2017 (11).

[166] 周晓苏, 陈沉. 从生命周期视角探析应计盈余管理与真实盈余管理的关系 [J]. 管理科学, 2016 (1).

[167] 朱红军. 大股东变更与高层管理人员更换 [J]. 会计研究, 2002 (8).

[168] 朱湘萍, 李敖, 汤宇杰. 环境不确定性、内部控制与盈余管理——基于应计与真实盈余管理的比较 [J]. 财会月刊, 2016 (32).

[169] 朱星文, 廖义刚, 谢盛纹. 高级管理人员变更、股权特征与盈余管理——来自中国上市公司的经验证据 [J]. 南开管理评论, 2008 (2).

外文部分

[1] Ahmed, A. S., M. Neel, and D. Wang. Does Mandatory Adoption of IFRS Improve Accounting Quality? Preliminary evidence [J]. *Contemporary Accounting Research*, 2013, 30 (4).

[2] Alhadab, M., Clacher, I., and K. Keasey. Effects Audit Quality on Real and Accrual Earnings Management and Subsequent Return Performance: Evidence from IPOs [Z]. SSRN Working Paper, 2013.

[3] Altamuro, J., and A. Beatty. How Does Internal Control Regulation Affect Financial Reporting? [J]. *Journal of Accounting and Economics*, 2010, 49.

[4] Ayers, B. C., C. Lefanowicz, and J. Robinson. Do Firms Purchase the Pooling Method? [J] *Review of Accounting Studies*, 2002, 7.

［5］ Baber, W. R. , Fairfield, P. M. , and J. A. Haggar. The Effect of Concern about Reported Income on Discretionary Spending Decisions: the Case of Research and Development ［J］. *The Accounting Review*, 1991, 66.

［6］ Baker, M. and J. Wurgler. A Catering Theory of Dividends ［J］. *Journal of Finance*, 2004a, 59 (3).

［7］ Baker, M. , and J. Wurgler. Appearing and Disappearing Dividends: The Link to Catering Incentives ［J］. *Journal of Financial Economics*, 2004b, 73 (2).

［8］ Ball, R. , and L. Shivakumar. Earnings Quality in UK Private Firms: Comparative Loss Recognition Timeliness ［J］. *Journal of Accounting and Economics*, 2005, 39.

［9］ Bange, M. , and W. DeBondt. R&D Budgets and Corporate Earnings Targets ［J］. *Journal of Corporate Finance*, 1998, 4.

［10］ Barton, Jan. and S. Paul. The Balance Sheet as an Earnings Management Constraint ［J］. *The Accounting Review*, 2002, 4.

［11］ Bartov, E. and P. Mohanram. Private Information, Earnings Manipulations, and Executive Stock-option Exercises ［J］. *The Accounting Review*, 2004, 79 (4).

［12］ Bartov, E. . The Timing of Asset Sales and Earnings Manipulation ［J］. *The Accounting Review*, 1993, 68.

［13］ Beaver, W. H. and E. Engel. Discretionary Behavior with Respectto Allowances for Loan Losses and the Behavior of Security prices ［J］. *Journal of Accounting and Economics*, 1996, 22.

［14］ Bens, D. A. , V. Nagar, and M. H. F. Wong. Employee Stock Options, EPS Dilution, and Stock Repurchase ［J］. *Journal of Accounting and Economics*, 2003, 36.

［15］ Berle, A. , and G. Means. *The Modern Corporate and Private Property* ［M］. MacMllan, 1932.

［16］ Bernardo, A. E. and I. Welch. On the Evolution of Overconfidence and Entrepreneurs [J]. *Journal of Economics & Management Strategy*, 2001, 10 (3).

[17] Black, E. L. , K. F. Sellers, and T. S. Manly. Earnings Management Using Asset Sales: An international Study of Countries Allowing noncurrent Asset Revaluation [J]. *Journal of Business Finance and Accounting*, 1998, 25.

[18] Brickley, J. A. , and C. M. James. The Takeover Market, Corporate Board Composition, and Ownership Structure: The Case of Banking [J]. *Journal of Law and Economics*, 1987, 30.

[19] Brooks, C. , and A. Katsaris. A Three-regime Model of Speculative Behavior: Modelling the Evolution of Bubbles in the S&P 500 Composite Index [J]. *The Economical Journal*, 2005, 115 (505).

[20] Bruns, W. J. , and K. A. Merchant. The Dangerous Morality of Managing Earnings [J]. *Management Accounting*, 1990, 72 (2).

[21] Burgstahler, D. , and I. Dichev. Earnings Management to Avoid Earnings Decreases and Losses [J]. *Journal of Accounting and Economics*, 1997, 24 (1).

[22] Burgstahler, D. , and I. Diehev. Incentives to Manage Earnings to Avoid Earnings Decreases and Losses: Evidence form Quarterly Earning [Z]. Working Paper, 1998.

[23] Bushee, B. . The Influence of Institutional Investors on Myopic R&D Investment Behavior [J]. *The Accounting Review*, 1998, 73.

[24] Cahan, S. F. , B. M. Chavis, and R. G. Elmendorf. Earnings Management of Chemical Firms in Response to Political Costs from Environmental Legislation [J]. *Journal of Accounting, Auditing & Finance*, 1997, 12.

[25] Cahan, S. F. . The Effect of Antitrust Investigations on Discretionary Accruals: A Refined Test of the Cost Hypothesis [J]. *Accounting Review*, 1992, 67.

[26] Cater, M. , L. Lynch, and I. Tuna. The Role of Accounting in the

Design of Equity Compension [Z]. Working Paper, 2006.

[27] Chen, J. , H. Hong, and C. Stein. Forecasting Crashes [J]. *Journal of Financial Economics*, 2001, 61 (3).

[28] Cheng, S.. R&D Expenditures and CEO Compensation [J]. *The Accounting Review*, 2004, 79.

[29] Chi W. J. , L. L. Ling, and P. Mikhail. Is Enhanced Audit Quality Associated with Greater Real Earnings Management? [J]. *American Accounting Association*, 2011, 25.

[30] Chi Wuchun. L. , Ling, and P. Mikhail. Is Enhanced Audit Quality Associated with Greater Real Earnings Management? [J]. *Accounting Horizons*, 2011, 25 (2).

[31] Chi, W. C. , L. L. Lisic, and M. Pevzner. Is Enhanced Audit Quality Associated with Greater Real Earnings Management [J]. *Accounting Horizons*, 2011, 25 (2).

[32] Ching, K. M. L. , Firth, M. , and O. M. Rui. Earnings Management, Corporate Governance and the Market Performance of Seasoned Equity Offerings [Z]. Working Paper, 2002.

[33] Cohen, D. A. , A. Dey, and T. Z. Lys. Real and Accrual-Based Earnings Management in the Pre- and Post-Sarbanes-Oxley Periods [J]. *The Accounting Review*, 2008, 83.

[34] Cohen, D. A. , and P. Zarowin. Accrual-Based and Real Earnings Management Activities around Seasoned Equity Offerings [J]. *Journal of Accounting and Economics*, 2010, 50 (1).

[35] Cohen, D. A. , R. Mashruwala, and T. Zach. The Use of Advertising Activities to Meet Earnings Benchmarks: Evidence from Monthly Data [J]. *Review of Accounting Studies*, 2010, 15 (4).

[36] Collins, J. , D. Shackelford, and J. Wahlen. Bank Differences in the Coordination of Regulatory Capital, Earnings and Taxes [J]. *Journal of Accounting Research*, 1995, 33.

[37] David, F. H. *Corporate Financial Reporting and Analysis*: *Text and Cases*, *Fourth Edition* [M]. McGraw-HillBook Co. , 1998.

[38] De Angelo. Accounting Numbers as Market Valuation Substitutes: A Study of Management Buyouts of Public Stockholders [J]. *The Accounting Review*, 1986, 3.

[39] Dechow P. M. , and I. D. Dichev. The Quality of Accruals and Earnings: The Role of Accrual Estimation Errors [J]. *The Accounting Review*, 2002, 77.

[40] Dechow, P. M, R. G. Sloan, and A. P. Sweeney. Causes and Consequences of Earnings Manipulation: An Analysis of Firms Subject to Enforcement Actions by the SEC [J]. *Contemporary Accounting Research*, 1996, 13.

[41] Dechow, P. M. , and C. Schrand. *Earnings Quality*, *Monograph of the Research Foundation of CFA Institute* [M]. Charlottesville, Virginia. 2004.

[42] Dechow, P. M. , and R. Sloan. Executive Incentives and the Horizon Problem: An Empirical investigation [J]. *Journal of Accounting and Economics*, 1991, 14.

[43] Dechow, P. M. , R. G. Sloan, and A. P. Sweeney. Detecting Earnings Management [J]. *The Accounting Review*, 1995, 70.

[44] DeFond, M. L. , and C. W. Park. Smoothing Income in Anticipation of Future Earnings [J]. *Journal of Accounting and Economics*, 1997, 23.

[45] DeFond, M. , and J. Jiambalvo. Debt Covenant Violation and Manipulation of Accruals: Accounting Choice in Troubled Companies [J]. *Journal of Accounting & Economics*, 1994, 17.

[46] Degeorge, F. , J. Patel, and R. Zeckhauser. Earnings Management to Exceed Threoholds [J]. *Journal of Business*, 1999, 72.

[47] Demski, J. S. , and D. E. M. Sappington. Hierarchical structure and responsibility accounting [J]. *Journal of Accounting Research*, 1989, 27.

〔48〕 Dichev, L. D. , and J. D. Skinner. Large-sample Evidence on the Debt Covenant Hypothesis 〔J〕. *Journal of Accounting Research*, 2002, 40.

〔49〕 Doukakis L. C.. The Effect of Mandatory IFRS Adoption on Real and Accrual-Based Earnings Management Activities 〔J〕. *Journal of Accounting and Public Policy*, 2014.

〔50〕 Dye, R. A.. Classifications Manipulation and Nash Accounting Standards 〔J〕. *Journal of Accounting Research*, 2002, 40.

〔51〕 Dye, R. A.. Earnings Management in an Overlapping Generations Model 〔J〕. *Journal of Accounting Research*, 1988, 26.

〔52〕 Easterbrook, F. H.. Two Agency-cost Explanations of Dividends 〔J〕. *American Economic Review*, 1984, 74 (4).

〔53〕 Edelstein, R. , H. P. Liu, and D. Tsang. Real Earnings Management and Dividend Payout Signals: A Study for U. S. Real Estate Investment Trusts 〔C〕. 2008 Annual Conference Paper (CAAA), 2008.

〔54〕 Edelstein, R. , P. P. Liu, and D. Tsang. Real Earnings Management and Dividend Payout Signals: A Study for U. S. Real Estate Investment Trusts 〔Z〕. Working Paper, 2007.

〔55〕 Ewert, R. , and A. Wagenhofer. Economic Effects of Tightening Accounting Standards to Restrict Earnings Management 〔J〕. *The Accounting Review*, 2005, 80.

〔56〕 Fama, E. and K. French. Disappearing Dividends: Changing Firm Characteristics or Lower Propensity to Pay? 〔J〕. *Journal of Financial Economics*, 2001, 60 (1).

〔57〕 Fama, E. F. , and M. C. Jensen. Separation of Ownership and Control 〔J〕. *Journal of Law and Economics*, 1983, 26 (2).

〔58〕 Fama, E. , and M. Jensen. Separation of Ownership and Control 〔J〕. *Journal of Law and Economics*, 1983, 26.

〔59〕 Fazeli Y. S. , and H. A. Rasouli. Real Earnings Management and the Value Relevance of Earnings 〔J〕. *International research journal of finance and economics.* 2011, 52.

[60] Feltham, G. A. , and J. A. Ohlson. Uncertainty Resolution and the Theory of Depreciation Measurement [J]. *Journal of Accounting Research*, 1996.

[61] Francis, J. , R. Lafond, P. M. Olsen, and K. Schipper. Costs of Equity and Earnings Attributes [J]. *The Accounting Review*, 2004, 79.

[62] Gaver, J. J. , and J. S. Paterson. Earnings Management under Changing Regulatory Regimes: State Accreditation in the Insurance Industry [J]. *Journal of Accounting and Public Policy*, 2000, 19.

[63] Gnana kumar Visvanathan. Corporate Governance and Real Earnings Management [J]. *Academy of Accounting and Financial Studies Journal*, 2008, 12.

[64] Gomes, A. , and W. Novaes. Sharing of Control and Corporate Governance Mechanism [Z]. Working Paper, 2001.

[65] Graham, J. R. , C. R. Harvey, and S. Rajgopal. The Economic Implications of Corporate Financial Reporting [J]. *Journal of Accounting and Economics*, 2005, 40 (3).

[66] Guidry, F. , A. Leone, and S. Rock. Earnings-based Bonus Plans and Earnings Management by Business-unit Management [J]. *Journal of Accounting and Economics*, 1999, 26.

[67] Gunny K. A. The Relation between Earnings Management Using Real Activities Manipulation and Future Performance: Evidence from Meeting Earnings Benchmarks [J]. *Contemporary Accounting Research*, 2010, 27 (3).

[68] Gunny, K. . What Are the Consequences of Real Earnings Management? [Z]. Working Paper, 2005.

[69] Hall, S. C. . Political Scrutiny and Earnings Management in the Oil Refining Industry [J]. *Journal of Accounting & Public Policy*, 1993, 12.

[70] Hall, S. C. . S, and W. William. Damage Awards and Earnings Management in the Oil Industry [J]. *Accounting Review*, 1997, 72.

[71] Han, C. , Y. Jerry, and W. Wu. Political Costs and Earnings

Management of Oil Companies During the 1990 Persian Gulf Crisis [J]. *Accounting Review*, 1998, 73.

[72] Hand, J., P. J. Hughes, and S. E. Sefcik. Insubstance Defeasances: Security Price Reactions and Motivations [J]. *Journal of Accounting and Economics*, 1990, 13.

[73] Hashemi S. A., and H. Rabiee. The Relation between Real Earnings Management and Accounting Earnings Management: Evidence from Iran [J]. *Business and Management Review*, 2011, 1 (8).

[74] Healy Paul. The Effect of Bonus Schemes on Accounting Decisions [J]. *Journal of Accounting and Economics*, 1985, 7.

[75] Healy, P., and J. M. Whalen. A Review of the Earnings Management Literature and Its Implications for Standard Setting [J]. *Accounting Horizons*, 1999, 13.

[76] Herrmann, D., T. Inoue, and W. B. Thomas. The Sale of Assets to Manage Earnings in Japan [J]. *Journal of Accounting Research*, 2003, 41.

[77] Ho L., J. Chin, Liao Qunfeng, and M. Taylor. Real and Accrual-Based Earnings Management in the Pre- and Post- IFRS Periods: Evidence from China [J]. *Journal of International Financial Management & Accounting*, 2015, 26 (3).

[78] Hribar, P., N. T. Jenkins, and W. B. Johnson. Stock Repurchases as an Earnings Management Device [J]. *Journal of Accounting and Economics*, 2006, 41.

[79] Irina, Z. M.. The Effect of Leverage Increases on Real Earnings Management [Z]. Working Paper, 2009.

[80] Jackson, S. B., and W. E. Wilcox. Do Managers Grant Sales Price Reductons to Avoid Losses and Declines in Earnings and Sales? [J]. *Quarterly Journal of Business and Economics*, 2000, 39.

[81] Jensen, M., and W. Meckling. Theory of the Firm: Managerial Behavior, Agency Costs and Ownership Structure [J]. *Journal of Financial*

Economics, 1976, 3.

［82］Jensen, M.. The Modern Industrial Revolution, Exit and the Failure of Internal Control Systems ［J］. *Journal of Finance*, 1993, 48.

［83］Jiang Fuxiu, Zhu Bing. , Huang Jicheng. CEO's Financial Experience and Earnings Management ［J］. *Journal of Multinational Financial Management*, 2013, 23 (3).

［84］Johnson, J. , C. Daily, and A. Ellstrand. Boards of Directors: A Review and Research Agenda ［J］. *Journal of Management*, 1996, 22 (3).

［85］Jones, J.. Earnings Management during Import Relief Investigations ［J］. *Journal of Accounting Research*, 1991, 29.

［86］Kahneman, D. , and A. Tversky. Prospect Theory: An Analysis of Decision under Risk ［J］. *Econometrica*, 1979, 47 (2).

［87］Key, K. G.. Political Cost Incentives for Earnings Management in the Cable Television Industry ［J］. *Journal of Accounting & Economies*, 1997, 23.

［88］Kim, B. , L. L. Lisic, and M. Pevzner. Debt Covenant Slacks and Real Earnings Management ［Z］. Working Paper, 2010.

［89］Kim, J. B. , and B. C. Sohn. Real Earnings Management and Cost of Capital ［J］. *Journal of Accounting and Public Policy*, 2013, 32 (6).

［90］Kim, J. B. , and B. C. Sohn. Real versus Accrual-based Earnings Management and Implied Cost of Equity Capital ［Z］. Working Paper, 2009.

［91］Kimbrough, M. , and H. Louis. Financial Reporting Incentives, Corporate Governance, and the Trade-off among Alternative Forms of Executive Compensation ［Z］. Working Paper, 2004.

［92］Koh, K. , D. Matsumoto, and S. RajgoPal. Meeting or Beating Expectations in the Post-scandals World: Changes in Stock Market Rewards and Managerial Actions ［Z］. Working Paper, 2007.

［93］Koonce, L. , and M. Mercer. Using Psychology Theories in Archival Financial Accounting Research ［J］. *Journal of Accounting Literature*,

2005, 24 (5).

［94］ Kotharia, S. P. , A. J. Leoneb, and C. E. Wasley. Performance Matched Discretionary Accrual Measures ［J］. *Journal of Accounting and Economics*, 2005, 39.

［95］ Landier, A. and D. Thesmar. Financial Contracting with Optimistic Entrepreneurs ［J］. *Review of Financial Studies*, 2009, 22 (1).

［96］ Lang, H. P. , and R. M. Stulz. Tobin's q, Corporate Diversification and Firm Performance ［J］. *Journal of Political Economy*, 1994, 102 (6).

［97］ LaPota, R. , Lopez-De-Silanes F. S. Andrei. Law and Finance ［J］. *Journal of Political Economy*, 1998, 6.

［98］ LaPota, R. , Lopez-De-Silanes F. , Shleifer Andrei, Vishny Robert. Agency Problems and Dividend Policies around the World ［J］. *Journal of Finance*, 2000, 1.

［99］ Legget, D. M. . Real Earnings Management and Subsequent Operating Performance ［Z］. Working Paper, 2009.

［100］ Leggett, D. M. , L. M. Parsons, and A. L. Reitenga. Real Earnings Management and Subsequent Operating Performance ［Z］. Working Paper, 2009.

［101］ Leuz, C. , D. Nanda, and P. D. Wysocki. Earnings Management and Investor Protection: An International Comparison ［J］. *Journal of Financial Economics*, 2003, 69.

［102］ Levitt, A. . The Importance of High Quality Accounting Standards ［J］. *Accounting Horizons*, 1998, 3.

［103］ Li, X. Rearnings Management and Subsequent Stock Returns ［Z］. Working Paper, 2010.

［104］ Lin, S. , S. Radhakrishnan, and L. X. Su. Earnings Management and Guidance for Meeting or Beating Analysts' Earnings Forecasts ［Z］. SSRN Working Paper, 2006.

[105] Makar, S. A. , and Pervaiz. Earnings Management and Antitrust Investigations: Political Costs over Business Cycles [J]. *Journal of Business Finance & Accounting*, 1998, 25.

[106] Marquardt, C. , and C. Wiedman. Earnings Management through Transaction Structuring: Contingent Convertible Debt and Diluted Earnings per Share [J]. *Journal of Accounting Research*, 2005, 43.

[107] Matsunaga, S. R.. The Effect of Financial Reporting Costs on the Use of Employee Stock Option [J]. *The Accounting Review*, 1995, 70.

[108] Matsuura S. On the Relation between Real Earnings Management and Accounting Earnings Management: Income Smoothing Perspective [J]. *Journal of International Business Research*, 2008, 7 (3).

[109] McNichols, M. , and P. Wilson. Evidence of Earnings Management from the Provision for Bad Debts [J]. *Journal of Accounting Research*, 1988, 76.

[110] McNichols, M.. Discussion of the Quality of Accruals and Earnings: The Role of Accrual Estimation Errors [J]. *The Accounting Review*, 2002, 77.

[111] Mizik, N. The Theory and Practice of Myopic Management [J]. *Journal of Marketing Research*, 2010, 47 (4).

[112] Moehrls, S. R.. Do Firms Use Restructuring Charge Reversals to Meet Earnings Targets? [J]. *The Accounting Review*, 2002, 77.

[113] Monem, R. M.. Earnings Management in Response to the Introduction of the Australian Gold Tax [J]. *Contemporary Accounting Research*, 2003, 20.

[114] Monks, R. A. , and N. Minow. *Corporate Governance* [M]. Blackwell, Cambridge, 1995.

[115] Murphy, K. J. , and J. L. Zimmerman. Financial Performance Surrounding CEO Turnover [J]. Journal of Accounting and Economics, 1993.

[116] Osma, B. G. , and S. E. Young. R&D Expenditure and Earnings

Targets [Z]. Working Paper, 2009.

[117] Osma, B. G., and S. Youngb. R&D Expenditure and Earnings Targets [J]. *European Accounting Review.* 2009, 18 (1).

[118] Perry, S., and R. Grinaker. Earnings Expectations and Discretionary Research and Development Spending [J]. *Accounting Horizons*, 2004.

[119] Petroni, K.. Optimistic Reporting in the Property-casualty Insurance Industry [J]. *Journal of Accounting and Economies*, 1992, 15.

[120] Pincus, M., and S. Rajgopal. The Interaction between Accrual Management and Hedging: Evidence from Oil and Gas Firms [J]. *The Accounting Review*, 2002, 77.

[121] Rajgopal, S., and M. Venkatachalam. The Role of Institutional Investors in Corporate Governance: An Empirical Investigation [Z]. Working Paper, 1998.

[122] Roychowdhury, S.. Earnings Management through Real Activities Manipulation [J]. *Journal of Accounting and Economics*, 2006, 42.

[123] Rozeff, M.. Growth, Beta and Agency Costs as Determinants of Dividend Payout Ratios [J]. *Journal of Financial Research*, 1982, 4 (3).

[124] Schipper, K.. Commentary on Earnings Management [J]. *Accounting Horizons*, 1989, 3.

[125] Seybert, N.. R&D Capitalization and Reputation-Driven Real Earnings Management [Z]. Working Paper, 2009.

[126] Shen, C. H., and H. L. Chih. Investor Protection, Prospect Theory, and Earnings Management: An International Comparison of the Banking Industry [J]. *Journal of Banking and Finance*, 2005, 29 (10).

[127] Simunic, D. and M. Stein. Production Differentiation in Auditing: A Study of Auditor Choice in the Market for New Issues [J]. *Canadian Certified General Accountants' Research Foundation*, 1987.

[128] Skinner, D. J., and R. G. Sloan. Earnings Surprises, Growth Expectations, and Stock Returns or Don't Let an Earnings Torpedo Sink Your

Portfolio [J]. *Review of Accounting Studies*, 2002, 7.

[129] Sweeney, A. P.. Debt-covenant Violations and Manages' Accounting Responses [J]. *Journal of Accounting and Economies*, 1994, 5.

[130] Tan, H. , and K. Jamal. Managing Perceptions of Technical Competence: How Well Do Auditors Know How Others View Them? [J]. *Contemporary Accounting Research*, 2006, 23.

[131] Taylor, G. K. , and R. Z. Xu. Consequences of Real Earnings Management on Subsequent Operating Performance [J]. *Research in Accounting Regulation*, 2010, 22 (2).

[132] Teoh, S. H. , I. Welch and T. J. Wong. Earnings Management and the Post-issue Performance of Seasoned Equity Offering [J]. *Journal of Financial Economies*, 1998a, 50.

[133] Teoh, S. H. , T. J. Wong, and G. R. Tao. Are Accruals during Initial Public Offerings Opportunistic [J]. *Review of Accounting Studies*, 1998, 3 (1).

[134] Trueman, B. , and S. Titman. An Explanation of Accounting Income Smoothing [J]. *Journal of Accounting Research*, 1988, 26.

[135] Wahlen, J. M.. The Nature of Information in Commercial Bank Loan Loss Disclosures [J]. *The Accounting Review*, 1994, 69.

[136] Wang, Xiaotong. Stock Return Dynamics under Earnings Management [Z]. Working Paper, 2006.

[137] Warfield, T. D. , J. J. Wild, and K. L. Wild. Managerial Ownership, Accounting Choices, and Informativeness of Earnings [J]. *Journal of Accounting and Economics*, 1995, 20 (1).

[138] Watts, and Zimmerman. *Positive Accounting Theory* [M]. PrenticeHall, 1986.

[139] Weisbach, M. S.. Outside Directors and CEO Turnover [J]. *Journal of Financial Economics*, 1988, 20.

[140] Wongsunwai W. The Effect of External Monitoring on Accrual-

Based and Real Earnings Management: Evidence from Venture-backed Initial Public Offerings [J]. *Contemporary Accounting Research*, 2013, 30 (1).

[141] Xie, B. , W. N. Davidson, and P. J. DaDalt. Earnings Management and Corporate Governance: the Role of the Board and the Audit Committee [J]. *Journal of Corporate Finance*, 2003, 9.

[142] Xu, Z. , and G. Taylor. Cost of Earnings Management through Stock Repurchases [Z]. Working Paper, 2007.

[143] Zang, A. Y. Evidence on the trade-off between real activities manipulation and accrual-based earnings management [J]. *The Accounting Review*, 2012, 87 (2).

[144] Zang, A. Y.. Evidence on the Trade off between Real Manipulation and Accrual Manipulation [Z]. Working Paper, 2007.

[145] Zarowin, P. , and D. R. Oswald. Capitalization vs Expensing of R&D and Earnings Management [Z]. Working Paper, 2005.

后　记

　　光阴荏苒，转眼间我已博士毕业六年了。当博士论文即将出版之际，回顾在中南财经政法大学三年的求学生涯，回首论文的撰写过程，内心不禁五味杂陈，感触良多。从选题到最后论文定稿，大到论文大纲框架的确立，小到一个词语的选择，无不凝聚着导师许家林教授的心血、同门兄弟姐妹的帮助、同学和朋友的鼓励、父母的支持、爱人的肯定和我自己的努力，现在回想起来，往事一幕一幕在脑海中浮现，感恩之情溢于言表。

　　衷心感谢我的恩师许家林教授。能够成为许家林教授的博士生是我一生最大的荣幸。他渊博的专业知识、严谨的治学态度、认真细致的做事风格、对学术的不懈追求和默默的奉献精神都令我十分的钦佩，时刻感染着我，深深地影响着我，是我受益终生的宝贵财富。三年博士阶段的学习生活，许老师不仅教会了我科学的思维方式、正确的研究方法、前沿的思想理念，还教会了我许多待人接物与为人处世的道理。特别是在博士论文的撰写过程中许老师更是倾注了大量的心血，从论文的选题到资料的收集、开题、论文的撰写、修改直至论文完稿，许老师一直在给我支持和帮助、信心和鼓励。没有许老师的悉心指导，我不可能顺利的完成我的学业。在此，还要衷心感谢我的师母徐士琴老师，感谢您慈母般的关怀和教诲，每一次生活上的关怀都让我这孤身在外求学的学子倍感温暖与感动。在与恩师相处的三年时间里，我虽然拼尽全力在向恩师学习如何做人，如何做研究，如何做学问，但是迟钝的我却只学到了皮毛，本以为即使毕业了也有足够的时间和机会继续跟着老师学习，向老师请教，聆听老师的教诲……。然而，就在我博士毕业的三个月后，噩耗传来，我敬爱的许老师驾鹤西去，永远地离开了我们。作为学生，除了悲痛，更应该接过老师手中的接力棒，继续在教学和科研的岗位上奋斗，永远铭记老师的谆谆教诲，时刻以恩师为榜样，希望若干年后我也能成为一位像恩师那样严谨细致、勤奋执着、著作等身的会计学学者。

衷心感谢我国著名会计史学家郭道扬教授，感谢郭老师在博士三年给予我的指导和帮助，他每一次学术思想的提点都让我获益匪浅。郭老师德高望重、儒雅博学、严谨内敛，国际化的视野，精益求精的治学风范，几十年如一日书写着会计史，让我由衷钦佩感佩，以极强的人格魅力引领每一位学生的成长。感谢我的硕导杨兴全教授在我于石河子大学攻读硕士研究生三年引领我踊跃参与课题研究、认真完成教材修订、努力实现论文发表，这些科研能力的锻炼让我有幸得以继续深造，成为中南财经政法大学会计学博士研究生。感谢石河子大学的陈旭东教授，无论是传道受业解惑，还是修身养性育人，陈旭东教授都身体力行，率先垂范，高调的工作学习，低调的为人处世，在我读博的道路上，给予我的不仅有鼓励、支持和肯定，在博士学校的选择方面也给予了极大的指导和帮助。

感谢中南财经政法大学的诸位老师。感谢罗飞教授、张龙平教授、唐国平教授、张敦力教授、汤湘希教授、杨汉明教授、张志宏教授、王雄元教授和袁天荣教授对我专业课程的教导。感谢沈烈教授、张琪教授、吴德军教授和函评专家们，感谢他（她）们为评阅我的博士学位论文付出的宝贵时间和辛勤劳动，感谢他（她）们提出的宝贵意见，让我的论文得以完善。感谢肖翠祥书记、董丽华老师和潘嫄老师三年以来对我的关照，对我学业的认可和肯定。

感谢冯丽丽博士，与你三年的同门情谊，你对我的学习和生活给予了许多的关怀与帮助；感谢王昌瑞博士、龚翔博士、杨海燕博士、胡曲应博士、杨孙蕾博士，王帆博士，感谢你们一直像大哥大姐一样照顾我，感谢你们在我感到困难的时候给予的安慰与关心；感谢许慧博士、吕敏康博士、董峰博士，感谢你们在博士论文撰写过程中的一路鼓励与扶持；感谢魏霄博士、高娟博士、李龙会博士、史永博士、汪佑德博士、白露珍博士、龚小凤博士、袁奋强博士、程婷博士、蔡海静博士，感谢你们兄弟姐妹一般的同窗情谊，让我倍感亲切和温暖。感谢硕士研究生杨姚幸子、杨姚存子、李红良、武苗、孙艳阳、刘莎、李想等师弟师妹，恕不一一列举，你们是我今生最大的财富。感谢我的好友徐菲悦、肖亦凡、李翔、朱琼、董小媛、张晓蕾，谢谢你们一直以来给予我的帮助和鼓励。

一直以来，我的家人都给予了我最无私的温暖和关怀，正是他们在生活和精神上的支持使我充满勇气去迎接生活中的一个又一个挑战。感谢我的父母，你们用毕生的心血养育教导女儿，女儿不孝，多年在外求学，不能承欢膝下，只能在心里感谢你们对女儿的无私的爱，感谢你们一直包容我的任性，感谢你们一直做我坚强的后盾，放我去飞，放我去实现自己的梦想！感谢我的先生刘振中博士，他的理解、包容和尊重是我重要的精神之柱，我们有着同样的梦想，为博士毕业论文而奋斗，我们互相鼓励，一起努力，一起进步。

本书得到北方工业大学优势学科项目（18XN047）的资助，在此向北方工业大学表示感谢！感谢北方工业大学的赵贺春教授，在书稿出版方面给予的指导和帮助！本书由经济科学出版社出版发行，在此向经济科学出版社表示衷心的感谢！经济科学出版社李军编辑为本书出版做出了大量辛勤的工作，在此向他表示诚挚谢意！

三年的博士研究生生活让我体会到了会计学学科的博大精深，不仅使自己的知识水平和实践能力有了很大提高，更使自己的人生有了新的前进方向。学海无涯，博士论文的完成只是另一个学习道路的起点。在今后旳日子里，我会持续关注会计与资本市场领域的研究，谨记恩师教诲，踏踏实实的做人，勤勉严谨，不断思考探索，不辜负恩师的栽培，不辜负同学朋友的厚爱、父母的期望和爱人的支持，更不辜负自己的人生！

林 芳

2019 年 1 月于北京